Larson, Duke of Mongolia

蒙古公爵拉爾森（藍理訓）

一位瑞典傳教士的回憶

・拉爾森（藍理訓）／著

（Frans August Larson）

・張建軍／譯

（內蒙古師範大學歷史文化學院教授）

目錄

序

初聞拉爾森其人及其《蒙古公爵拉爾森》一書，是在三十多年前的課堂上。記得授課老師對拉爾森的書評價不高，認為以一個普通的外國傳教者和生意人的身分，他似乎不可能與外蒙古哲布尊丹巴呼圖克圖等蒙古上層有深入的交往，以及受中華民國政府的重視和聘用，他很可能是在吹牛，因為書中所說的不少人和事都無從查證。我對這種看法有些懷疑：首先，拉爾森在蒙古地方生活了四十餘年，應該對蒙古人及其社會有深入的瞭解，其書至少在反映當時蒙古社會和蒙古人生活狀況方面具有重要的價值；其次，此書是在其去世二十五年前問世的，若是不實之作，不僅有悖於他的宗教信仰，也會給他的名譽和事業帶來致命的傷害；再次，在許多史料，尤其是原始檔案尚無法看到的情況下，所謂無從查證也是自然的，不足以作為懷疑的理由。何況我發現，當時國內學者深受政治因素的影響，對外人的著作多持差評，因為他們的記述或看法往往與國內主流思想有異。

多年來，我對拉爾森一直有所關注，通過他的老朋友、著名的探險家、誠實的斯文・赫定先生（Sven Hedin）的著作，瞭解到拉爾森的性格、人品和行事風格：「拉爾森不會得意忘形，他不會講一句不友好的話，他總是心情愉快、友善待人。他什麼時候都不會失去自控，因為他深知，控制不了自己的人永遠也不可能控制別人。他表達意見時的友好和幽默是他贏得所有人尊重和喜歡的祕密。」拉爾森具備「自製力」、「對人的認知力」、「謙和和正義感」等優良素質，「有這樣優秀的管理人才，誰說世界不能被征服。」[1]

此書撰成於 1929 年，此時拉爾森已在蒙古地方生活了三十五年。他沒受過系統的教育，更不是文人或學者，也不擅長著書立說。其書既不像書名所標示的那樣，是純粹的個人回憶錄，亦非詳細的經歷日誌或嚴謹的學術著作，拉爾森更多是在講述他所感知的蒙古社會和游牧文化，以及外人在蒙古的活動，而將自己的一些經歷穿雜其中。無怪乎此書的篇章設置獨特，敘述間經常對時間、地點、人物等交待得不夠清晰，以致不易查證。例如：他最初學習蒙古語的鄂爾多斯某王府是哪個旗的？（我推測是達拉特旗）他曾參加過的七旗那達慕是哪七旗舉辦的？他寫書時待過的蘇尼特旗是左旗還是右旗？（我認為是左旗）都令閱者無從明瞭。

當我披閱張建軍先生的《蒙古公爵拉爾森（藍理訓）：一位瑞典傳教士的回憶》譯稿時，深深地感受到著者對大自然的敬畏和尊重，對蒙古高原和游牧生活的熱愛。那些對蒙古社會和蒙古人生活的講述，如貴族和平民，喇嘛教和活佛，如婚姻、狩獵、集會和賽馬等，細膩而繪聲繪色，令人有親臨其境之感。難怪 1939 年該書日譯本出版時，譯者高山洋吉會把書名逕改為《蒙

1　斯文・赫定著，王鳴野譯，《從紫禁城到樓蘭》（長春：吉林出版集團有限責任公司，2009），頁 30-31。

古風俗志》，並給予了相當不俗的評價。[2]

至於此書的可信度，也早已得到相當程度的證實。拉爾森曾被民國政府聘為顧問，參與調停中蒙關係一事，已發現有民國官方檔案和莫理循（G. E. Morrison）的書信記載為證。[3] 他與外蒙古杭達多爾濟親王的親密關係，也有著名蒙古學學者、芬蘭人蘭司鐵（G. J. Ramstedt）的著作可作旁證。[4] 尤其是著者頗為客觀的寫作態度，更增加了其所述的可靠性。儘管拉爾森與哲布尊丹巴呼圖克圖、杭達多爾濟親王有著頗為密切的朋友關係，他仍如實記述了他們窮奢極欲的購物和揮霍。在講述蒙古民族的全民信仰喇嘛教時，他指出：「許多喇嘛過著平靜而體面的生活，但也有一些喇嘛生性頑劣，他們構成了蒙古高原數量相當大的一群盜賊和罪犯。他們本應像其他罪犯那樣受到審判和懲戒，但是因為環繞在他們周圍那麼多的迷信光環，儘管劣跡斑斑，卻能帶著許多東西全身而退。」他還列舉了一位他熟悉的喇嘛欺騙蒙人和漢商的種種劣跡。

除了對蒙古風土民情的細緻描述外，此書對瞭解近代蒙古歷史亦有獨到的價值，拉爾森對 1913 年中華民國與外蒙古間的戰爭，以及他自己的斡旋努力的敘述，即是典型例證。其中關於外蒙古軍隊將領穆隆嘎之死，

---

2 拉爾森的書還有德文版（出版年代不詳）和西里爾蒙古文版（烏蘭巴托，2015）。

3 呂秋文，《中俄外蒙交涉始末》（臺北：成文出版社，1984，再版），頁 32-33，引〈民國元年十二月二十日收國務院函〉。

4 G. J. 蘭司鐵著，泰米爾譯，《七次東方旅行記》（呼和浩特：內蒙古人民出版社，2014），頁 177。

「那王爺」叛投民國的詳情等，或澄清民間種種誤傳，或曝露事件內幕。只不過「那王爺」一稱既無全名，又使用的是事後民國政府封授的爵位，以致長期以來人們都沒弄明白：他就是原內蒙古科爾沁左翼後旗輔國公那遜阿爾畢吉呼。而那氏這個嚴重動搖軍心，給予外蒙古當局重大打擊的變節行為，竟是拉爾森這個小人物一手造成的。

總之，拉爾森此書不僅具有獨到的史料價值，而且語言平實流暢，具有很強的可讀性，相信它會贏得讀者的喜愛。也許有人會問：「如此有價值的書，何以今天才有漢譯本？」眾所周知，翻譯出版外人著作的多寡（學科和數量）和及時與否，能看出一個國家或民族的胸懷、開放程度和學習精神。儘管改革開放以來，中國在這方面已有了很大的進步，但與翻譯大國、東鄰日本相比，仍有相當大的差距。在現今學術界（翻譯專業除外）將翻譯書籍不算成果，甚至連工作量都不算的窘境下，我們怎能及時利用外人的資料和研究成果？又怎能使視野和思想更加開闊？有鑑於此，我要感謝張建軍先生不計名利的奉獻，他使廣大讀者能夠通過拉爾森的敘述，瞭解和感受那時的蒙古社會和蒙古文化，也為中國蒙古學研究的深入做出微小但實實在在的貢獻。

忒莫勒
於呼和浩特學府花園清風齋
2023 年 10 月 20 日

譯者導言：本書的學術價值及各種譯本的流變

拉爾森（Frans August Larson, 1870 年 4 月 2 日-1957 年 12 月 19 日），瑞典籍傳教士，貧苦佃農出身，自十九歲起開始傳教事業，二十三歲踏上蒙古高原，進進出出四十多年，將畢生中年富力強的歲月留在了廣袤而美麗的蒙古草原。他「或許是蒙古地區最為年長的外國居民，某種程度上說也是最為著名的外國人。在他居住蒙古的四十一年間，給這裡的許多旗主擔任過顧問職，在 1921 年被庫倫活佛授予外蒙古公爵之位。」[1]

關於此人的記載，曾有不少文獻提及，唯其名有多種譯法，如拉遜、拉生、拉蓀、拉爾遜、藍理訓、拉爾生等，似不太規範，故本書按拉爾森譯出。關於拉爾森的生平，參見本書所附〈拉爾森生平活動年表〉。

一、本書的學術價值

此書，是作者拉爾森在蒙古高原生活經歷的追憶和反思，也有他對蒙古社會的認識評價。從內容上看，其學術價值至少有以下幾點。

首先，拉爾森對蒙古社會各種風俗民情進行了詳細

1 〈內蒙古的未來，難說確定〉，《上海泰晤士報》，1934 年 3 月 13 日，4 版。

的記錄和中肯的解釋。讀者幾乎可以利用文中的一些做法，細膩而逼真地想像出當時蒙古人的生活場景，有一種頗能使讀者身臨其境的，極強的畫面感。翻譯過程中，譯者就一些民俗的描寫徵求過民俗學研究者，試圖使譯筆更為當代人理解，但無果而終。由此產生一個想法，拉爾森筆下的蒙古社會風俗在百年歷史風潮的激盪中漸漸消失。推而及之，當今一些蒙古社會「非物質文化遺產」項目或許很難言及所謂原生態。

其次，拉爾森一書詳細交代了清末民初蒙古「獨立」過程中的一些重要史事，比較符合當時民初北京政府對蒙政策的實態。我們由此可以更為清晰地理解當時中國政府處理這一邊疆及外交問題的艱難。眾所周知，莫理循（George Ernest Morrison）是袁世凱著名的外籍政治顧問，知識出版社在 1950 年代曾出版澳大利亞籍學者駱惠敏所編輯的莫理循書信集《清末民初政情內幕》，成為國內外學術界研究這一時代的重要史料。如果將這一資料集與拉爾森的這一本書進行比對，不難發現，莫理循對於蒙古的看法完全來自拉爾森的判斷。莫里循極力向袁世凱推薦拉爾森，並在給袁世凱親信蔡廷幹的書信中指出，蒙古庫倫當局希望由拉爾森和莫里循作為中俄協議的見證人。[2]

第三，拉爾森在蒙古高原的長期生活經歷，不僅引起中國北京政府和當時庫倫政權的重視，還引起了

2 參見：駱惠敏編，《清末民初政情內幕》（上海：知識出版社，1986），頁 212、242、279。

西方一些考古學家的青睞。斯文・赫定（Sven Anders Hedin）、安得思（Roy Chapman Andrews）等人多次向他提出遠行之約，拉爾森對於考古活動的大力支持，贏得了這些考古學家的高度評價。不僅如此，拉爾森還扼要記述了普爾熱瓦爾斯基（Nikolay Mikhaylovich Przhevalsky）、科茲洛夫（Pyotr Kuzmich Kozlov）、安特生（Johan Gunnar Andersson）等在蒙古的考古經歷。從這個意義上說，本書對於我們瞭解當年蒙古高原的考古活動，也有相當裨益。

不僅如此，拉爾森還親身感受了發生在京津地區的義和團運動對北京、張家口一帶的衝擊。拉爾森是一位在政治上不甘寂寞的人，積極參與中俄蒙談判，為中國政府爭取了包括那遜阿爾畢吉呼在內的一些蒙古上層的反正，為儘早結束戰亂和民國的統一做出了一定貢獻。

由上可知，本書具有較高的文獻史料價值，對於今天的我們更好地理解當年蒙古政治與社會風貌，裨益頗多。儘管有些同代人對拉爾森的生活經歷評價頗低，甚至懷疑本書非出自拉爾森本人，歐文・拉鐵摩爾（Owen Lattimore）是其中代表性看法。例如，針對拉爾森向蒙古人推廣《聖經》，拉鐵摩爾認為，「蒙古人喜歡買聖經」並非出於宗教虔誠，而是「因為聖經紙厚，很適合做蒙古靴子——『古圖勒』的鞋墊用」。拉鐵摩爾曾向來訪者指認，拉爾森「識字不多，書不是他自己寫的，而是在中國任職的一個英國人的妻子諾拉沃倫根據他的講述以及自己的印象寫成的」，甚至乾脆稱拉爾森為「撞大運者」。[3] 拉鐵摩爾的直接證據或許即拉爾森在本書扉頁所寫「謹對諾拉瓦倫在本書編寫過程中的協作致上最深的感謝」。此外，譯者目前尚未找到足夠證據，來評判兩位先輩的是非，但從全書來看，拉爾森的英文水準的確一般，不止一處在敘述邏輯上有跳躍乃至混亂的地方，也無法像很多學者那樣將章節層次分清，在敘述過程中變換主題時，通常以一行空格作為標識，但全書的整體敘述順序是沒問題的。究其原因，也不難理解，正如其後人所稱，英文並非其母語，且拉爾森出身貧寒，未受過多少正規的教育，遑論嚴格學術訓練。但他在蒙古高原能活躍數十年，本身就是一種成功，箇中原因，絕非所謂「撞大運」所能概括，其對馬匹的熟稔和商業經營，至少與他少年經歷有很大關係。作為研究者，自然不能拿拉鐵摩爾的片面評價，作為臧否拉爾森的依據，否則以莫理循的聰敏，難如彼信賴拉爾森。若拉爾森人品低下，豈能在蒙古高原生活數十年之久？！

還有一點需要指出的是，拉爾森後人為抬高其聲譽，稱他為人低調，不與家人提及曾經擁有的「公爵」名號，而書名也是出版商為吸引眼球而加的。其中內情固然無法知曉，但自從其著作出版後，從 1934 年 3 月的兩份英文報紙可知，「拉爾森公爵」、「蒙古公爵」

3 馬・伊・戈爾曼著，陳弘法譯，《西方的蒙古史研究（十三世紀——二十世紀中葉）》（呼和浩特：內蒙古教育出版社，1992）頁 258。拉鐵摩爾關於拉爾森的評價，另見 Owen Lattimore, *Nomads and Commissars: Mongolia Revisited* (New York: Oxford University Press, 1962), pp. 115-116.

已為當時在華的西方世界所廣知。我們可以這樣推測，或許是《蒙古公爵拉爾森》行銷甚廣，各報記者都有耳聞，或是拉爾森在接受採訪時，常會將其大作示人。

二、本書的出版經過及各種譯本情況

在全書出版以前，拉爾森以文章的形式將書稿的部分篇章投稿於北美著名的《大西洋月刊》（*The Atlantic Monthly*）。該刊 1857 年於麻塞諸塞州波士頓創刊，以文學、政論為主要欄目。其中，〈蒙古的貴族及其婚姻〉（刊載於該刊 1930 年第 145 卷 2 月號）一篇由中國學者侯樸譯成中文，發表在著名的上海半月文學刊物《北新》1930 年第 4 卷第 7 期。拉爾森隨後將〈蒙古喇嘛〉、〈馬匹與生意〉先後發表在《大西洋月刊》1930 年 3、4 月號。此外，賓秋還將拉爾森對蒙古社會中喇嘛和活佛的描寫，經過翻譯、改寫，以〈拉遜氏蒙古社會考察記〉連載於《青年進步》1930 年第 135-136 期。遺憾的是，兩篇譯作均為節譯。1930 年 4 月，經《大西洋月刊》組織策劃，《蒙古公爵拉爾森》作為出版叢書之一，由波士頓的小布朗公司和大西洋月刊雜誌社聯合出版。

拉爾森以自己的複雜人生經歷寫就的這本著作，引起了國際上一些學者的注意。1932 年土耳其譯本《蒙古人》，1936 年德文譯本《蒙古與我在蒙古的生活》先後問世。1939 年 11 月，日本著名學者高山洋吉將該書翻譯成日文，以《蒙古風俗誌》為書名，經改造社出版。從該書目錄可知，高山將原書各章內容重組，如將

第八章「政治史」前移至第二章。日譯本的配圖與英文本有所不同，疑為高山自別處選摘，且內容也似較英文本略少，屬於節譯本（英文本僅正文即有二九六頁，日譯本全書僅二六七頁）。1997 年 5 月，該日文譯本復由景仁文化社列入「滿蒙地理歷史風俗誌叢書」第一九一種重印出版。2011 年，內蒙古大學出版社將 1939 年日文譯本列入「內蒙古外文歷史文獻叢書」之一，影印出版。

1950 年，瑞典文譯本《蒙古的悲劇——考查蒙古歷史》在烏普薩拉出版。1952 年，又有瑞典文譯本《在蒙古：在狼與土匪中間》問世。2004 年 4 月，《蒙古公爵拉爾森》英文本由 Swedish Press 再版。2007 年，該書以《拉爾森回憶錄》（*The Memoir of Frans August Larson*）為名，作為蒙古社會專題論文第十六期（The Mongolia Society Special Papers, Issue 16）出版。拉爾森原著中喇嘛一章，由三卷本《蒙古史》（*The History of Mongolia*）轉載。該書於 2010 年作為作為亞洲研究系列之一（Global Oriental, 2010）出版。據浩尼楚德．格日勒圖判斷，該書僅以《蒙古公爵拉爾森》即至少出版過四次。

2015 年，蒙古國學者阿．策仁楚倫將該書德文本轉譯為西里爾文本，在烏蘭巴托出版。從內容和所配插圖來看，該譯本可能是依據高山洋吉的日譯本轉譯的節譯本。也就是說，日文譯本已屬節譯，西里爾文本內容更形簡略。2019 年，學者浩尼楚德．格日勒圖以 1936 年德文譯本為基礎，編譯成蒙古文本的《蒙古與我在蒙古的生活》，由內蒙古文化出版社在 2019 年出版。同年 8 月，旅居美國的貢楚格・哈斯巴根依據英文原本，由國際蒙古文化研究會出版了《蒙古的拉爾森公爵》，但粗檢個別章節，可知也非全譯。

綜上所述，拉爾森一書自 1930 年出版以來，一直受到國際學術界的廣泛關注，雖有多種文本的轉譯，但均為不同程度的節譯本或轉譯本，至今無中文譯本。

海內外對於拉爾森的學術研究尚不多見。目前僅知一本傳記問世。阿克塞爾・奧德伯格（Axel Odelberg）《拉爾森公爵：探險家、傳教士和商人》（*Hertig Larson*，列入瑞典藏書家系列「羅文達爾」書系），於 2003 年在瑞典斯德哥爾摩出版，這應是目前國際學術界對於拉爾森的研究最為精細的一部著作。此後，E. O. L Sidenvall 在其著作《瑞典傳教士在中國和蒙古的成長》（*The Making of Manhood among Swedish Missionaries in China and Mongolia, c.1890-c.1914*）中，以「內陸探險者拉爾森」（The Making Of A Domestic Adventurer - Frans August Larson, 1870-1957）為題，專章描述了拉爾森起伏跌宕的人生（Brill, 2009）。

衷心希望這本中文譯本的出版，能讓讀者對於當時的蒙古社會有更為深切的理解，也能在一定程度上推動學術界對於拉爾森本人的研究。

圖 1　蒙古公爵拉爾森

謹對諾拉瓦倫在本書編寫過程中的協作
致上最深的感謝

說明｜原著無註釋，所有註釋皆為譯註。

第一章　貴族
（The Nobles）

1893 年，為了完成紐約宣道會（Christian Missionary Alliance）[1] 賦予的使命，我離開瑞典來到蒙古，[2] 並在該宣道會的指引下一直工作到 1900 年。時年二十三歲。除去此前曾經在英格蘭度過六周時間外，這是我第一次離開家鄉的冒險遠行。我首先落腳在包頭，這個毗鄰蒙古的中國邊境地區，開始學習蒙古語。在這裡我找不到任何可以輔助學習的書籍，只好找了一位老師，隨時請教我遇到每個事物的蒙古語稱呼。透過這種辦法，我編製了一個不盡如人意的詞彙表。我的學習進展得比較緩慢，我本來指望能住在以蒙古語為母語的地方學會蒙古語，但是在蒙古獲得居住許可並不容易。

蒙古人是一個驕傲的民族，並不鼓勵外國人住在他們之中。

我親眼看到蒙古人騎馬穿越邊界，在包頭的大街小巷疾馳而行。我被他們深深吸引。我一生都喜歡馬，我在瑞典時，是在馬的陪伴下長大的。從孩提時代起，我

1　基督教宣道會，由宣信博士於 1887 年在美國成立的基督教差會，意即「基督徒與宣教士同盟」，從 1888 年起，差遣傳教士入華傳教，曾差遣六十名瑞典青年在中國長城沿線一帶傳教。

2　作者似乎對於蒙古草原上的行政建置並不清楚，將包頭視為毗連蒙古者。眾所周知，當時整個蒙古都是中國領土，故這些說法並不準確。

就洗刷馬毛、給馬餵食、騎馬出行。我渴望與這些蒙古人交流談話，想和他們一起生活，羨慕他們那種自由而從容的樣子，喜歡他們在互相戲謔時所表現出的那種快活、善良的性格。

那些天我十分想家，蒙古人似乎比附近其他的人們更像我的同族。

當時整個蒙古社會被劃分為無數的旗，每個旗由一位貴族統治著，他在自己的領地上具有絕對專制的權力。所有這些貴族的權力可以追溯到成吉思汗時代，他們之中的許多人都是成吉思汗眾多子嗣的直系後裔。

鄂爾多斯是與包頭接壤的蒙旗，承蒙鄂爾多斯王爺的美意，我終於獲得了進入蒙古社會的機會。我藉由他的馬隊，第一次和在包頭的中國軍官交上了朋友。有一天，他去拜訪這位鄂爾多斯王爺時也帶了我一起去。後來，王爺告訴這位中國軍官，帶著我參加他兒子——鄂爾多斯郡王的婚禮慶典。

這一慶典持續了三天，王爺和他的家族都對我非常友好，我也過得非常愜意。當婚禮在第三天結束時，王爺帶我向王子辭行，我又感覺很難過，不忍分離。

鄂爾多斯王爺熱情友好地與我談話，希望我多待一些日子。當時，我所掌握的蒙古語已經能夠使我充分明白他的意思，所以我留了下來。

他們在王府內為我安排好住處。王爺親自為我選擇了一位私塾先生教我蒙古語，我每天都有功課，但與上課相比，對我更有裨益的是整天都有聽說蒙古語的良機。我現學現用，也得講蒙古語，因為只有如此，才能讓周遭的人明瞭我的想法。

王爺給我幾匹好馬騎乘，經常請我陪他出去，在他的旗地上遠行。王妃每天來我的住處探望我，總是帶著一兩個侍女。她就像我母親一樣，教導我那些細微但重要的蒙古禮儀。

有一天，王妃帶著一大群年輕女子來找我，我很快就明白，她們是特地來檢查我的膝蓋的。因為先前一個來王府賣絲綢錦緞的中國內地商人曾告訴她們，外國人的膝蓋不能像蒙古人或漢人那樣彎曲。我感到很尷尬，但無法拒絕，因為她是本旗最高統治者的妻子，也是招待我的女主人。在她的一再要求下，我只好露出了雙膝，任她和侍女們前後擠壓推撚。最後，她們得出了結論，即我雙腿的構造和她們的一樣。她們滿意了，我才能重新把膝蓋蓋上。

還有一天，王妃來告訴我，她認為一個年輕男人如果沒有娶妻，是件非常糟糕的事情。她覺得我非常孤獨，而且認為如果我有一位蒙古女人經常交談的話，我能更快地學會蒙古語。她說，既然我是孤兒，沒有父母為我料理婚姻大事，而且既已生活在鄂爾多斯，身分就相當於王爺的兒子，所以她已經從她的侍女中為我選擇了一位好姑娘。她告訴我，一位漂亮、靈氣十足、優秀的馬背姑娘愛上了我，所有的婚姻安排已經就緒。當我謝絕了她的美意時，她既驚訝又掃興。王爺聽說此事時，則禁不住大笑起來。

我在鄂爾多斯王爺的照顧下生活了三個月。隨後，由他引薦，北上庫倫，領略了在蒙古首府生活的經歷。

那裡聚集著許多貴族，我也獲得了學習蒙古語這種世界性語言的機會。

在庫倫，人們對我非常友好，十分熱情好客，就像鄂爾多斯王爺對我那樣。我廣交朋友，和他們保持著終身的友誼。漠北蒙古所有的旗主都在庫倫紮有營帳。其中某些人，除統治本旗之權外，還有把整個蒙古聯繫為一體的義務。也有許多貴族每年過來住幾個月，以親近活佛。活佛不只是蒙古的神，也是非常受歡迎的人。

我在庫倫認識的那些朋友，後來為我打開了每個蒙旗的大門。我沒有刻意為之，因為在那些歲月裡，我是一個沒有心計、喜愛打打鬧鬧的人，渴望參加各種狩獵和競技活動。那些與我同齡的蒙古青年是我的好夥伴。我自從進入鄂爾多斯後，再也沒有感覺到鄉愁。

來到蒙古後，我在許多不同的地方都生活過。蒙古皇帝將我傳喚到庫倫，給我封了一個蒙古公爵，擁有與蒙古王爺的兒子平起平坐的權力。對我而言，這一榮譽是個極大的驚喜。

在鄂爾多斯，我不僅學會了像一個蒙古紳士那樣為人處世，還學會這個地方的許多生活常識，瞭解了每位統治者管理其小塊領地的方法。所有的這些，對我都非常有用。

每位統治者都有他的謀士和官員，一些是貴族出身，一些則是平民出身。無論是過去還是現在，儘管他們在銀行中並無分文存款，絕大多數卻都非常富裕。因為他們的財富，是按其擁有的馬匹來計算的。許多王爺擁有不計其數的綿羊，還有成千上萬的駱駝和牛。因為蒙古沒有銀行，當貴族有錢時，就會折買成某種牲畜。

許多蒙古貴族擁有磚瓦建築的宅第，精心設計，構造仿擬清宮樣式。但實際上他們極少有人住在石牆之內，只有在處理旗務，或是在節慶期間，還有想鋪張炫耀一下，才會用這些宮殿。大部分蒙古人覺得住在帳篷裡更為舒適，他們對於那種可能消磨意志的奢靡生活方式充滿疑慮。我所遇到的蒙古貴族婦人們，無不認為牆內生活是不健康的。

當旗主在他的府邸辦公時，會把自己的王位繼承人帶著身邊，安排在府邸大門後面的蒙古包裡養大成人。在那裡，他過著與他的先輩完全相同的，延續了幾個世紀的生活。食物是尋常、簡樸，但能增強體力的羊肉和乳酪，喝的則是馬奶。他像成吉思汗一樣，以一顆剛毅勇敢的心，學習騎馬、獵狼，經受風吹雨打，忍受饑餓。一位蒙古高原上的統治者，必須具有強健的體魄，使其不知何謂「恐懼」。

蒙古旗主不會為滿足個人私欲而定量向旗民收稅，但本旗的百姓必須供應他所需的一切。因此，儘管他可能擁有成千上萬的馬匹（或許是來自他母親的繼承而成為自己的財產），但他外出旅行時，仍會循例使用本旗的公共馬匹，也會為了傭人、帳篷等各種事務和其他所需的東西而運用手中的權力，向旗民徵派。人們必須在全年周而復始地給他及其家庭提供帳篷、馬鞍、車輛、牛群、布匹，事實上，旗民要提供他在合理範圍內需要的所有東西。

旗主的所有住地，無論是可以移動的蒙古包，還是磚瓦建築的宮殿，都附設有一個相連的「衙門」（yamen）之類的地方，所有的旗務都在那裡辦理。如果王爺本人願意，他會經常出入衙門，親自參與處理本旗所有事務。但實際上，他更願意把這些工作交給那些對他負責的人來做。

衙門有權裁決本旗內發生的所有人際爭端、懲處罪犯、進獻貢品，以及起草涉外事務的官方意見。通常，在重要問題上，負責衙門事務的官員或官員們（如果那裡碰巧有幾個官員）須與王爺討論後，才能作出決定。在他們蓋章之前，所有的調度安排都必須向王爺說明。

蒙古古老的習慣法，除受蘇俄影響的漠北蒙古地方以外，至今仍行之有效。按照這一習慣法，蒙旗內的任何人都有權謁見他的統治者，但只有在非常特殊的場合，民眾才會利用這種權利。通常，所有的問題都需要在衙門裡和平解決。謀殺在蒙古從未聽聞。除庫倫以外，沒有監獄，也不需要監獄。犯了最糟糕的罪，也不過是在衙門裡被施以鞭笞的懲罰而已。

蒙旗裡的每一個男人、女人，每年都要應旗主的需要，拿出一個月的時間為本旗旗主服務，這是一種輪流召喚傭工的習俗。無論被役使的男人或女人適合做何種工作，都能派上用場。一個婦女可能不是合格的侍女，但或許可以縫補帳篷；一個男人可能不擅長做廚子，但可能是一名好的治安官。蒙古人是一群有常識的人，不會在安排做事的問題上犯錯。

這種習俗使旗民經常向王爺住地流動，在本旗土地上來來往往。它有著更進一層的意義：因為這可以使所有的人民更為熟悉本旗統治者。他們看著他從孩提時代一點一點長大，直到其垂垂暮年。他們對王爺非常熟悉，王爺也知道本旗的每一個人。

蒙古社會中，人們把貴族稱為「黑人」，以與喇嘛們相區別。這個名稱是由於他們都穿著長袍，頭髮是烏黑色的，而喇嘛的頭是剃過的。

旗主有權擁有許多妻子，只要他肯挑選，女人都想嫁給他。每個蒙古女人與男人同樣自由，按照蒙古習慣法，如果一個年輕姑娘被迫接受父母為她包辦的婚約時，她有權在拜堂成親儀式的三天之後，離開這個無論是貴族還是平民的男人。

旗主實際上有著無限的權力。在某些不常見的情況下，例如當這個旗主恰好是個脾氣暴躁的人，看上去可能是一個非常危險的事情，但總體而言，蒙古人是慷慨大方的，性情和藹而風趣，熱情好客而善良。

有時候，脾性極壞的旗主會在他執政本旗期間肆意濫為，其惡行不僅給自己帶來麻煩，還會在旗民中滋生不滿。由於蒙古人沒有銀行，其擁有的財富主要體現在馬群上，因此馬匹通常是最易招惹麻煩的源頭。一位昏庸、頑劣的王爺會垂涎於旗民的財富，強迫他們把最好的馬匹貢獻出來，成為該王爺的個人牧群。他還可能控制最好的水井和牧場，卻沒有替本旗的共同繁榮著想。但這樣的人是少數的。

我經常旅行，從東到西、從西到東，從南到北、從北到南，受到絕大多數蒙古貴族的盛情款待。在許多蒙旗，我既結識了作為旗主的父親，然後現在又認識了漸漸長大並繼承其王位的小男孩。在我所有的經歷中，至少遇到過三位治旗有方的王爺，他們不把自己局限在對本旗的統治，且對本旗繁榮的謀劃要遠遠多於對他們個人財富的考慮。

蒙古貴族在幾個世紀以來慢慢形成這樣一種認識，即在他執政期間英明地治理旗地，是職責所在。

當我於 1893 年第一次進入漠北蒙古生活，直到 1923 年離開時，這個地方被四位汗統治著。這些盟被分割成更小的旗，每個旗由一個王爺或公爵統治著，通常情況下，他們與汗的關係比較親近。

現在的情況已有所不同，因為在漠北蒙古，蘇維埃的思想和政治顧問控制著蒙古事務。伴隨著他們的到來，所有的蒙古貴族猶如俄羅斯貴族那樣消失了。在蒙古東部、西部及內蒙古，古老的制度仍在流行。在這些地方，大大小小的蒙古貴族仍舊過著非常獨立的生活，仍是他們自己領地上絕對的皇帝。

察哈爾是蒙古與中原接壤的地方，我生活在蒙古的這些年中，首府張家口，先是在滿洲人統治底下，自從 1911 年中國宣布共和以來，改由中國各種政治領袖統治。這部分蒙古地區目前在中國國民黨政府統治之下，有漢族農民定居其間，他們把蒙古人趕得越來越遠，隨後逼使其退入內蒙古。

中國在幾個世紀中曾是蒙古的一個屬國，但自從

17 世紀康熙大帝問鼎中國大地[3]以來，蒙古在地圖上被描繪成中國的一個藩部。蒙古人說，這是因為他們不想在書寫歷史和描繪地圖方面費心。他們不想要中國，但他們幫助滿洲人取得了它，當時雙方有過一份盟約，規定：蒙古不應被漢人殖民統治，中國軍隊不應駐紮在蒙古，蒙古的內部組織和風俗不應遭到干涉。

我居住在中國時，除察哈爾外，公開承認的滿蒙盟約一直是互利的安排。蒙古人不用像漢人那樣，被迫向滿洲皇帝進貢。與之相反，許多蒙古貴族因其對滿洲皇帝的忠誠而收到豐厚的饋禮。

蒙古貴族有權和滿洲皇帝平起平坐，他們每年都有一次這樣的機會，固守著這個權利。朝廷允許並鼓勵滿蒙聯姻通婚，而直至 1909 年清廷才允准滿漢通婚。因為滿洲皇帝渴望成為北方表兄弟名副其實的統治者，許多滿洲格格即使不情願，也得作為新娘被嫁給蒙古高原的貴族。在北京紫禁城舉行的所有慶典上，蒙古貴族及其妻女，享有與那些滿洲貴族一樣的優待。即便是大節日的皇帝婚禮，蒙古人和滿洲人也有著平等的地位。

滿洲官員被派到蒙古，表面上是在控制進入蒙古從事貿易的漢族商人。直到活佛即位成為蒙古政權皇帝之前，一位滿洲總督[4]總是居住在庫倫，那裡大約有八千漢族商人定居在官方指定的區域。漢族商人在蒙古不能攜帶女眷，因為他們的居留只是單次短暫停留，一旦隨

3　原文有誤，應為 1644 年清順治帝入主中原並遷都北京。

4　即庫倫辦事大臣三多，下文多次提到。

帶妻子，就會長期居住下來。滿清官員大多太精明了，以致於無法滲入蒙古事務當中，一旦他們這麼做，通常也會帶來災難性的後果。因為他們沒有幾個人學過蒙古語，沒有習慣蒙古高原上粗放式的生活，無論在馬背上還是在帳篷裡，都會感覺不自在，結果就會限制他們的生活起居範圍，通常只會前往庫倫、張家口，或者一些比較小的邊境城市旅行。

但有的時候，滿洲人也得出去走走。在他們駐蒙古期間，清政府為了自己的需要，維護著官道的通暢，每隔二十里設立一個驛站。我在出行的時候，為了在這種官道上行走方便，經常帶著一份護照，有時由滿洲官員陪同，有時獨自一人。除腰站的小馬外，出行者經常可以獲得一名護衛，要麼是一名男子，要麼是一名婦女，他們騎馬沿線帶路。這份護照還使我能夠在每個驛站獲得一隻羊或部分羊肉作為食物，吃到乳酪、喝到馬奶和茶水。我常常會和一名滿洲人出門旅行，曾看到他在沿途每處驛站，都要求將羊肉按價格給他折成銀子，這一行為總是讓他惡名昭彰。

蒙古貴族，不論男女，或者他們的辦事人員，如遇事務匆忙，會以一種用「套馬杆」換乘驛馬的方式急速奔馳。我也曾經以這種方式穿越內蒙古。當時我在一位王爺那裡做客，這位王爺發給我一份護照，送我離開他的官府，讓我騎上他最好的一匹馬，並派兩名男子騎馬陪同。其中一位輕裝行進，也就是說，馬鞍上沒有任何行李包裹，只是帶著一副套索。另一位身後背著行李，帶著我極少的幾件隨身必需品。我們奔馳在草浪滾滾的綠色平原上，直到坐騎略顯疲乏。這時，我們碰巧看到了一個馬群，帶著套索的那個人騎馬衝了過去，在牧馬人的協助下，套住了三匹新的馬。我們把馬鞍放到這幾匹馬背上，讓我們那些業已疲憊的馬匹自由地進入這一比較陌生的牧群。

一陣疾馳之後，我們來到一條通向目的地的直道上，我們的坐騎再一次顯現出困乏的狀態。我們一直把眼睛睜得大大的，期待看到一個馬群。在遇到一個新的馬群後，套索人再一次和這一馬群的牧馬人一道套住新的馬，讓我們業已疲累的馬匹自由進入新的馬群。正是以這種辦法，我們一天一天地行進著。當我們經過附近王爺的旗地時，都會受到同樣的禮遇。

依照傳統，馬匹的主人們會和鄰居們交換回自己的馬匹，以保障自己的財產不受損失。

當我們饑腸轆轆的時候，套索人會停在一座蒙古包前，向蒙古包的主人解釋說我是王爺的一位朋友，於是我們便可以獲得食物和飲品。在每天夜幕降臨之際，套索人都會為我們找到一座棲身的蒙古包，並有現殺的羊作為晚餐。如果我們想喝牛奶，蒙古包的主人會幫助我把牛群趕進來擠奶。

第二天，我的套索人和他的同伴說，他們已是身心疲累，希望回家。他們向我解釋說，會按照蒙古禮俗，把護送任務傳遞給其他人。果然，他們把我交給了另外兩個蒙古人，這二人也忠實可靠地執行了任務。

這是一個非常快速的旅行方法。自從我親身體驗之後，再也不懷疑一位蒙古貴族告訴我，他曾經在一天裡騎行相當於一百里的路程。我發現這並不難做到，當我們全天一路奔波時，在換乘馬匹、吃喝過程中幾乎沒有浪費時間。持續地換騎新馬，不會令人感到疲累。

蒙古貴族及其家族外出旅行，即使僅僅只是為了散散心，或許偶爾去拜訪鄰旗的旗主，都會使喚一大群馬和傭人，但他們行進的速度並不很快。他們通常會在每一處不錯的地方紮營，宛如平常外出野餐一樣，花費好幾個小時大擺筵席、享樂一番。

在這三十五年間，我曾和許多蒙古統治者待在一起。我待過的旗，用兩隻手的手指頭都數不清。這些旗主一直都保證，只要我想來並願意留宿時，會隨時隨地受到歡迎。作為這些家庭的客人，我每到任何一處，總是過得非常愜意。蒙古人是心地單純、健康的一群人。

蒙古貴族和普通百姓一樣，都喜歡開玩笑，他們有充足的休閒時光來享受生活。

一位我經常拜訪的王爺總是讓他的手下為我唱歌、吹奏長笛。他會安排狩獵聚會和摔跤比賽，以及即興戲曲表演。在社交方面和享受體育運動帶來的快樂，蒙古家庭的婦女並不退避，而是像男人們一樣，自由地和客人們相處在一起。

王爺們經常會挖空心思地拿一些兄弟貴族尋開心。我記得有一次拜訪一位郡王，正好遇到鄰旗王爺派來的兩名信差走了進來。他們給招待我的主人帶來一個包裹，是用那種尋常的，當作蒙古人名片送給對方的淺藍色哈達托著，並向郡王請安。他們以隆重的儀式跪下，呈上禮物，稟告這是來自他們主人價值不菲的禮物。

郡王心花怒放，急忙起身解開包裹，打開一層又一層的包裝紙。包裹變得越來越小。每一層包裝紙都繫得緊密而牢固，用線繩複雜地打著結。他最終用他的獵刀割開了這些線繩，發現只是一個小小的球。當郡王剝開最後一層包裝時，他宣稱，「這一定是我日夜夢想，雕琢過的老珊瑚」。

但它只是一塊石頭！他一臉失落，就像小孩子那樣。他心情迷亂，困惑地撓著頭，然後爆發出洪亮的笑聲。當我在兩周後離開時，他仍在絞盡腦汁，想琢磨出更好的玩笑來回敬那個王爺。

我認識的另一位貴族，愛上了一位王爺的妹妹，但他不敢告訴她，因為她的品級比他高。然而，這位王爺知道此事。有一天，王爺給這位品級稍低的貴族送來一封信，說會在某一天帶著全家登門拜訪。於是品級較低的貴族開始忙著準備隆重的宴席，僕人們從早晨忙到深夜，因為他們的主人渴望盡其所能地給予他深愛的姑娘及其家庭以最好的招待。最終，一切都準備妥當。

客人們到了。當見面的問候結束後，王爺對這位品級稍低的貴族說，非常想要看他的馬車。這的確是這位青年貴族最值錢的財產，是從歐洲花大錢買回來的，還在他的王府院子裡建造了一個特別的小房子，專門存放這輛馬車。他立刻陪著王爺和王爺的妹妹走到馬車房前，大家的話題圍繞這輛馬車的各方面，欣賞討論了相當長的時間。

這位貴族和王爺的妹妹在王爺的引導下坐進馬車，我們期盼著他們的好事能如春天那樣到來。隨後，王爺扯了扯我的衣袖，示意我一起悄悄溜出去。我們躡手躡腳地穿過門。王爺關上掛鎖，沒有理會妹妹的叫喚，帶著我離開了馬車房，隨即命令貴族的僕人開始設宴。

王爺家人問及妹妹，王爺說她很快就會回來。我們大擺酒宴，激情澎湃地暢談了好久。這時，王爺回到存放馬車的房子，打開房門，爽朗地對這個青年貴族和自己的妹妹笑著說：「我保證你們倆更喜歡談情說愛，而不是一頓普通的飯菜。」

可憐的青年貴族滿臉通紅，十分羞赧，無言以答。但他很可能非常高興，因為王爺為他輕而易舉地做成那麼多事情。一段短暫的時間過後，青年貴族和公主幸福地結婚了。

對於每個旗主來說，在每年夏天舉辦一次慶典是傳統的習俗。這時，他的所有臣民歡聚在一起，盡情享受慶典所帶來的快樂。旗主及其家人會穿戴上他們最好的蒙古袍，慶典會持續一周或十天，每天都有馬術和搏克比賽。而該旗最好的馬匹會進入賽場。

所有體格強健的青壯年男人，無論是喇嘛還是普通百姓，都會參加摔跤比賽。旗主坐在主席位上，在評判各種競賽中承擔著最為重要的工作。除競技運動外，每天還有兩次盛宴。這些節日有著特別的意義，其中可能更為重要的是，它讓蒙古高原上的游牧人家享受到了給予彼此快樂的機會。

牧民們在絕大多數時候，逐水草而居，分散在廣闊的草原上。到了每年的這個時候，為了這場盛大的本旗狂歡，從四面八方聚到一起，許多婚禮也都安排在這個節日期間。

圖 2　杭達王爺和他的女婿

杭達王爺（Prince of Hanta）是我的朋友，他除了在本旗有住處外，在庫倫也有，我在庫倫也居住過很多年。杭達王爺和我有共同的愛好，即戶外探險和打獵。他為了讓我過得快樂，經常陪著我到庫倫背後的群山中短程旅行。

我記得有一次旅行時，大約十二個男人參加，隨行者還有一名廚子和兩名職業嚮導。我們在凌晨三點鐘離開庫倫，所有人都配上好馬，還帶著另外一群馬跟隨著，以及用來搬運設備的一些馱畜。

王爺分配給我一匹體格強壯、腳步穩健、精神十足的山地馬。我非常高興。在中午之前，我們已進入王爺所轄旗境，很快來到一片鬱鬱蔥蔥的茂密森林之中。我們在一條清澈的河邊紮營，吃過午飯，小憩後，便各自騎上馬，散入森林去尋找獵物。當然，我們每個人都想帶回一頭野豬或馴鹿，給其他夥伴帶來驚喜。

但在這場圍獵中，沒有人那麼幸運。下午的唯一野味是一位貴族帶回的小山鹿。我們在地上挖了一個大洞，把帶著火星的木灰鏟進去，再把鹿肉架在木灰上，然後用更多火熱的木灰將洞口填平。這些先前用土掩蓋著的木灰，積成一個大大的灰土堆。

鹿肉在這個洞裡烤了幾個小時，端上來時，香氣撲鼻。運動過後特別饑餓，我們圍著篝火坐下來，用削尖的樹叉子烤肉吃。王爺吩咐他的廚子去準備這頓特別的飯菜，我們饑腸轆轆，一邊等著，一邊找些與吃飯無關的話題，以緩解我們的饑餓感。

吃過飯後，我們紮起藍布帳篷準備過夜，再砍倒幾棵樹，將其添入用枯枝堆壘成的大堆篝火，大家都聊起自己的打獵經歷。王爺是講故事的高手，回顧了他早年的打獵經歷見聞。那時他還年輕，沒有行政職務，常年生活在群山中，每次都待上許多個星期，其間，只有一個他的父親非常信賴的老獵人與他作伴。沒有人住進藍色的帳篷，大家圍繞著篝火躺了下來，漸漸進入夢鄉。

第二天大早，我們的嚮導報告說，他們發現了四隻馴鹿的蹤跡，從蹄印得知，是一隻大公鹿、一隻母鹿、一隻小鹿，還有一隻三歲的鹿，肯定在一兩天前經過了我們的宿營地。

我們所有人立即跨鞍上馬。但王爺命令廚子下馬，收拾我們的帳篷和各種設備。不然的話，一旦每個人都處於興奮狀態，四處追逐開來，我們的帳篷和設備就可能會四處散落，無人照顧。我對廚子的留下斷後表示難過，他得把帳篷和各種設備包裹起來，馱載在馬背上，然後盡其全力跟上我們。我們都異常興奮，跟隨著騎馬的獵手自由地飛奔。獵手披荊斬棘般地穿過茂密的山林，向北挺進。

那天我們騎得很瘋狂。我們的坐騎被汗水濕透，又被風吹著，但仍以極大的耐力保持著良好的狀態。臨近傍晚，我們的獵手大聲呼喚，鹿蹄印已頗為清晰，但那四隻馴鹿可能仍在比較遠的前方。

王爺命令我們在一處宛如水晶般清澈的山泉旁稍作停留，先給馬匹填補草料，待馬汗涼下來的時候又給牠們喝水，隨後趕出去，任其緩步遊蕩在豐美的山地草原上吃草。此時，我們已燃起篝火，烤著山鹿的肉條。這隻山鹿是我們在離此山泉不遠處獵殺的。餐後，我們在清風搖曳的樹葉颯颯聲中倒頭睡去。

第二天清晨，我們一大早便策馬揚鞭。中午時分，獵手們業已確信，我們正在靠近那些馴鹿。大家精神抖擻，因為接近獵物而亢奮起來，獵手們也變得非常激動。他們示意我們全部停下來，要求我們安營紮寨，原地等待。他們則躡手躡腳地分頭前進，以免我們的吵嚷聲會使打贏這場圍獵的機會付之東流。山林上的草原就數那個地方的斜坡上比較濃密，我們讓馬吃草的同時，自己也用了午飯。

臨近傍晚，獵手們回來報告，馴鹿正在距離不到三里遠的另一座山後靜靜地吃草。此時天色迅速暗了下來，我們決定不去打擾馴鹿，而是像前一個晚上那樣搭起了帳篷。

次日清晨，獵手再次出發。他們很快返回，聲稱我們的馬隊已離昨天看到馴鹿的地方很近。兩位獵手向王爺解釋說，在我們和馴鹿中間有一排山崗，山崗前面有一條奔騰的大河穿越山谷。他們建議我們應該沿著山崗待在中間，與此同時，嚮導則把馴鹿趕進大河與山崗的中間。

我們都認為這是一個絕妙的主意，於是沿著山崗的邊緣四散開來。在這個地方，能看到一條清澈的河流，在我們下面四、五百碼處的地方飛濺起水花，穿過山谷。我們等了一段時間。此時，獵手們發來信號，暗示馴鹿正在靠近。當槍聲在我的四周響起時，我幾乎不敢朝那些移動的東西直視。我是最後一批扣動獵槍扳機的人之一。

實際情況是，馴鹿距離我至多五百碼遠，或者可以說，它距離我們每一個人都不超過五百碼遠。但我們過於亢奮，以至於用連發步槍射出三、四十發子彈，卻沒有任何一發擊中。牠們橫渡河流，安全地消失在遠處的森林，一路小跑，漂亮極了！

王爺把我們召集在一起，說我們是一群不折不扣的的笨蛋。他問我們，是不是從來沒有人教過我們怎麼瞄準，是不是沒有人告訴我們，當待在高處，並且非常興奮時，如何朝下面的目標開槍。如果我們希望擊中目標，應該將準星瞄準偏下面的地方。此後我採納了這一建議，發現確實很管用。

獵手們異常沮喪，宣稱是我們嚇到了馴鹿，才導致牠們無法靜下來在附近吃草。我們決定不再追逐馴鹿，而把注意力轉向野豬，收拾起自己的炊具和營帳設施，向下一個地方出發了。

自由散漫地遊蕩了幾天之後，我們才發現了一群野豬。考慮到訓練有素的獵狗非常擅長這種圍獵，王爺決定邀請一名擁有兩隻優良獵犬的獵戶參加我們的活動。獵戶距離此處有幾里遠。於是，王爺派出三位年輕貴族，還給他們具體地指示了尋訪路線。他們騎馬而去，隨後帶著獵戶及其獵犬回來。

獵犬們迅速而成功地包圍了野豬，把它們逼進一片茂密的樹林中。我們在馬背上亂作一團，以我們所能達到的最快速度跟進，衝入灌木叢和濃密的草叢中。

很快，在我前方傳來一陣令人激動的叫喊聲。獵戶騎馬靠近我，他認為獵犬和野豬正在進行搏鬥。我們朝著聲音的來源處推進，剛到達現場，卻發現一群狼已經參加過這場戰鬥，吃掉了一隻獵狗。

另一隻獵狗和野豬們不見了。我們呼喚著同伴，大家迅速策馬趕來，搜索著灌木叢和周圍的鄉村，但是仍然沒有找到另一隻獵狗。

面對這一變故的嚴重打擊，老獵戶非常垂頭喪氣。

儘管王爺很慷慨地給他一些銀兩，作為禮物補償，但仍未使他高興起來。老獵戶告訴我們，被咬死的這隻獵狗是他最好的朋友，在最近兩年中，倚仗它的高超技術，捕獲了不少野獸，獲得了使整個家庭可以吃飽穿暖，頗有價值的皮毛與肉。

我們專心尋找獵狗，因此耽擱了對野豬的圍獵，徹底失去了它們的蹤跡。我們都很生氣，覺得那群狼厚顏無恥，需要好好教訓一番，就循其行蹤而去。後來我們成功地殺死了一隻大公狼，這才感覺心情舒暢了許多，回到營地，好好享受了一頓美餐。

第二天，我們向庫倫折返。王爺得出結論說，嚴肅的圍獵活動對於這樣龐大而歡鬧的一群人來說是不可能的，於是決定讓大夥兒心滿意足地做一次森林野炊。我們在河流、山中小溪旁邊安營紮寨，在夜晚時分聚在一起談天說地。在白天的時候，我們追逐著偶然發現的任何動物。在歸途的三天裡，我們以這種有益身心的方式，把自己搞得疲累且快樂。雖然此次圍獵失敗，鎩羽而歸，但是所有人都十分愜意。

我跟著杭達王爺參與過另外許多次圍獵之旅，我們獲得了許多獵物，有熊、野驢、山羊，還有狼、鹿和野豬等。杭達王爺是一位遠距離射擊專家，知道許多關於森林、山脈的祕密。

1908 年，杭達王爺邀請我陪他從庫倫到北京走一趟，然後再往天津和上海。王爺以前從未見過大海，他對我們乘坐的船隻表現出極大的興趣。我們一起住在一個有上下鋪的艙房，我請他選擇是睡在上鋪還是下鋪，他為此困擾了好長一段時間。

他以前從未睡過任何的床，因為蒙古人總是睡在地毯上，或是蒙古包或王府的地面上。他把手放在床鋪上，試了試彈簧，游移地搖了搖頭，最後確定他想試試睡在床上的感覺。他在打定主意之後，才把注意力轉向應該怎樣決定睡在哪一層上。

他說：「如果我睡下鋪，你就會在我上面，這不是很恰當的，因為我的爵銜比你高。」就這一點而言，我同意他的看法。但是我也告訴他，這取決於我們怎麼看待它。睡在上鋪或者下鋪，應該依據權力大小，給予爵銜最高的人決定。而且，萬一輪船沉沒，上鋪的人會相對比較靠近海面。

王爺在思考這個問題時撓了一會兒頭，然後說：「好吧，如果我在下鋪，就可能被淹死。」於是他選擇了上鋪，爬了進去，在那裡一直待到整個行程的結束，直到抵達上海。他斷言，波濤洶湧的沿海旅行，比任何一場蒙古高原上的暴風雪還要糟糕不少。

我們到了上海，輪船停泊在這座城市的河流對岸。我們需要搭乘小舢舨才能渡河。他對搭乘舢舨很恐懼，還問說，一旦舢舨沉沒，他應該怎樣才能自救。我告訴他，除了游向江岸別無他法，並向他百般解釋什麼是游泳。他說，這對他而言是不可能的事，因他從未學過游泳。他又問我，一個人是否能借助某些措施，讓自己漂浮在水面上直至獲救。

我告訴他，唯一的措施是一條救生帶。他對此十分感興趣。待我們抵達上海的江岸後，他堅持要去商店買救生帶，竟然訂購了一百條！他把這些救生帶送回蒙古高原，這些救生帶現在可能仍保留在某個蒙古包中。

王爺返回庫倫後，他解開其中一條救生帶，向活佛進行了演示。活佛十分渴望驗證這種救生帶是否真的管用。當土拉河水位處於最高峰時，他們把救生帶捆綁在一個喇嘛身上，隨後扔進洪流之中。這個喇嘛沒有沉入水中。杭達王爺宣稱，購買救生帶花的錢的確是花對了地方。

一次，杭達王爺穿行上海的南京路，恰好站在一輛以中速開過來的有軌電車前面。我一把抓住他，並盡力把他拉回來。這時他還不願意回來，我試圖催促他快點橫穿過去。他死死地停在那裡說：「別當傻子，我知道這些車是怎麼造出來的，他們有剎車，可以在任何地方停下來，所以我們為什麼要快走呢？」

在上海，杭達王爺給當時正在北京的達賴喇嘛購買了價值大約兩萬元的物品，這是一筆極為特別的採購。他並未預定任何特別的東西。然而每天的早晨和午後，他都要我帶他到洋貨商店。在店裡，他用馬鞭指向讓他著迷的東西，命令店夥計將其打包並寄送到北京。他在三天內完成，且把所有的錢都花在購買舶來品上面。

此外，杭達王爺還買了鐘錶、手錶、鏡子、小刀、手杖、地毯、燈具、提燈、一個大號的天文望遠鏡、一套廚房爐灶、一個電捲髮棒、女士高跟鞋，以及帶有裝飾品的一棵聖誕樹！

他一進商店，就像一個在大賣場中隨心所欲的孩子，想買什麼就買什麼。我無法抑制他的購買熱情，也無法給他提出任何建議。我對他所買的許多東西並不看好，但他說達賴喇嘛喜歡，被他邀請去看他從上海這個陌生中國港口城市帶回來東西的朋友，也都很喜歡。

杭達王爺有一個兒子，年輕的杭達郡王，我在第一次去庫倫時遇過他。他是我最親密的朋友，十分聰慧，然而在幾年前去世了。他的去世和下文所述有關。

當達賴喇嘛被驅逐出西藏後，到漠北蒙古尋求避難，在庫倫待了一段時間。由於達賴喇嘛的收入來自朝聖者的香火錢，但庫倫沒有足夠的香火錢，來滿足他和哲布尊丹巴活佛的需要，他只好再次離開。杭達王爺邀請他住在自己的旗地內，一處距離庫倫西北兩百里的地方。達賴喇嘛到了以後，就特別喜歡年輕的杭達郡王。

小杭達郡王性格和藹可親，因其爵位之高而非常富有。達賴喇嘛發現，除了郡王業已受到的無數種訓練外，仍然可以錦上添花。達賴喇嘛遷到山西五臺山後，他邀請小杭達郡王與其結伴同往。儘管小郡王不情願離開自己的家鄉，但他覺得不能拒絕自己敬服的宗教領袖。後來，達賴喇嘛從山西到了北京，住在北門外的黃寺，他仍邀請小杭達郡王前往北京。

那時我經常在北京，我認為中國京城的生活並不適合這位來自廣袤大地上的孩子。我熱切建議他懇請達賴喇嘛讓他返回故土家鄉。小杭達郡王則堅持說，他一切很好，並拒絕在達賴喇嘛打算回到西藏之前，返回蒙古草原。

我北上蒙古，在幾個月後再次回到北京。小杭達郡王看上去已病入膏肓，咳嗽非常厲害，身體羸弱，瘦骨嶙峋。我再次懇請他離開北京，仍然遭到他的拒絕。當我再次北行時，他到車站為我送行。我抓著他的胳膊，和他一道在月臺上上下下。

火車進站後，我強烈懇請他跳上火車，在為時已晚前，與我一道返回蒙古。但是他拒絕了，並稱咳嗽只是小毛病，很快就會好起來。但我再也沒有見過他，幾個星期後他在北京病逝。

諸如此類的事情一而再、再而三地發生在身強力壯、健康的蒙古人身上。我知道他們為了某些原因，曾去北京或天津，結果因水土不服染上重病，在可以返回故土之前客死他鄉。

我一生都非常健康，但在那幾年我擔任蒙古代表和中國政府蒙古事務顧問時，不得不全年大部分時間住在北京，忍受著身體上持續不斷的病痛。那些來自高海拔和開闊高原地區的孩子，就是這樣無法健康地適應擁擠的人造城市。

羅布桑林沁王爺（Lob-Tsen Yen-Tsen）是我交往多年的另一位蒙古貴族。他在庫倫以西五里處有一座非常舒適的居所。在他的孩提時代，父母便將他送到寺廟，以喇嘛的身分在那裡長大成人。他通過了名目繁多的各種考試，最終獲得了較高級別的神職。然後，他離開寺廟，蓄起頭髮，還俗為「黑人」（black man），娶了一位相貌端莊、知書達禮的蒙古姑娘。

圖 3　杭達郡王與羅布桑林沁王爺

他在生命最後的三十五年間，在不同時期先後擔任過庫倫政府的重要職位。他在這些職位的新舊改任過程中，常常保持自由之身。他想來就來，想走就走。在我倆都有空閒的時候，我們一起渡過了許多令人愉快的假期。我覺得，由於我倆素來都是忙碌之人，與那些整天整夜都在花天酒地的人們相比，我們更能享受這些能為彼此帶來快樂的時光。

他喜歡打獵，我倆通常會在仲冬時節相伴出門進入山林，不帶其他隨從。我們會在一座小山的半山腰深挖積雪，搭起營帳。

有時候，積雪很深，我們得挖三、四英呎。我們總是把積雪挖到地面上，然後在空地的中間用乾柴壘起一堆火。圍著這堆篝火，躺在厚厚的毛氈上，無論溫度計降至零下多少度，或者寒風在山頂上咆哮得多麼厲害，都非常舒適愜意。我們會一邊躺著，一邊私下討論重要的，不能在庫倫講的事情。當在這些話題上取得共識後，又會講述一些古怪奇談，能講幾個小時之久。

有一次，我遇到一件使我深陷困境的意外。凌晨時分，我醒來，聞到布匹燃燒的氣味，發現我的褲子著火了，最重要的一部分燒掉了。

在這些快樂的旅行中，我們沒有帶額外的衣服，也沒有可以用來縫補衣物的東西，更沒有牽馱帶包裹的牲畜。路況對我們騎的馬來說是相當難走的，因此也沒有帶任何額外的東西。羅布桑林沁醒來，看到我的窘境，然後發自內心地大笑起來。因為我褲子後襠下部被火燒得一乾二淨，他想知道，在冬日的早晨，在這樣低的零度以下氣候，沒有褲子的我會怎樣追逐狼群。但是當太陽升起時，我用上衣口袋裡的一根細繩把一塊毛巾繫在我的腰上，隨後穿上褲子，一切都搞得十分妥當。幾天之後，我的這位朋友仍總是向他的哥兒們津津樂道地講述我是怎樣燒掉褲子，圍著一條毛巾在仲冬季節圍獵狼群的故事。

圍獵狼群是短途旅行中的慣常活動。我們通常起得很早，吃過清淡的早餐後，隨即翻身上馬。出發前，馬從草地上刮去積雪，吃上長長的草料。隨後我們出發，期待能有令人興奮的結果，也獵獲了許多大灰狼的皮。

羅布桑林沁非常富有，在他旗地的草原上，他有一個大馬群，他的旗地與庫倫南部接壤。當我們想要離開庫倫時，經常會去那裡，和牧馬人一道進行賽馬，或者觀看羅布桑林沁的摔跤比賽，還獵到了不少狐狸，在這些娛樂活動中消遣著時光。

在羅布桑林沁位於買賣城的家中，我總是被奉若上賓，所以通常會在那裡一待就是幾個月，就像家庭成員般來來去去。

去年，當我正在中國陪斯文·赫定進行科學探險活動時，羅布桑林沁的去世是我收到最為令人痛心的消息。羅布桑林沁的妻子仍健在，她聰慧而富於思考，能夠流利地閱讀和書寫蒙古語文，是那種知書達禮型的婦人，總是盡力使我的來訪愉快起來。我打算在探險歸來時去看望她，但至今還未能如願。

就我所知，蒙古貴族中最為出眾的名人是車林多爾濟（Tsereng Dorch'i）。他最後二十年的生涯，一直是漠北蒙古執政精神之所在。作為蒙古的外務大臣（Minister of Foreign Affairs），他是一位非常精明的外交家，使用漢語交談和閱讀猶如蒙古語文一樣流利。他生活簡樸，工作勤勉，性格上沒有絲毫瑕疵，儘管蒙古政府多次發生政治變動，歷屆政府當局都希望他盡忠職守。他曾在滿清統治時擔任蒙古政府的中樞，又在活佛君主政體時代繼續供職。

這時，中國將軍小徐[5]統治時代到來，車林多爾濟王爺仍舊是內閣總理。接著白俄將軍恩琴男爵（Baron Ungern）統治了外蒙古，車林多爾濟還是內閣總理，

5　即徐樹錚。

儘管他提出辭職，卻未獲允准，只好仍在其位。他甚至在蘇維埃委員會（Soviet directorate）下服務過。直至一年前他去世時，他依舊是蒙古政府內閣總理。

車林多爾濟王爺訪問過北京和莫斯科。他是一位聰敏而又能在許多事務方面健談之人，很熟悉蒙古風俗，對其他國家和地區的生活習慣也頗為瞭解。

當我第一次去蒙古的時候，車林多爾濟在庫倫擔任一些俄羅斯領事的老師。就在那時，他成為我的朋友，我一生的摯友。

儘管他擁有無上的權力（在蒙古近二十年間所遇到的每個極為重要的問題上，他幾乎樣樣一錘定音），但他的生活起居和衣著打扮非常樸素。我過去經常到蒙古包拜望他，他和妻兒住在那裡。他們甚至沒有僕人。他的妻子就像普通蒙古婦女那樣操持家務。我每次拜訪時，她總是現泡茶，並親手遞給我。他從政府領著一份幾乎不值一提的薪水。他沒有私人財產。就他所承擔的工作來說，他本來可以為自己大賺一筆的，但如果拿著一份比勉強餬口稍多一些的收入，是有失王爺身分的。

每到耶誕節，我通常會送他一盒蠟燭，他的妻子對此感激涕零。她總是告訴我，這就是她希望得到的，因為通常她只能用馬鬃作為燈芯的羊油缽燈來照明。

他的兒子結婚時，儘管婚禮辦得非常簡單，車林多爾濟王爺甚至拿不出舉辦婚禮的錢。他之前曾來找我，問我能否從他手裡買一些外國朋友送給他的禮品，因為他的確十分需要錢給兒子舉辦婚禮。我買了。

坐下來和車林多爾濟王爺一起談天說地，總是給我帶來許多歡愉。他是世界上的大人物之一。其他人（富有的貴族和高級喇嘛）過來謙卑地拜訪他，因為他們知道，儘管他並非腰纏萬貫，但他有一種使靠近他的人變得富足起來的精神。他經常過來看我，總是用任何蒙古人都可能會這麼來看我的方式——騎著一匹小馬駒。

他不喜歡炫耀和任何形式的浪費。他在政府管理中猶如在他的私人生活中一樣，謹小慎微、勤儉節約。

漠北蒙古能夠擁有這樣一位人物掌舵多年，的確是幸運的。

大多數蒙古年輕貴族對於政治和外交事務並不感興趣。他們和已在這裡生活了許多世紀的先輩完全一樣，只想在蒙古高原上過著安靜的生活。但其中一些人對於外部世界產生了興趣，走了出去，到外國學校求學。在莫斯科、柏林、巴黎和倫敦，都有我蒙古朋友們的子女。他們絕大多數儘管只是在異國他鄉做些短暫停留，但仍時時刻刻格外想念蒙古高原的生活方式。

帕勒塔（Palata）王爺的妹妹，一位年輕的格格，也是噶拉桑（Karasha）活佛的侄孫女，[6] 就是其中一例。我去年冬天從蒙古回瑞典，途經北京時，曾應她親戚的請求去拜訪她，並捎去一些關於他們的消息。她已飄零海外五年之久，先後在德國、法國、英國和中國內地待過，學會這些國家的語言和文字，穿著巴黎式的衣服，看上去很時尚。

6　原文為 grandniece，因沒有說明關係，此處譯為侄孫女。

她皮膚白皙，身材嬌小而活潑有生氣，身穿一件白色與櫻桃紅色相間的服裝，一頂別致的小帽子拉低至她的額頭。我用蒙古語和她說話。此時，她的異域時尚宛如一件斗篷悄悄滑落了下來，她就像一個小孩子，特別思念她家鄉的天空。

她解釋道：「我想要去海外，我也已經走出去並且親眼見到了。在這個世界上其他地區的生活，沒有一處能像我們族人的生活那樣精彩。」

幾個星期後，她幹練地加入一個駱駝商隊，經過漫漫征程，回到了位於土耳其斯坦（Turkestan）[7] 邊境上的家鄉。

我是在蘇尼特（Sunit）王爺府寫下這一章的。當我通讀它的時候，我感覺到我並沒有把蒙古貴族身上那種沉著的勇氣和迷人的禮節表達出來。身處其間的熟悉感，已使我的感覺變得遲鈍，沒有能完整記錄下構成蒙古社會日常生活的點點滴滴。

當蘇尼特王爺還是個孩子時，我們就認識了。我認識此前統治該旗他的父王，我也認識他的叔父，早在二十五年前的蒙古首府庫倫，他的叔父已是一個非常有影響力的人物，並在他的兄長死後統治著這片土地，當時眼前的這位王爺尚處幼沖之年，無力承擔全旗政務。

兩周前，當在我作客主人住處上面的小山頂，看見

7　本書依照 1930 年代國民政府的往來電文，譯為土耳其斯坦。

那裡有一處鄂博，[8] 彷彿有一種來到老朋友家裡的感覺。

我爬上小山，看見王爺和他的哥哥，即蘇尼特旗喇嘛廟大喇嘛，正在鄂博上祭拜地神，祈望傳送到這裡的經文能夠給本旗帶來迫切需要的雨水，讓那些馬匹、駱駝、牛、綿羊、山羊在今年夏天會有更加豐美的水草可以放牧。

鄂博是一座石頭封堆，由現任旗主的先祖建造，在內部深處埋藏著一個桶子，裡面保存著藏經文和聖徒的聖物。在這座有鄂博的小山腳下，有一座用石頭建築的王府。王府的灰色屋頂，彎彎曲曲，像鋸齒般映襯著天空，顯現出院落的輪廓。一連串白色氈房，用浸染成金色和藍色的皮革裝飾，環繞在蘇尼特王府的房舍周圍。

王爺的母親走出來迎接我，她身邊有一位王府的小繼承人陪著，是一個十歲的孩子。我們彼此向對方表達了正式的問候，她把我領進王府裡的一個院子，他們在那裡已為我的來訪準備好了一套房間。

在蘇尼特，就像在蒙古其他所有蒙旗一樣，旗民輪流在王府服務，隨叫隨到，每次長達一個月。這次有兩個人應召而來，在我造訪期間服侍我的生活起居。他們按照老夫人（Dowager Mother）的命令，拎著我的行李箱，給我端來新的盥洗用水，並很快為我做了一頓熱騰騰的飯。就在給我準備飯食的時候，老夫人坐了下來，我們彼此交流的訊息內容，不外是關於她的孩子、孩子的孩子、我的六個子女和孫子。

8　即「敖包」。

僕人們把我的飯端了上來。在蘇尼特旗旗主住處，把飯端上來的時候，都會上演「用膳儀式」。這一點和其他大多數蒙旗一樣。這是一個有著尖頂的蓋子，一條長長的紅色絲穗環繞著蓋子垂下來。僕人用雙手平端著盛飯缽碗，挨個呈遞上來，單膝跪地，口中說道：「請用膳，平安和您一生相伴。」

飯食用過，就向僕人表示感謝，並吩咐道：「請享用這些食物」。在蒙古王爺的居所，供應的飯食是很豪華的，浪費是不可能發生的事情。剩下的食物理應歸剛剛服侍過的僕人所有，並足夠他們在服侍期間美美地享受一頓。

在蒙古，若非宴會時節，整個家庭或在一處營地居住的所有人，一般不會聚在一起吃飯。在蘇尼特這裡，雖然偶爾有王爺，或他的母親，或他的兒子，或者某位來訪的貴族人物與我一同進餐，我的飯食通常都是單獨供應。

蒙古茶，也就是用牛奶、奶油和鹽製成的茶，是在早晨首先端上來的食物。老夫人知道我有喝奶的嗜好，或者馬奶，或者牛奶，總是在每天早晨給我送來滿滿的一大桶，同時送來奶茶。每天的第一頓飯正好在中午以前，第二頓飯則在日落時分。

我到達這裡的第一天，按照老夫人的旨意，在下午三點左右吃了一頓大餐。經過一段長途騎馬跋涉，我饑腸轆轆，吃得又香又飽，以至於在夜幕降臨之際，已經不想再吃什麼了，只是喝了些奶，吃了點兒乳酪。我告訴我的僕人，別在我的桌子上再放食物了。

他們回答說：「您是我們王爺的貴客，您的食物是在他的私人廚房烹飪的，我們必須把它放上桌，否則我們會因為沒有在日落時服侍您一頓熱飯，而遭到王爺訓斥的。我們把飯放在桌子上，您可以命令我們再收拾下去。」我只好從桌子上拿走我的寫作稿紙，按照通常的儀式，讓他們把飯碗放上去，然後再讓他們拿走。

現任蘇尼特旗主的父親娶過三個妻子。第一任妻子已去世，沒有子女。然後，他從鄰近的旗府娶了一位格格，一位剛過二十歲非常漂亮的女孩，儘管現在已是五十八歲，仍然是位美麗的女人。她皮膚光滑白皙，並未因歲月的流逝而產生皺紋，笑容滿面，有著樂天派的性格和非常現代的觀念。

例如，她曾去德國尋找瓷磚、水管和白色的陶瓷配件，從北京請來漢族工匠，在王府內寓所的一角，為她建築了一個現代化的浴室。這是我在蒙古家庭中曾經聽聞的唯一浴室。

蒙古人有一個迷信，即洗澡洗遍全身的人會變成一條魚。這一說法可以回溯至成吉思汗時代的一部法律，該法律禁止人們用水洗澡，因為要把水節約起來給人和畜群飲用。蒙古人圍繞這個法律設計出一套迷信的宗教神話，以保障禁止用水洗澡這一法令的實施。安裝浴室給草原帶來巨大的恐慌，這種恐慌不僅影響了格格的侍女及其直系家庭，還傳播到了鄰近蒙旗。正是因為她在自己的住處安放了一個浴缸，朋友們從遠近各處趕來，乞求她不要使用浴缸。但是，她在浴室竣工當天，就勇敢地洗了一澡，在那之後的五年裡也堅持每天洗澡。

她哈哈大笑起來，向我解釋道：「我到現在還沒有變成魚。王爺對此印象頗為深刻，於是他自己也全身洗了兩次，而且他也沒有變成魚。但是他的母親已經給了他一個命令，以後不能再洗全身澡，以免他在一個水缸裡游泳而遭到懲罰，在來世變成一條魚。因為在這個時候，草場的生長真真切切需要水源。」

我剛剛抵達王府，正在吃第一頓飯的時候，這位格格，即已故旗主的第二任妻子，進來看我。像往常一樣，她身穿秀麗的絲綢，手腕和頭髮上有珍珠和黃金飾品，有著蒙古女人那種與生俱來的雍容華貴的氣質。終其一生，她把位於蒙古高原上的蒙古王府和北京的清廷皇宮，都視作自己的家庭。

這位第二任妻子，就像前任一樣，並沒有給蘇尼特旗旗主帶來子嗣。該旗的百姓急切關心著王爺未來繼承人問題。因為一直以來，旗主都是由成吉思汗的後裔、直系男性繼承人來承襲王位的。最後，老旗主娶了一位富裕平民的女兒作為妻子，這個富戶家庭的婦女生育能力是頗為有名的，她生了兩個兒子，其中一個即是蘇尼特旗的現任旗主。

這位體態豐腴的婦女和美麗的格格相比，總是顯出一種高貴的神情。現任旗主的母親住在王府大門後面自己的蒙古包裡，照料著本旗的大小事務，就像她覺得需要照看每隻小羊羔一樣仔細認真。這位格格主持著所有的社交活動。正是頗有交際能力的她，代表本旗前往北京的清宮。她能流暢地說中國官話，也能熟練地閱讀內地文書，反應迅速機智。

我剛到蘇尼特那天下午，就坐下來與她交談。人們輾轉著從王府中悄悄地傳過話來：「旗主剛剛回到家，正在換衣服，準備迎接您這位貴客。」

蘇尼特王爺是一位身材又瘦又高的年輕人，三十歲，沉穩、嚴肅、友好的統治者，一旦時局需要強硬手段，就會對本旗事務進行鐵腕統治。該旗事務總是非常井然有序，幾乎沒有貧苦的跡象。無論是誰橫穿蘇尼特日復一日地旅行，都不會遇到沒有一頂好的氈房，甚至連一頭可以擠奶的母牛、一些綿羊、山羊和一兩匹馬也沒有的單身漢。

蘇尼特王爺的常備軍訓練有素，軍紀嚴明。在蘇尼特旗，每個旗民每年都要進入王府一次，尋求指示和遵奉習俗。王爺鼓勵他的臣民透過摔跤來保持身體的康健。每天夜幕降臨，蘇尼特男人們都會在王府的綠地上摔跤。甚至本旗的喇嘛，如果需要他們出力保衛家園的時候，也要應召服兵役。

俄羅斯和中國政府都在內蒙古努力爭取支持。內蒙古的王爺們知道，他們的獨立地位，會使這兩個大國在向自己尋求支持過程中彼此展開競爭，也惟有保持足夠的力量，才能阻止中、俄兩大外部勢力。

蘇尼特王爺走了過來，我們首先圍繞一些私密的個人話題進行交談。自從我們上次見面以來，我們就很習慣彼此交流訊息。他告訴我，他最大的關心是，他應該以怎樣的態度來面對國民政府為了彼此間和平與親切合作而發出的邀請。蘇尼特王爺深切地感受到他所承載的政治責任，因為他是被十個獨立蒙旗的統治者邀請去擔任領袖人物，與外邦（foreign countries）進行會談。

當我們談論政治話題時，那位年僅十歲的小法定繼承人明顯地靠著我的膝蓋，偶爾會插個話，提出問題。即便當下年齡如此幼小，他也像他的父親和祖父一樣，已經對政治話題有同樣的關切。他父親在回答他所提出的問題時，表現出極大的耐心。蒙古旗主就是以這種方式培養著他們的繼承人，訓練他們在孩提時代即準備承擔起責任，以防萬一。他們從不以「等你長大以後」來回答，因為一旦這個孩子有智力提出問題，他們就認為他已有理解答案的心智能力。

在長達一個小時的嚴肅討論過後，王爺說：「現在讓我們把這些問題擱在一邊，改天再聊吧。你已經走了很長一段路，很累了。我們出去看看摔跤手吧。」隨後，我們二人和一個擔任衙門章京（Chief at the Yamen）的平民一道走過去觀看摔跤比賽，這是蘇尼特王府每晚例行的節目。

蘇尼特王爺的摔跤手們總是穿著柔軟的、綠色的無袖摔跤衣和金絲短褲及高筒皮靴。這些衣服用平平的金鈕扣裝飾著，平時不穿的時候，儲存在王府的儲藏室，折疊得非常整齊。

我們從摔跤場返回途中，經過幾輛用牛牽引的圓筒狀水車。水的供應是每天從井裡汲取兩次，早晚各一。這些水車是為蘇尼特王府提供服務的。如果王爺需要派水車進入旗地汲水，在王府的一個院子裡，即會有幾百輛牛車整齊地排列待命。

在王府周圍有二、三十間白色的氈房。王爺的母親住在其中最大的一間裡，外面用金色和藍色的皮帶裝飾著。她正在這裡撫養著小繼承人。其他氈房裡，住著王府的男女傭人和各種相關人員。他們來自本旗，按照被分派的月分在王爺住處承擔各自的勞役工作。其中一些婦女總是忙於縫補牧人所需的那種藍色旅行帳篷。她們坐在草地上，一邊工作，一邊說笑。其他婦女則忙著照料牛奶、製作酥油。

在擠奶的時候，需要給奶牛繫上繩子。這些繩子拉伸開來，距離王爺母親所住的蒙古包並沒多遠。王爺母親總是在日出時就起來擠牛奶，等到日落時再擠第二次奶。

她監督著那些婦女照料牛奶，製作奶油和乳酪，以及貯存冬季補給品。她得確保乾糞堆足夠供應所有必要的生火，同時監督著氈子的製作和皮毛的加工。

她有自己的牧群，對牧人就如何照料牧群給出詳細的指導。她似乎清楚蘇尼特旗境內的每一隻動物。如果有人提到在一個牧群中看到一匹有著白蹄的馬，在距離王府兩天行程的地方，她就會點點頭，講出關於這匹特別的馬的一些細節。馬總是繫在蘇尼特王府前的拴馬樁上，備好馬鞍，束好馬轡，如果碰巧有人需要一匹馬去辦理差使，這些馬就可以隨時交付使用。

時值夏季，儘管已是六月，但老天爺幾乎沒有下雨，草仍稀疏。然而通常在這個月分，草已長得鬱鬱蔥蔥。所有的牲畜，除了每天在這裡需要使用的以外，已經被趕放到本旗降雨更多的地方。我在這段日子裡走訪了一些牧群。當我們騎馬經過旗境時，凡是見到我們的本旗百姓，都會翻身下馬，跪拜於地。但是，蘇尼特旗旗主及其百姓之間，除了這種正式的禮節外，還有一種親切友好的民主友誼。

無論是在本旗以外，還是在王爺的住處，日落前的最後一個小時是人們放鬆的時間。我們通常會聽音樂，有吹長笛的，有唱歌的，還有吟遊藝人在唱誦著一些古老的歷史故事。

王爺帶著一名裝備精良的衛士，準備去迎接即將來訪本旗的班禪喇嘛。因此他難以脫身，只好選定他的表親，安排前往南京去和國民政府協商。

這位表親，蒙古公爵，是一位在藏學、漢學和蒙古學方面都很優秀的學者。他在 1895 年參加過一次科舉考試，並取得了功名，在慈禧太后的清宮裡有了一個配享藍寶石頂珠花翎的職位。

在蘇尼特王爺或他的表親離開之前，本旗的那達慕大會行將舉辦。在那達慕大會上，通常會有摔跤比賽和馬術表演以及華麗衣服的展示。除蘇尼特本旗人民以外，鄰近各旗的旗主們也會派來騎手，欣然贊襄這次盛會。這些鄰近旗主可以藉機參加競技運動，也方便一些重要事務的討論協商。

蒙古人不會去做他們現實生活所需之外的事情。他們必須為迎接這次那達慕大會做好各項準備。在此過程中，沒有哪位蒙古人得以免除他每年中那一月分的服務。這座擁有許多庭園的王府，是外來的概念，男工匠們從中國內地雇來，正在給彩繪的柱子重新鍍金，給門口的石獅子潤色修飾，以使其更顯兇猛，還要擦洗那些弧形屋頂屋簷下的琉璃瓦。

蒙古工匠正在忙著搭建節日期間所需的帳篷，為宴席挑選膘肥的綿羊，用馬奶蒸餾奶酒，挑選馬匹和騎手參加馬術比賽，為自己、旗主及其家族準備精美的衣服。

每個人都在準備參加這一年一度的那達慕大會，只有一個人例外，即蘇尼特旗主的年輕妻子，她被隔絕在一個安靜的地方。蘇尼特的人們祈禱著，希望在六個月後，她可以生下有可能會成為王位直系繼承者的兒子。

吟遊藝人們輕柔地反覆唱誦著另一個鐵木真的到來。身懷六甲的母親不可以出門或接待訪客，只能獨自靜靜地等待著，讓心智保持在純粹的沉思狀態。人們相信，這樣會使將來出生的孩子聰敏而勇敢。

第二章　平民
（The People）

蒙古人在和平年代，是幸福快樂的；在困難時期，則是沉著鎮靜的。他們生活簡樸，過著野外生活，以普通而有益健康的食物為食。儘管他們是一個非常古老的民族，曾經是半個世界的征服者，卻從未接受或者逐步形成複雜的生活體系。我曾與他們一道生活，住在普通人家的蒙古包和旗主的王府先後三十五年，我由衷地羨慕他們高貴的樸素。

成吉思汗在其諸弟、兒子們以及成千上萬的追隨者陪同下，進入歐洲，有機會觀察被他們征服的人們享受何等奢華的生活。但是在這些征服的歲月裡，蒙古人住在自己的營帳裡，一直讓自己努力地過著猶如在蒙古高原那樣的生活，從未搬進他們占領的城鎮內居住。他們對歐洲人擁有的舒適感到驚詫，執著地認為：「既然我們能如此輕易地打敗這些人，那他們一定是被他們的文明削弱了。」這就是蒙古民間傳說給出的解釋。

當蒙古人回到家鄉，心滿意足地進入蒙古包，他們的女人和孩子在他們出征時仍過著一如從前的日子，他們認為生活方式本應如此，從未想過改變。成吉思汗的孫子忽必烈汗，雖然成了中國的皇帝，但是他並沒有在蒙古高原複製他統治下複雜的中國文明。

如果有人相信蒙古人所講述的故事，那麼也就是說，雖然經過幾個世紀，蒙古高原上的生活仍一如既往，從北面壓過來的俄羅斯的勢力沒能改變他們，來自南方中原的接觸也沒有改變他們，甚或已滲透進來的任何外界生活資訊也沒有改變他們。蒙古人很快瞭解到其他國家的發展道路，但是並沒有接受它們。

蒙古人民清心寡欲，從不過度勞累，從不在任何問題上行事匆匆，而是在時光流逝中充分享受每個小時的快樂；從未收到任何激動人心的電報、快信或者報紙，不需要趕火車，也沒有須堅守的辦公時間；沒有被溫度過高的房間、豪華的傢俱、舒軟的臥床，或者豐盛而需要消化無數種豐富美食的晚餐，搞得弱不禁風；沒有狹窄的街道，沒有令人頭疼的交通規則，從未經歷過精神世界的崩潰。

我在年輕的時候，曾經盲目相信西方的文明比世界上其他任何文明都要優越。我曾花費好幾個小時，和蒙古的王爺及普通百姓們交談，試圖勸說他們修築鐵路、開辦郵政服務和創辦報紙。

我無一例外地收到同樣的反駁：「所有這些東西或許在別的國家是有益的，但是我們這裡不需要它們。我們就像現在這樣幸福而滿足。郵政服務可以從外面帶來信件，也會給我們帶來各種麻煩，我們不需要信件，我們的老百姓也沒有人需要信件。如果有人想要和我聯絡，或者我想要和某人聯絡，對於我們任何一方而言，生命並非那麼短暫，還沒到騎馬去對方那裡不能解決的地步。信件的往來意味著我們會用各種微不足道的事情打擾對方，因此，不用信件更好些。人不會為了雞毛蒜皮的小事，在馬背上跋涉一個月，但如果他的確需要去看望一個朋友，他一定會這麼做。」

我記得另一次，在世界大戰結束後幾年，我和一個非常聰敏的內蒙古王爺待過一段時間。他還沒有聽說戰爭的發生。當我告訴他，如果他旗內有一份印刷版的報紙，他本應知道世界上正在發生的事情。他反駁稱，「為什麼我要知道得那麼早呢？你告訴我也不晚呀。」

蒙古人是高大、步態輕盈又強壯的。他們有一種勁頭十足、還有一點無所忌憚的魅力，雙眸中閃爍著機警的幽默。他們的頭髮和眼睛是黑色的，皮膚是白皙的，但是長年累月地經受風吹日曬，他們的臉和雙手被染成深銅色。

男女老幼的裝束打扮，無論是普通人家還是貴族出身，實際上是一樣的。他們在一件長長的外套長袍裡面，穿著褲子和襯衣。袍子的邊上有開衩，以便騎在馬鞍上時不受束縛。男人和未婚的女子穿著長袍，用一塊長長的絲綢做成一根寬腰帶，環繞腰部好幾圈。已婚婦女寬寬鬆鬆地穿著外袍。每個人穿著用結實的皮革製成的高筒馬靴，馬靴在腳趾尖處捲起，以適合蒙古式馬鐙。蒙古袍上衣較長，有一個口袋，可以裝男人的煙斗，女人也能在口袋裡裝上想要裝的任何物品。

蒙古袍的材質有棉和絲，而在冬天穿的蒙古袍則用皮製成。神職人員的袍子是深紅色的或者黃色的，世俗百姓的袍子則須是與此不同的任何一種顏色。蒙古人有和諧的色彩感，把各種明亮的色調絕妙地混搭在一起。

他們從來不用陰暗的顏色，而總是使用純粹的原色。

幾個世紀以來，蒙古社會的衣服一直保持同樣的流行款式而沒有改變。由此，節日的盛裝一代一代地傳承下去。隨著一年一年的過去，逐漸陳舊的蒙古袍似乎比當初它們還是新衣服時，承擔了更多愛的音符。

喇嘛是要剃頭的，戴著各種樣式色彩豔麗的帽子，通常有兩條長長的彩帶飄在腦後。平民百姓蓄髮，長長的黑色褶袍往往垂過腰際。在冬天，百姓們戴著顏色明亮的緊貼頭皮的帽子，可能還有一根松鼠尾巴靈巧地捲曲著，搭在一隻耳朵上面。在夏天，他們戴著一頂寬邊的帽子，用一些漂亮的顏色裝飾著帽子。他們在蒙古高原上策馬疾馳的時候，會用彩帶繫在頦下，以免帽子被風吹掉。

年輕姑娘將頭髮從中間分開，編成辮子，順著後背搭下來；已婚婦女則將頭髮留得長長的。在內蒙古，婦女們把頭髮整潔地盤在頭上；在外蒙古，婦女們則把頭髮編織成張開的兩翼。每一位已婚婦女都有一件精緻的頭飾，是出嫁時，她父親根據家庭財富狀況留給她的貴重嫁妝。

貴婦人有成套的金質頭飾，鑲著各種紅寶石、祖母綠、珍珠，經常還有長串簾狀的珠寶鑲嵌在金質的網格中，掛在後腰。普通人家的頭飾通常是銀質的，是否鑲嵌寶石，取決於其家庭的財富狀況。每件女性頭飾都鑲有深紫玫瑰色的珊瑚。珊瑚是蒙古的民族裝飾。一些婦女不用裝飾品，只有幾件世代傳承鑲嵌在銀飾中的可愛珊瑚。每位婦女也有一個用金子或銀子做成，裝飾有珊瑚或珠寶的鼻煙壺。

每個蒙古男人，無論是喇嘛還是普通百姓，都佩有一把刀，插在他腰帶右邊。這些刀佩有刀鞘，裡面還有放筷子的牙槽。每副刀鞘還有一條鏈子，這條鏈子繞過腰帶，另一端末梢掛著一件略有些重量的裝飾品，可以防止鏈子滑落。刀鞘和鏈子是用金子或銀子做的，鑲嵌著珍貴的寶石，這些物品要根據主人的財富狀況和想像力而定。每個人在腰帶左邊佩有一個裝有打火石的荷包，也佩有一根末端帶有點裝飾的鏈子，以與刀上的那些飾物搭配。

每個男人的腰帶上都繫有一個鼻煙壺，大小通常比婦女們的鼻煙壺還要大。

每一個蒙古人都有自己的碗。這些碗是用樺樹根做的，經常會用金子或銀子鑲飾在碗的外壁。在蒙古，人們如果外出，都隨身帶著自己的飯碗，就放在胸前的蒙古袍裡。

蒙古人住在圓錐體結構的房子裡，外國人叫它「蒙古包」（yurta），蒙古人叫它「格日」（gerr）。內部框架是一組交錯的木網格，[1] 一般是柳木製的，用一根短的生牛皮帶緊緊地綁束起來，作為來回拉伸的樞紐。搭建蒙古包時，男人們按照所希望的尺寸，朝四個至八個方向拉伸開來，如此方可形成一面大約四英呎高的圍牆支架。蒙古包的南面留有一個開口，在這裡要安放一個

1　蒙古人稱這種木質網格為哈那。

有雕刻的門框。

圖 4　蒙古包的木網格架構

下一步，兩個人站在圓圈的中心，在高過頭頂的柱子上撐起一個圓形的天窗。另有一些椽子側斜地嵌入天窗上的插槽，其較低的一端按進哈那圍牆頂端的皮圈內。這就製成了一個錐形骨架。在這個錐形骨架上面，人們覆蓋上三、四層羊毛氈，修整得恰好適合錐形骨架的尺寸，然後用馬鬃繩加固。

然後，兩扇對開的門板掛在門框上，每扇門板的外側有兩個圓形榫頭，正好可以插入門框上的插孔裡。最後，一塊四四方方的毛氈安放在蒙古包頂的輪子上，用一根繩子聯繫起來，一個人站在地面，即可將這塊毛氈拆下或拉到一邊。這塊毛氈從來不用整個閉合起來。其開放處可以作為火盆的排煙口，火盆正好垂直地放在它的下邊。

坐落在綠色的草地上，這些整潔的錐形住所成為一道美麗如畫的風景。

整個蒙古高原上的蒙古包都是用同樣的方式搭建的，這種模式經過幾個世紀流傳了下來。對於每個從小就在草原長大的蒙古人而言，蒙古包的搭建不過是一種慣常的程序，所以他能夠在半個小時內拆卸一個蒙古包，或用同樣的時間再次組裝起來。

按照蒙古風俗，人們在秋天時節更換一半蒙古包毛氈，在夏末風和日麗的日子裡，把毛氈從蒙古包上撤下來，抖一抖，把那些壞掉的幾片丟掉，然後再次組裝，先把後面的頂層換到前面，再把新毛氈放作後面的頂層。

蒙古包是舒適的住處。夏天時倍感涼爽，仿若毛氈遮擋了蒙古高原上的烈日驕陽。氈子既能蓋上，也能捲起來，到人們所希望的高度，環繞著蒙古包的底端，讓新鮮的空氣吹進來。在冬天，溫暖舒適，不必擔心雪雨風霜會穿過氈房。這真是一種令人稱奇的東西。當我們身處氈房之中，只要關上門，就不會受到戶外任何噪音的打擾，甚至連最兇猛的暴風雪呼嘯也聽不到。

蒙古家庭主婦如果想要給家裡任何一頂蒙古包安排室內陳設，無須浪費時間尋找最為合宜的方式，因為當地的風俗嚴格規定著每一件傢俱應該擺放的位置。不太富裕的家庭只須建築一間單獨的蒙古包，作為廚房、客廳和臥室。

在蒙古包裡，所有的家用器具都應擺放在房門入口左邊的直立櫥櫃上面。在門的相反方向，即蒙古包的西北邊，安放著神龕，裡面供奉著小的神靈、佛祖及其他佛像、酥油燈、香爐和用來盛放祭祀用酒的小杯子。在蒙古包的北邊，立著一個叫做床架的低矮木架，它不是用來睡覺的，而是在鋪蓋不用的時候拿來存放鋪蓋的。

地面座墊放在床架的旁邊，以備有人需要坐下來時使用。有些較大的方塊座墊，背面是二、三英呎厚的毛氈，正面是紅色的布料。它們是西藏的手工製品，有著令人心儀的顏色和設計風格。這堆座墊上面是用來存放蒙古袍、毛皮，以及各種東西的儲存櫃。蒙古人的家庭規模小，家裡的每個物品都有一定的地方。人們很在意保持物品的乾淨整潔，這一習慣使他們能得心應手地迅速搬家。

蒙古包的地面上，覆蓋著用針線縫合好的厚厚毛氈。氈房正中心的地面，沒有用毛氈蓋上，而是裸露著的。縫合好的毛氈經過整齊地切割，在中間地上形成一個中空的圓。這塊毛氈補料通常和黑色的馬鬃一起，上面設計有一些鈕孔，相當完美。地面的中心要用勁夯實。在這個平面上矗立著蒙古式的火爐，由三個環固定在一起的四根直立鐵柱共同頂起。火爐通常較大且很結實，足夠支撐起一個巨大的鐵鍋。

乾牛糞在這個鐵火盆中點燃，燃燒時幾乎沒有什麼煙，以至於沒有人發現它從蒙古包頂上的洞排了出去。蒙古婦女技藝嫻熟，恰到好處地將每一片毛氈掛在蒙古包圍牆上。這些掛好的毛氈會形成一種氣流，使得煙如一條直線般向上升起。

低矮的櫥櫃、佛龕和手工雕刻的木料衣櫃，表層上塗刷著花朵和動物搭配而成的油亮圖畫。在擦得透亮的銀質神像上方，酥油燈閃爍著搖曳的火焰，色彩豔麗的地毯墊放在折疊過的毛氈地面上。乾牛糞燃燒時發出的紅光，溫暖地投射進來。這種光亮使得支撐帳篷光滑樺木框架的黑色線條，在白色氈房的映襯下凸顯出來。如果有人經過一整天的勞累，從馬鞍上下來的時候，上面的圖景便構成了一幅宜人的畫面。

蒙古人不會像集村聚落那樣，把帳篷成群地搭在一起，每一個家庭獨自支起帳篷。所以蒙古包集中搭建的數量，從一頂到二十頂不等，這取決於其家庭財富的多寡。富裕的民戶有一處用作廚房的帳篷，所有的烹飪在這裡完成，有一頂帳篷是用來招待訪客的，還有一頂帳篷專門用來供奉祭祀的諸位神靈，在每年的節日慶典時即要派上用場。還有許多為了滿足其個人舒適的蒙古包，想有多少即可增加多少。蒙古人不喜歡群居，如果是單身，寧願每人擁有一個蒙古包，或者每 對夫妻擁有一個蒙古包，如果是已婚夫婦，或許會讓他們的小孩子和自己住在一起。對於窮人家來說，客人和主人全家只得躺在同一個蒙古包裡。每一頂個人化的帳篷，如前面所述的那樣擺設好傢俱，每個人都有他自己的佛龕，如果他喜歡把一個小鍋子架在火上，就可以自己開個小伙，想吃什麼就吃什麼。

在每一處家庭，不管是只有一頂帳篷還是有二十多頂，在其營帳前面，總是有兩個柱子插在地上，一根生牛皮帶拉伸在兩根柱子之間。這是用來拴馬的地方。蒙古人如果能有馬騎，從來不走路。宗教朝聖者徒步數千里，只求贏得上蒼的垂青。如果蒙古人不是為了這個目的而必須如此的話，甚至不會邁步挪動一下。

圖 5　蒙古人不會像集村聚落那樣，把帳篷成群地搭在一起，每一個家庭獨自支起帳篷。

拴馬樁不僅是提供給客人用的，也是給那些備好鞍具和韁繩，隨時待命的馬用的。無論男女老幼，蒙古人不願意走出五十碼去井口汲水，而會跳上馬背，一路小跑去汲水。

我的妻子在過去常常和我在塔奔烏拉（Tabo-ol）度過夏天，她常因工作中遇到的問題或無事可做而苦惱，而這也就說明了我們為什麼非要雇傭一名蒙古人作廚子不可。我常告訴她，如果她能設計一個廚房，我確信蒙古人會像她在世界任何地方所能見到的好廚子那樣，在這個廚房裡，做出像是在馬背上那麼漂亮的成果。

一戶即將宿營的家庭在挑選好拴馬樁後，首先要做的事情即是立起一根高高的柱子，用一些絲帶緊縛其上，這些絲帶上面寫有藏語經文，即所謂「飛馳的風馬」。人們相信風可以鼓動著寫滿經文的旗幟，祈求上蒼，就像家庭中的一名成員大聲朗誦經文那樣。

帳篷搭建完成之後，轉經筒一個接一個地連接起來。風快速吹轉著轉經筒，能夠吹到每一名家庭成員所待的地方。人們認為這會確保當地神靈給予這一家庭帶來庇佑。

人們除了可以在每一處蒙古宿營地前遇到馬，也會看到巨大的、毛髮粗濃雜亂的猛獸——狗，它們的脖子上有一圈頸毛，宛若一頭獅子。這些猛獸異常兇猛，其職責是日夜守護主人的起居。

蒙古人在餵養狗方面比較用心，會特別的照顧。它們強健而勇猛，在面對群狼進攻時，即便單槍匹馬，也毫無懼色。如果有狼群環伺且越逼越近，餵養這種狗就成為絕對有必要的事情。按照當地的風俗，當一位訪客上門時，營帳的居民必須走出蒙古包，叫走狗群。一旦它們看見男女主人出門歡迎來客，就會變得人畜無害。它們並不顯得友善，但會保持中立，直到來訪結束，這位它眼中的陌生人再次騎上馬背。然後，它們會像那位陌生人剛剛到達時一樣，重現兇猛的表情。

蒙古人是帶著畜群，從一處遷移到另一處，逐水草而居的游牧者。營帳的持續轉移，沒有給草原留下人類居住的傷疤。在每一處剛剛騰挪出的營地上，乾淨的草迅速生長出來。按照規矩，南邊的人們一年之內僅移動兩次，即春季時進入空曠的放牧地，冬季時則進入一處位於山崖下的背風地方。北邊的人們則需要更加頻繁的遷移。他們較少依賴井水。在夏天時，他們在河流的上下游放牧，在大雪紛飛的冬季，他們就搬進平原或者森林，猶如牧場在吸引著他們。蒙古人的畜群善於扒開積雪，如果雪層不是太厚，就會找到整個冬天都壓在大雪下面的乾草。

在蒙古，所有的土地都是公地或旗地。沒有哪個人對任何一塊土地享有特別的地權。土地平等地屬於該旗所有的百姓。貴族或者平民百姓的畜群散漫在這塊土地上，除了習慣法所約束的那些地方之外，能去哪裡且願意去哪裡，就去哪裡放牧。這些習慣法規定，第一個在井邊搭起帳篷的家庭，擁有待在這個地方的優先權。如果當地井水水位下降，最後來到這個地方的人得首先搬走。

蒙古的許多地名都源於當地的水井或河流。當我們橫穿這個國家旅行時，如果我想找到我的一個朋友，詢問他在哪裡，人們總是回答我當地水源的名字，然後我即可在那裡找到他。在蒙古，所有的道路都通向水源地。如果迷了路，只要沿著第一條道路前進，直到和另一條道路交匯，這時注意在交匯點的箭頭標記，顯示了通向水井的道路。人們能夠相當地確信，在每一口井都會找到一處營帳和一個遮風擋雨的地方過夜。

在漠北蒙古南部和內蒙古的各個地方有無數口水井，只須在地面上挖個十到二十英呎深的小溝，就能找到水。絕大多數地方的水質都不錯，從井中汲取後可以毫不猶豫地直接飲用。少地方井水含鹽或鹽鹼，味道不好，既不能用來燒飯，也不能泡茶。滂沱大雨經常會在短時間內破壞水井，因為它們會沖刷進灰塵，使井水無法飲用。

在每一口水質優良的井上，人們都能找到一根長長的棍子，一頭緊繫著一隻羊皮提桶，將其伸入井中，可以拎起滿滿一桶口感冰爽而閃閃發光的飲用水。我在蒙古常喝這種水，就像我的蒙古朋友們一樣。從井中拎上來的水很新鮮，絕沒有受到任何病菌的沾染。每一口井也都附有一個長長的水槽，用來讓牲畜喝水。

蒙古人從來不把他們的蒙古包安置在一口井上，否則他們的廢棄物會流入井中。每個家庭都會恪守這樣一個既定的風俗，即在離井水稍遠一些的地方搭建帳篷。

在漠北蒙古，大大小小的河流猶如奔流的新鮮泉水一樣，非常之多，因此人們幾乎不用挖什麼井。

蒙古人不耕地，也不飼養雞和豬。他們的生活必需品全靠自己的畜群。因此，他們的主要工作是照料諸如馬、駝、牛、山羊和綿羊這些善於奔跑的畜群，甚至綿羊也要由騎馬放牧的人照料。

男人通常負責放牧，只有在因戰爭或疾病而找不到男人時才會例外。除搬家或修補家用之外，男人幾乎不做與蒙古包有關的事情。牧人和牲畜們在蒙古高原的野外紮營時，也會在藍布帳篷內自己做些簡單的家務。

男孩子們在很小的時候就會去試著照料畜群。通常由一個成年男人和一個男孩子照管一個馬群。他們的職責是保證馬群有良好的水草，在即將產駒的季節裡照看母馬。他們必須時刻警惕狼群的到來，在夜間照看馬群並不是一件輕鬆的事情。

牧人們也會休息，試著給所有年輕的馬備鞍。他們通常會選擇一或兩匹速度最快的馬駒，作為杆子馬來訓練。因為只有最聰敏的馬才會被挑選出來，就像蒙古牧馬人所要求的那樣，馬不離身。蒙古人的套馬杆是一根纖細的樺木或柳木杆，大約十五英呎長，一端繫有一根生牛皮繩套。牧馬人如果太專注於使用套馬杆，就沒有辦法引導他的馬。

牧馬人騎馬不用韁繩，他胯下的杆子馬很快就會辨識出哪一匹馬是牠的騎手想要套索的，其速度之快，著實令人歎為觀止。訓練有素的杆子馬，立即就能意識到主人是在追捕哪匹。牠在數百匹馬群中進進出出地追逐著，直到主人套住那匹馬的頭。這時，杆子馬會放慢速度，振奮精神，直到那匹馬被迫停下來。

技藝嫻熟的牧馬人拋出他的生牛皮套索時，不會圈繞在他想抓住的那匹馬的脖子上，而是繞在它的喉嚨下方、兩耳中間上方的位置，這樣會非常迅速地拉住馬，使它平靜下來。

我有一位牧馬人，他一拋出生牛皮套索，僅在兩三個嫻熟的回合之後，便能將套馬索完美地繞縛在馬的頭上。

男人們趕著畜群走了出去，日復一日，月復一月，十分喜愛他們的畜群。在寒冬凜冽的暴風雪中，把畜群聚集一處，並不是一件輕鬆的工作。人們需要時常忍受極度的困難，但是我未曾遇見蒙古人在對天氣抱怨。

我的一個牧馬人在暴風雪中迷了路，失蹤了三天。當我們最終找到他時，他講述了下面這個故事：「暴風雪在天黑之後降臨了，我整晚都在馬鞍上，馬群聚集在一起，隨著寒風慢慢地移動。第一天臨近中午時分，我發現了一些蒙古包。這兒的人們把我從馬鞍上扶下來，熱情接待了我和坐騎，給我們飲食和糧草。」「在這裡耽擱的期間，馬群已經走了相當遠的路程。當我趕上它們的時候，坐騎已精疲力竭，所以我跨上一匹年輕的馬，讓我的坐騎自由了。那天晚上，我是在一座山的背風處找到馬群的，此後兩天我們一直待在這個地方。」

這個牧馬人並沒有抱怨他所遇到的困難，相反地，他很高興我給了他一匹好的坐騎作為禮物。

還有一次，當我待在蒙古友人的營地時，一位牧馬人走進了蒙古包。那是一個暴風雨的夜晚，我的溫度計遠在零度以下，甚至不再管用了。這個人告訴我們，為了確保他有一匹強壯的坐騎，他在前一天晚上逮住了他的大個子種馬，並備上馬鞍。但是他的馬群被狼群衝散了。在衝突過程中，他從馬鞍上摔了下來，失去了這匹種馬。他請求我們幫助他找回被衝散的馬群。

我作客的主人從他的馬群中套住三匹馬，帶上前來。我們給這三匹馬備好鞍具和韁繩，隨著這位垂頭喪氣的牧馬人而去。在追尋了將近一天之後，我們發現馬群待在一處山崖下面，全部安然無恙，但種馬已杳無影蹤。積雪很厚，被五百多匹馬的馬蹄踩踏得斑斑點點。但是最後，我們發現有一匹馬的蹤跡偏離了其他馬群的蹄印，這匹馬的蹄印與一隻狼的足跡交錯在一起。在十里遠的地方，我們找到了這匹種馬，在它附近有一隻大灰母狼的凌亂足跡。種馬全身被汗濕透，嘴角流著泡沫，儘管從驚跑後已過了許多個小時，渾身仍然是汗水。

有時會發生成千上萬的馬群迷失在暴風雪中的事

情，他們的牧馬人也會一同迷路。無論是馬群還是牧馬人，都會消失得蹤跡全無。直到來年春天，深深的積雪融化，這些人、馬的屍骨會講述起去年冬天曾經發生的故事。

儘管蒙古的冬季如此嚴寒與殘酷，我並不認為它會像在大城市辦公室上班那樣消耗掉許多人的生命。絕大多數蒙古人能夠硬朗地活到晚年，因為戶外生活是最有益於健康的生活方式。蒙古人自出生以來，即逐漸養成忍受嚴寒天氣的耐力，造就了一個強壯的人種。

保護羊群是蒙古人生活中比較輕鬆容易的工作。這工作通常會交給老人或很年輕的孩子。人們每天晚上把羊群關進家庭營地，在牧羊犬的協助下，把羊群驅趕進一處圍柵內，或者在兩座蒙古包中間看護起來。在小羔羊出生的時節，蒙古人擔心狼群帶來的危險，因此即便是在白天，也不會讓羊群遠離營帳。到了晚上，蒙古人把小羔羊們守護在一個或幾個蒙古包裡，甚至為此把家具全部搬空。不止一個晚上，我曾按主人的意見，搬出客人住的那個大氈房，和主人同宿在一個氈房內，以便他的小羔羊寶寶有可以休息的好地方。

每天清晨，蒙古羊倌騎著一匹性情溫順如紳士般的馬，驅趕著他的羊群，感受著撲面的清風，直到抵達離家較遠的地方，才允許羊群吃草。在這一天即將結束之際，羊倌和羊群都已疲憊，於是他讓羊群轉過身去，在順風中走回家，以免頂風艱辛跋涉前進。

在蒙古，牛群並不像人們想像的那麼多，出現在綠波蕩漾的空曠原野上。但是，每個家庭會養一定數量的奶牛，和一些用作冬天肉食的小公牛，也有一些用來馱載貨物和拖拉大車的牛。這些牛群像馬一樣，也放牧在蒙古草原上。人們也畜養駱駝，用來騎乘和搬運包裹行李。

除照看畜群外，蒙古人的生活中還有縫製氈房的工作，原材料有羊毛，用來做衣服和地毯的熟皮，鞣製皮革，還有生牛皮。男人和女人在縫製氈房時一起工作。羊毛從羊身上剪下來之後，會用一個弓弦進行澈底的處理，直到它變得有光澤和絨絨的。

人們按照自己的設想，把一片舊毛氈放在乾淨的草地上，按著相同的尺寸和形狀，把毛鋪在上面，堆成幾英呎厚，用此前在製作乳酪過程中剩下的乳清澈底噴灑一遍，然後在氈子的一端橫放一根長長的光滑杆子，把羊毛和氈子捲在杆子上碾壓。

毛氈捲用馬鬃繩子緊緊地包裹起來，直到澈底緊固，然後用一根長繩子固定在棍子的兩端，這樣的話，棍子轉動時，不會搓亂繩子。這時，兩個男人騎馬過來，各自抓著繩子的一端，並肩疾馳在蒙古草原上，這樣拐一下，那樣拐一下，棍子在他們身後旋轉著。

這種碾壓作用使得羊毛壓入氈子之中。大約一小時之後，男人們疾馳而返，回到營地。毛氈捲解開後，女人們完全用手工進行摩擦，直至毛氈變得光滑。然後，她們再次用乳清把氈子弄濕，像以前那樣捆緊，男人們騎馬再次拖著它飛奔一小時。這樣反覆兩三次，直到氈子質地上乘，足夠結實，能夠抵禦風雨。氈子曬乾後，即可投入使用。

在天氣好的時候，畜群悠閒地吃草，牧馬人用馬鬃搓繩子。馬鬃長得很長，如果不修剪，甚至會遮住馬的眼睛，牠們的尾毛則會拖拉在地上。牧馬人會修剪長長的馬尾，用它來製作繩子，擰得又緊又結實，這種馬鬃繩是人們在世界上可以找得到最好的繩子。我們在蒙古常會遇到厚厚的積雪覆蓋的濕潤地區，[2] 這種馬鬃繩比麻繩好用多了。

對於蒙古人來說，鞣革是一件非常簡單的事。把在乳酪製作過程中剩下的乳清，和純牛奶、鹼混合在一起，這種鹼在蒙古高原上有豐富的蘊藏。每天早晨，人們把皮革晾曬在地上，取少許那種混合物，在皮革上面澈底澆一遍，這樣連續澆六、七天，然後放在太陽底下曬乾，直到皮革變得非常堅硬。接下來，蒙古人把皮革埋在地下，一周或兩周後再取出，然後用一個木梳子刮，直到皮革變得非常柔韌。

製革人此時拔出在身體右側佩帶的刀子，開始用這把大刀刮擦皮革，直到變得光滑。隨後，他在地上挖了一個洞，在洞裡堆起一個小火堆，把皮革架在火堆上面，就像一頂帳篷。皮革燻製好後，製革人用酸軟的乳酪摩擦皮革，再用刀子刮擦，然後手工處理，直到皮革變得非常柔韌，適合使用。

狼皮、狐狸皮、貂皮以及其他適合用作上衣的獸皮，製革人都精準地按照這種辦法鞣革。製作馬鞍和靴子用的皮革，方法也是如此。

2 本句在此處略顯突兀，原文如此。

以牛皮為原料的生牛皮，可以製成馬韁繩、馬籠頭、馬絆、肩帶、套索皮帶等，也可用來緊束蒙古氈房。先把牛毛從皮革上刮下來，再把皮革浸泡在乳清中一周的時間，風乾後，人們根據需要切割成寬窄不同的牛皮繩帶，再塗上羊油，使其變得柔軟。

每個蒙古人都需要懂一些木匠手藝，但不需要很多，剛好夠製作蒙古包框架的水準即可，或者會鏤空一根圓木，做成一個水槽。桌子、櫥櫃、佛龕，都是代代傳下來的，如果一個男人有著與生俱來的一門手藝，他通常會給家族提供足夠的手工木器，直到另一位手藝人出現並接續下去。

蒙古馬鞍通常由樺木製成，樺樹在生長過程中呈現出彎曲狀，這樣就容易形成一個堅實的框架。這就意味著，樺樹得彎曲生長許多年，馬鞍才能製成。在這個樺木框架切削完成後，蒙古人會按照自成吉思汗時代以來一直由蒙古高原人們延續著的模式，用布或皮革作為襯墊，再裝飾上許多金銀物品。

銀飾工藝幾乎是蒙古唯一的手工業，每一戶蒙古貴族家庭都有一位配合的銀匠。許許多多的手工匠，應鄰居和友人的需要，走出他們自己的家庭營地，去加工銀質物品。

銀子和金子都是蒙古當地開採的，但目前開採量並不很大，儘管這些礦藏的無盡財富靜靜地躺在碧波翻滾的高原下面，但蒙古高原幾個世紀以來的習慣，是只在正好需要的時候才開採礦藏。

每個蒙古婦女都有一副沉重的頭飾。如果她是貴婦人，頭飾就是金子做的；如果是普通家庭婦女，頭飾就是銀子做的。頭飾是為出嫁之用而請手工匠做的，手工匠會應約來到她父親的營帳，盡其所能地把頭飾設計成十分美麗的樣式，再把主人提供的珊瑚或寶石鑲嵌進去。蒙古女孩或婦女也佩戴銀手鐲、銀戒指、銀耳環，還帶著用純銀做成的鼻煙壺。

每個蒙古男人都有一把銀柄刀、一副銀柄筷子，他把刀和筷子都插在一個有重量的鑲銀刀鞘裡。銀燧石套子和用來帶鑰匙的旋鈕，以及馬鞍、轡繩、後扣帶的飾品，都是銀子做的。許多人有一個以金銀鑲邊的大飯碗。銀匠們會從銀子中提取百分之四十作為自己的酬勞。他們所能做出的樣式都是靠想像完成的，沒有任何固定的式樣。

手工匠會去他想要工作的氈房。每一位家庭成員，但凡有塊銀子想做個物品的，都會就其想要的樣式和手工匠交談。有人想要在他的碗底刻上一片浮雕，上面有在樺樹林中的羚羊群。有人想要在一根木棒上繞圈嵌入八枚用作祭祀的標記。還有人想要在他的鼻煙壺兩面加上珊瑚或翡翠鑲嵌在花中的樣式。一個少女想要一隻盤龍樣式的手鐲，一個男人想要在他的刀鞘上刻有十二生肖，以便他能夠更為容易地記下今夕是何年。

當銀匠瞭解了顧客們的需要後，他取出坩堝，融化金屬，然後取出工具準備切削。他接過純粹的金塊或銀塊，開始工作。蒙古銀匠的工藝漂亮、結實，可以和我在世界上其他地方所見的任何金屬製品媲美。

許多蒙古婦女長相俊美，與歐洲人種不相上下，有著玫瑰紅皮膚和濃濃黑髮。蒙古婦女並不像其他東方女性那樣快速老去，因為她們過著自由、奔放的生活。

蒙古小姑娘像她的弟弟那樣，很早就學會跨著騎馬。無論男女，老年人的騎馬技術都一樣棒。蒙古婦女在社交活動中總是像男人一樣自由。蒙古包中的家務工作，並不求時限，也不強調身體強壯程度，或者要求人們注意大量的生活細節（這對世界上絕大多數國家的婦女卻是有著要求的）。

按照先前所述程序搭建起來的蒙古包，可以使一個完整的營地在一小時內收起來打包放好，並搬上牛車，然後以同樣短的時間再次搭建起來。蒙古包僅是一個擺設生活必需品的地方。在每天早晨，收拾火盆中的灰燼，點燃一盆新火，抖抖地毯，折疊起毛皮，這些工作花不了多長時間。家人們在晚上將毛皮鋪在地上躺下，早晨起來折疊好，使空地整潔。蒙古高原上老百姓的食物簡單，無需花太多時間去準備。在夏天，他們幾乎完全依賴山羊奶、綿羊奶、牛奶、馬奶和駱駝奶，乳酪也是用各種奶製成的。

乳酪是簡單的手工製品。用這五種鮮奶加工而成的曲拉（粗乳酪），製作方法都是一樣的。鮮奶先倒入一個鐵壺中，鐵壺架在乾糞火上加熱，直到凝乳從水中剝離。凝乳取出之後，放進一塊布中，夾在兩塊石頭中間擠壓。當水被全部擠出時，再將凝乳放入模具中成形，隨後放在太陽底下曬乾。如果是儲藏用於過冬的乳酪，要曬得很硬很硬才好。吃的時候，先泡在熱茶中融化，營養極為豐富。

乾乳酪由完全加熱的鮮奶製成，直到乳脂上浮到乳汁頂層並且變濃。這層乳脂要撇出來，製成鬆軟的奶塊。酥油不宜儲藏，必須得現吃。用馬奶製成的乳酪稍微有一點酸。馬奶提煉不出奶油，蒙古人只用牛奶提煉奶油。在夏天，鮮奶豐富的時候，人們儲備奶油以為過冬之用。

奶油是按如下辦法提煉的。乳脂從牛奶中撇出來，放在一個皮質攪乳器中晃動，直至奶油形成。隨後，將奶油放進一個罐子裡，架在火上融化並煮沸較長一段時間，直到它顯得非常清澈。奶油放進罐子準備過冬時，並不加鹽。以這種辦法準備好的奶油，能保存數月而不致腐臭。但是必須煮沸，直到奶油變得清澈透亮。

馬奶在蒙古高原各地都會製成「庫密斯」（kumiss），[3] 是這個國家的主要飲品。它不僅解渴，還可止餓。當我經歷了一天的長途跋涉之後，或許在馬鞍上已超過一百里之久，我發現，給自己身體滋補養分的最聰明的作法，就是學著蒙古人的樣子喝馬奶。「庫密斯」的製作方法，即是把馬奶放在生牛皮袋子裡，吊起來，掛在太陽下曬上幾天，每天攪拌兩三次。

對於蒙古家庭的女主人來說，每天都要給諸神敬獻牛奶，這是整個蒙古高原的風俗。她站在營帳的前面，端著一盆牛奶和一把長柄勺。她用這把長柄勺向四方潑灑牛奶，先朝東，再朝北，然後朝西，最後朝南。

3　即馬奶酒。

在夏天殺羊的情況並不常見，除非遇到一個夠大的聚會，才會有很多人聚集在一起，一次吃掉一隻羊。因為在九月之初，蒙古羊肉隔夜就會變質。在冬天，肉類可以保持冷凍，牛和羊就都可以屠宰了，把肉切成細條狀，掛在一個不生火的蒙古包裡進行冷凍。

蒙古人的宗教禁止殺牲，但是由於氣候如此嚴寒酷冷，吃肉似乎就變成一種生活上的必需。喇嘛和平民百姓都吃肉。唯一可以進行屠宰的人，是那些被寺廟特別指定可以從事該行當者。即便是在寒冷時節，儘管人們格外需要肉食，一個家庭得等待著，直到一個適當授權的人能到達這片營地，才能應當地人的需要而屠宰一頭牲畜。

蒙古人從中國內地進口磚茶。「突、突、突」，是高原上每個蒙古包在清晨發出的聲音，在石臼中搗碎磚茶，準備當天使用。蒙古人用如下辦法熬茶：抓一大把茶葉，放在一個鐵鍋裡，與牛奶和起，然後抓一把鹽、一塊奶油，用一把長柄勺將它們攪拌在一起，煮沸後端起來搖晃，使鹽、茶和牛奶完美地融和在一起。我第一次去蒙古時，我的味覺抗拒這含鹽的茶，但喝了這種奶茶幾個星期之後，我漸漸養成了對於這種奶茶的愛好。如今，我已可以在帳篷和王府中接受它，並醉心地享受著。當一個人饑餓困乏之際，奶茶是一種不錯的食物，而且容易消化。

蒙古人用鹽製茶，但烹飪牛、羊肉時並不用鹽，這是一種外地人也得習慣的特殊現象。

從皮大衣到製作精良的繡花煙袋，蒙古人穿戴的所有衣物都是由婦女們製作的。婦女們也製作靴子。蒙古男人和女人都喜歡他們的馬靴，設計風格既原始又美觀，會把各種顏色的皮革鑲或縫在外面。為了室內使用，婦女們用明亮的顏色繡花，製作了頗為迷人的低筒便鞋。

相當多的蒙古婦女是其蒙古包中絕對的統治者。她們熟知並會跟蹤關注每一牛、羊群中的每一頭牲畜，未經其同意，不會允許她們家中的男人出售這些牲畜。當我想要從一個男人手中買下一匹好馬的時候，他請求我先等等，直到他得到老婆的認可。我發現，遵循這種規則的家庭很富有，因為女人在打理一些零碎的東西、積聚財富方面，似乎比男人更有能耐。她們在勤儉持家，照看生病的牲畜或者瘦弱的羔羊、小牛犢和小馬駒方面，遠比男人聰明。

公允地說，蒙古婦女與西方社會的婦女們相比，她們的道德水準是寬鬆的。蒙古社會從來沒有雙重標準。蒙古婦女並不是她丈夫的個人財產，而是具有自由獨立的個性，她能夠且的確如其所願地做著自由而獨立的事情。她會把過往的喇嘛或者友好的旅行者視為情人，而沒有任何羞恥感或遭受任何責難。這一點對於蒙古的人種問題是件壞事情，不僅是當時，現在也是。因為這已經讓性病在整個蒙古蔓延，使得人口出生率降得很低。

孩子們被草原上的人們視若至寶，在蒙古各地受到歡迎。沒有一個剛出生的嬰兒會成為孤兒。如果一個少女未婚生子，並不是一件不光彩的事情。她會在她孩子出生的當天盤起頭髮，隨後帶上一套已婚婦女的頭飾，這被稱作「在家婚」。

蒙古家庭的規模是非常小的，經常是沒有孩子，很少有超過一兩個孩子的。那些有著五個孩子的家庭，更是鳳毛麟角。蒙古婦女生產頭胎的時候，似乎不會遇到什麼困難，從不需要召來助產醫生。這個家庭的另一個婦女會照看她和新生的嬰兒。當孩子出生三、四天的時候，朋友們都會給他帶來各種小飾物，有銅幣、古老的青銅人物像、小人偶以及各種小飾品。他們會把這些飾品穿在一個繩圈上，掛在孩子的脖子上讓他玩耍。這時會有一個小型的宴會，母親會當著所有來賓的面，用一個專門製作的嶄新被子把孩子包裹得暖暖的。

孩子不能隨意取名，只能由一位轉世喇嘛或者活佛為其取名。有時孩子直到三、四歲的時候，仍僅有一個用來暱稱的乳名。蒙古人沒有姓氏，他們是以被活佛或轉世喇嘛取定的名字為人所知。無論男孩子還是女孩子，一樣受到歡迎和親切的待遇。所有的孩子都能夠得到蒙古草原上每個人的疼愛。沒有孩子會是幾個小時無人照料的孤兒，任何家庭的成員都向他敞開著大門。

按照西方人的觀念，蒙古孩子的教育通常是零，因為幾乎沒有孩子會受到書本教育。或許對於蒙古高原上的孩子來說，書本教育並不像歐洲和美國的孩子那樣必需。但是，蒙古人是會尋找老師的，有時候，家庭中德高望重的父親會請來一位私塾先生，他想要他的孩子能夠閱讀並書寫蒙古文字。

蒙古人並不會因不同地域的鄉土方言而感到困惑，甲地的人在理解乙地的人說話時，也不會有困難。蒙古人在馬背上馳騁游牧是那麼的自由，以致於沒有發展自己的方言土語。語言的書寫有一套字母表，是按從左到右的順序，沿著線條垂直書寫。

每個家庭中的長子，要作為僧侶走入喇嘛廟，並在那裡學習藏語這個宗教語言，雖然通常他並不理解自己所發出的每一個音，因為他很少學用藏語來跟西藏人交談，但他能用這種語言重複念著禱詞。

蒙古兒童在近乎天然的狀態下成長，通過日常生活經驗學習，從迎面展開來的世界這一教科書上學習，其中許多是生活在城市裡的孩子不在乎的。他知道小鳥、松鼠、羚羊和狼的行走路線，知道燕子在蒙古包頂上築巢的辦法，也知道他從五歲起就開始騎乘那些馬的生活習性。蒙古社會的男孩子和女孩子，自孩提時起，就知道怎樣在自己的生活區域裡參加各種社會活動，知道在各種環境中什麼事情是必需做的。

在蒙古社會，任何一名十歲的孩子都能夠謹小慎微、能幹地照料自己。我曾親眼目睹六、七歲的男孩子和女孩子們，當他們看到一隻狼正在威脅他們的羊群時，就撿起一根棍子，毫無懼色地衝了上去。我也親眼看到，狼因害怕孩子們無畏的態度和叫喊聲而溜走了。

旅行中的蒙古人，除了他的坐騎外，幾乎不會隨身攜帶任何東西。我也習慣以這種方式穿越蒙古高原。蒙古人有熱情好客的習慣，對任何需要食物和棲身之所的旅客，都報以熱忱的歡迎。每一處蒙古帳篷中的老百姓都知道，如果有一天他們自己也得去旅行，屆時也會得到同樣的款待。在一個開放自由的國度裡，這些蒙古游牧人群過著簡樸的生活，古道熱腸，和藹地與來客分享著他們所擁有的一切。

當夜幕降臨的時候，旅行者騎馬走到一處帳篷的前面。按照風俗，如果人們沒有看到他的到來，他會大聲喊叫，請求這家人出來喝止他們的狗。然後有人走了出來，喊走那幾隻狗，敬候在拴馬的地方，直到訪客從馬上下來。

在蒙古，兩人見面時並不會像在西方國家那樣握手。相反，他們各自拿出自己的鼻煙壺，互相交換，拿到鼻子跟前，但嗅的時候通常不拔出塞子，而只是再次把鼻煙壺放低，緊緊地互相握手，把鼻煙壺遞了回去，同時交流著如下問候語，諸如「你過來時，一路無恙吧？」「無恙。你的營帳安好吧？」寒暄之後，他們一起走向客帳的門口。

按照當地風俗，一位客人在進入主人氈房時，不會手拿馬鞭進入，而是把馬鞭放在蒙古包頂上。然後他從腰帶上解下刀鞘，任其自由懸垂在鏈子上，晃蕩在膝蓋跟前，以一個作為和平友人的象徵。在帳篷裡面，男女主人會請客人接受安頓在最高的榮譽位置，這裡是距離家庭佛龕最近的地方，放著一個可以支撐後背，人可以坐上去的墊子。

彬彬有禮的蒙古客人不會把腳伸向火盆，否則是對主人家族發自內心的無禮，這與在西方國家朝主人的臉上吐口水是具有相同意義的。他會盤著腿坐下來。

當客人安穩舒服地坐下來後，在蒙古包內已為他準備好熱騰騰的茶並端了上來。不管客人是在白天或者黑夜的哪個時候來訪，這時主人全家圍攏過來，詢問他一些關於牛、羊群狀況以及關於他家營帳的用水問題，同時向對方介紹自己的幸福生活。賓主雙方發出爽朗的笑聲，也會為無數的事情開些玩笑，直到晚餐準備妥當。晚餐是牛奶、乳酪或者羊肉，主人會盡其所能地提供最豐富的食物給客人。如果由於某種原因，主人希望向客人展示他的來訪給自己帶來榮耀，就會把一碗牛奶呈奉在客人面前，碗下面是一條白色的哈達。

這條象徵著富裕的長長哈達，在蒙古人的禮儀中發揮著很大的作用。在新年，每個人一定會出門走親訪友，雙手呈上一條哈達，也用雙手接過對方的哈達。如果親友們住在遠處，家庭的一個成員會收到家庭其他成員帶著問候的哈達，孩子們通常會收到用哈達包裹著的小禮物。

如果一位過往的旅行者，在夜晚時分停宿在一座營帳，剛好要去他主人的親友那裡，即會隨身攜帶一條哈達，帶上一份和平和幸福的祝願。這是一種禮貌的做法。

如果有熟人晉升到一個高級職位，送去一條哈達作為祝賀，是禮貌的表現。如果生病了，哈達也常會被送給活佛、喇嘛或醫生，來求得治癒。

回到訪客來訪營帳的程序。晚飯過後，所有人都會一起來製造歡樂時光。每個人講述著他（她）所經歷過的幽默故事，或者一些曾經發生在牧群中的逸聞趣事，有時還有音樂。蒙古人非常喜歡音樂，會唱歌、吹笛子，或者是拉一種有點像小提琴的弦樂器。

通常蒙古人有著非常令人愉快的歌聲，他們並不寫歌，也不編曲，而只是傳唱著歷史悠久的民間故事，也並不全是古代故事，因為每一代蒙古人都會繼續寫故事。我曾經在這裡聽著笛聲、弦樂和歌聲的混合和聲，度過許多歡快的夜晚。

蒙古高原上的每個人都早早休息。富裕的家庭總是有一頂專為過往旅行者準備的帳篷，根據人們的日常需要而備有各種用具。處境並不富裕的家庭也把自己居室的最好位置留給客人。這個地方，離門最遠，而離供奉著神祇塑像的佛龕最近。

在蒙古社會裡，所有的東西都有簡單的順序。在脫衣服時，蒙古人對於衣服的存放禮節，是所有繫在腰以下的衣服，一定要放在腳下面的位置，所有穿在腰部以上的衣服，一定要放在高過頭頂的地方。所有的蒙古人都是舉止合宜的，在那些沒有私人臥室的家庭，人們只會在他們睡覺用的厚毛毯下面脫衣服。

在夜間，主人給客人們拿出皮毛來取暖，用畢後主人會把這些皮毛輕柔地折疊起來，然後，家庭主婦會把火封上。如果是在冬季，蒙古包的頂層會拉下來關上，一塊毛毯蓋在門上，用來抵擋外面的寒風。在早晨，客人在出發上路之前，會享受一頓美食和大量的熱茶。此前，已有人把他的馬牽到外面和主人的馬匹一道吃草。此時，他的馬已被牽好，備好韁繩和馬鞍。客人上馬離開，在草原上策馬揚鞭，直到他需要另一頓飽餐和另一晚上的住宿。如果他要付給主人食宿費用，是對主人的一種侮辱。當另一個旅行者穿過這位客人的住所時，他所要付出的也是同樣的殷勤款待。

蒙古馬，若是任其自由馳騁，總是會進入任何一處營地。悠閒地橫穿蒙古草原的旅行者，通常會停在每一個營帳處，和當地人搭上一兩句話，喝上一杯茶。蒙古人的營帳並不緊靠在一起。然而，蒙古包內的人們總是樂於搭話的，因為他們沒有報紙或郵政服務，正是這個旅行者為他們從朋友和鄰居營地帶來了消息。

在一個蒙古包中，如果有人生病，就需要用一根繩子緊束蒙古包的左扇門，繩子的另一端繫著一根棍子，拉在地上，放在帳篷的東邊。一位陌生人朝帳篷走過來時，會知道這裡面有一位病人，就不會進去。主人生病期間，是來訪者不能得到熱情款待的唯一時候。

按照蒙古的習慣，當一個人遇到一位騎馬的小夥子、婦女或是小孩子，要上前勒馬停下，與對方友好地互致問候，交流內容包括健康與和平、羊群、天氣，來自哪裡及去往何方等。這裡的人們並不需要自我介紹，但都以友好的真誠對待彼此。兩個男人騎馬縱橫草原時，如果走在同一條路上還恰好碰到一起，他們會放慢步伐，儘管他們在路上相遇之前，可能從來沒有見過對方。在蒙古旅行期間，我們直接穿過草原，走在波浪起伏的綠色草原上。

這裡沒有坑坑窪窪的路，我們騎馬朝著我們所要追尋的方向行進著，向沿途的蒙古包打聽朋友們的游牧營地行蹤。這是相當不錯的感受，有如以往，騎著一匹未釘蹄鐵的馬，朝著地平線躍馬奔馳，穿過茂密的綠色草原和波浪起伏的平原，傍晚時消失在呈現出暗紫色的遠方，然後登上一座山頂，來到一片白色的氈房近旁，在一處水源充足的地方，舒適愜意地安置下來。

在六月的一個早晨，我遇到一位衣衫襤褸的老婦人，背著一個簍筐，手持一把用樹杈做成的鏟子，正在搜集乾糞（動物的乾糞是蒙古地區唯一的燃料，這裡所指的蒙古當然不包括北部和東北部，因為在那裡有富饒的林木資源供應燃料）。每個地方都堆積有大量的乾糞，人們必須在大雪來臨之前，撿夠過冬的乾糞，貯藏時用濕牛糞封塗以防潮。乾糞燃燒時沒有氣味，乾淨、燃速快、火旺，幾乎沒有煙。撿拾乾糞是蒙古高原上最低下的工作，在這沒有人願意下馬工作的地方，必須下馬依賴步行才能完成。

我騎在一匹極好的馬上，遇見這位貧窮的老婦，背著又髒又重的糞簍筐。出於同情，我對她感到憐憫。我想像她是一位農奴（peasant serf），想起在蒙古高原，當一名貴族路過的時候，每一位平民百姓必須下跪。旗主有權按著自己的想法，要求自己屬地內的每一位普通百姓，為其付出一個月的勞作。在每年夏末，百姓們需要把所有的乾糞集聚起來，還要從自己所有的牛群、羊群及其副產品中各挑出一部分，貢獻給旗主使用。

然而這位老婦人放下手中的工作，挺直腰板站立起來，彷彿一位王后一樣，傲慢地對我說：「你是一位外國人，你從哪裡來啊？一路上順利吧？」

當我簡要回答後，她同情地說：「真遺憾你不是出身在蒙古家庭，但你又是多麼幸運啊，在你去世之前，你找到了通往蒙古的道路！」

她把手中那支骯髒的樹枝鏇揮成個圈，猶如一位王后的權杖，圈住了山花遍野的草原。草原上生長著野生康乃馨，散發著馥鬱濃烈的芳香。數以百計的羚羊吃著嫩草，體態很是優雅，還有一對短毛的白尾瞪羚、一隻美麗的小鹿躋身其間，成打的野兔（與復活節擺放在瑞典商店櫥窗裡的小兔子一模一樣）快樂地跳來跳去，灰色的田鼠在它們的洞穴旁邊，安詳地曬著太陽，並不怕人。畫眉鳥和唱歌的麻雀囀鳴著喜悅的狂想曲，百靈鳥飛翔在半空中，俯瞰著鳥巢，湧出一陣水晶般的旋律，他的伴侶正在巢中孵蛋。

我繼續前行時，我注意到我以前從未注意到的一點，即我在蒙古遇到的所有人，都是多麼的安詳、快樂、和平，且樂於滿足，即便是最貧苦的蒙古包中，也有笑聲響起。

第三章　喇嘛教（Lamaism）

我是坐在一間白色的氈房裡，借著夜晚的螢螢燭光，寫完這一章的。我是一個蒙古家庭營地的客人，與這個家庭已相識很多年。我的帳篷緊挨著「長生天之帳」（god's tent），我那低矮的寫字臺，伴著氈房外喇嘛誦經鼓聲的振動。在鼓聲之上，還聽得到喇嘛們高聲吟頌著梵經。

圖 6　喇嘛廟內部

好幾個月來，我的老朋友查克達爾身體一直不好，家中請來一班喇嘛僧眾，為他舉行了為期一周的消災祈禱。查克達爾本人即是一位喇嘛，他的侄子和侄孫也是喇嘛。三代人的長子都是喇嘛！也就是說，這個家庭中的五名男性，其中三名是喇嘛，只留下一名成年男性和一名三歲小男孩來完全承擔起家庭生活的重要職責。而且，這並非一個異常虔誠的家庭。我所熟知的大多數家庭，都有相似比例的男性是喇嘛。

蒙古社會中，男性當喇嘛的比例令人驚異。社會風俗要求每個家庭將長子送到寺廟，後來出生的孩子也繼續送去，越多越好。這對家庭而言是巨大的消耗，因為它會留下很小比例的男人承擔照顧牛羊群的勞作。但是每個家庭貢獻的喇嘛越多，這個家庭的功德就越多。按照維繫著蒙古人的這個宗教教義，家庭的健康、財富和幸福都取決於把兒子獻給寺廟的多寡。

根據教義嚴格的規定，喇嘛禁止結婚，儘管並不是所有喇嘛都遵守這道命令，但這對蒙古人口的減少有非常重要的影響。

德木齊，這個家庭的長子，他即是一名喇嘛，在幾個月前舉辦了非常隆重的婚禮。德木齊總是喜歡女人。他對女人的喜好，使他在過去的歲月中，把家中最好的馬匹，還有許多奶牛、山羊、綿羊、氈子和其他一些零零碎碎的東西，都作為禮物送給了女人。他的家庭也發現，財產不斷流出很令人煩惱。他們召開家庭會議，決定最好的解決辦法即是讓德木齊結婚。他現在娶了一個非常漂亮的女孩子，看上去能幹而且通情達理，可能會管得住他。

忽必烈汗的一個皇妃經由一位西藏僧侶感化而皈依佛法，由此佛教傳入蒙古。蒙古人把西藏視為他們的精神家園。當我穿過蒙古旅行時，我仍能看到朝聖者前往西藏或從那裡回來，絡繹不絕。喇嘛教是集結黑魔法、自然崇拜和佛教三者而成的一種混合體。它是蒙古社會的全民性宗教，幾乎為全蒙古人所崇信。喇嘛寺院星羅棋布地點綴著整個蒙古，從俄羅斯邊境到中國邊境。維持這些喇嘛廟是蒙古社會很重的一項稅賦。其開銷不僅僅只是寺廟的建築、裝飾，還有對它的經常性維修。更重要的是，蒙古人口的三分之一要作為喇嘛剃度入寺，倚仗普通平民百姓供養。

除了幾座基督教佈道所外，喇嘛廟是蒙古唯一的宗教建築。有的喇嘛廟裡有數以千計的僧眾，有的尚不及百人，一些俗家弟子每年則在他們自己家中度過一段時間。

在蒙古，每個蒙旗都有一座大型喇嘛廟，也會在其中舉行政務活動。許多喇嘛廟是由那些富裕家庭承建和捐贈的，在這種情況下，家中的一個兒子，按照家產的繼承順序，就成為這所寺院的主持喇嘛，較低階的喇嘛則來自朋友和鄰居。

從朝聖者和虔誠的信徒手中獲取的禮物，是喇嘛廟收入的一部分。許多喇嘛廟也通過從事貿易活動來賺錢。即便是蒙古最小的寺廟，也至少擁有一個馬群。

在夏天，如果有人在寺廟間來回游走，他就會經常碰到喇嘛們所舉辦的，獲利頗豐的馬市交易。

蒙古所有的喇嘛廟，不是滿洲式的建築風格，就是西藏廟宇樣式的複製品。它們都是外地勞工興建的，通常是漢人，因為蒙古人並非建築工人，從未試圖學習任何有關石造建築的知識。

為廟宇選擇適合的位址，盡可能要求有最好的周圍環境。如果可能的話，寺廟朝東，以便可以收到初升太陽的第一縷陽光。對於一個僧人來說，面對一條奔騰的河流是一種霉運，因為所有的德行可能從此流失。對於喇嘛廟而言，背靠一塊大岩石或一處山坡，則是好的預兆。

當地方選定後，會有一個精緻的獻禮儀式。當地的術士為此擇定黃道吉日，背誦禱文，邀請上天諸神撐展他們的保護傘。就在建築開始動工的這一天，還有一個更加精緻的儀式，屆時會把符咒、聖物和幾本經書埋藏在地基之下。

寺廟矗立在碧波蕩漾的綠色草原上，的確是一道美麗壯觀的風景。寺廟通常有兩三層高，第一層是中央大廳，主要用於膜拜，有時候在它的一邊會有幾處小廟堂。貯藏室通常是在後面。第二層一般會有一個穀倉或儲藏室。

主建築是首席喇嘛的生活區，周圍環繞著一些比較小的建築物，一小部分喇嘛住在這些較小的建築物中。有些時候，這些建築群使喇嘛廟看上去像一個規模不小的村莊。

在這座寺廟的主要大門前面，有一個大場院。每年夏季經常會有一些戶外儀式和慶祝活動。

轉經筒放在喇嘛廟入口的兩邊。有些地方，轉經筒的個頭相當大，有八、九英呎高，直徑達七英呎。轉經筒是通過幾個曲柄轉動的，安裝著一口鐘，每當完整轉完一圈的時候，這口鐘就會響起來。我有兩個漂亮的大號銅製轉經筒，作為古玩，收藏在我張家口的家中。

環繞著喇嘛廟的外牆，通常會有一個廣場，安放著一百零八個轉經筒，上面有挑簷遮擋著，距地面保持著適合的高度，以便於虔誠的祈禱者繞著寺廟圍成圓圈，旋轉著每個轉經筒，以求得上蒼的眷顧。

寺廟的內部裝飾仰仗於某一機構的財富。在蒙古，寺廟經常能得到良好的修繕，這一點與中國內地日漸破敗的寺廟形成鮮明的對比。即便是物質條件很差的地方，也有人經常給神靈們撣去灰塵，將各種裝飾品擦拭得熠熠生輝。在富裕的喇嘛廟，從大廳自上而下懸掛下來的幡是美麗的織錦，描繪著佛像、聖人、諸多妖魔鬼怪等各種宗教意義的旗子，都是可愛的工藝品。

人們通常會在主佛龕上找到一尊佛像或其他一些著名的神靈，另有一些小神側立在兩邊。佛龕的容器、燈具和聖水碗是用金子或銀子做的，這要根據當地的財富狀況而定。如果喇嘛廟廟資不足，喇嘛們的座位僅僅是光光的板子；如果喇嘛廟香火比較旺盛，喇嘛們的座位上即覆蓋有上好的絲綢墊子，墊子上方懸吊著絲綢製成的華蓋。通常，美麗的舊地毯鋪在地板上，昏暗的酥油燈燃燒著，照亮了佛龕。

所有的神像用神聖的哈達覆蓋著，哈達折疊出褶皺，有時這些神像也披著錦緞。除了主佛龕上那些大的神像外，還有一些放在壁龕裡的小神像，有的環繞著中央寶座，有的坐落在周邊小廟堂中。有些時候，這些小神像是純金打造的，是虔誠朝聖者的貢品。這些神像的基座裡塞滿了碎寶石，壓碎之後，喇嘛們就沒辦法試圖偷走它們，祈禱文通常也會放進一個神像的基座裡。華麗絲綢製成的冠蓋常常籠罩著這些偶像。

那些有藝術稟賦的喇嘛們，在寺院的牆壁上用鮮亮的油漆畫上各種圖畫，其中一幅往往是對諸神領域的描繪。這幅畫呈現一片充滿人心所渴望事物的土地，包括良好的氈房、精力充沛的馬匹、乳房豐滿的奶牛、有著厚厚毛層的綿羊、被供奉著無虞食物與解渴起泡飲料的諸神，還有穿著華麗衣服的女神總是在那裡陪伴著他們。

下一幅畫描繪了半人半神的世界。這是一個妖魔鬼怪的世界，他們註定會在這片幽靈的土地上存活好幾百年。這些鬼神或為赤身裸體，有著十分醜惡的軀體、又長又瘦的脖子。他們在世時到底是那種貪吃的、吝嗇的或者貪婪的人。生活中所有美好的事物充分展現在一張桌上，儘管觸手可及，但命運卻懲罰他們，無論吃的還是喝的，只要他們想要，立刻變成鋒利的刀片切割他們的內臟，或是變成流動的火燃燒他們。在這個王國裡，總是有一位女王與五百名可愛的幽靈孩童聚在她的腳下，可她就是觸摸不到。

在這片令人感到痛苦的土地之上，老天爺給那些不幸之人灑下聖水，減輕他們的苦難。智慧之神也總是在這幅畫中，佛祖可以近距離地去解救那些經由懲罰手段而淨化過的靈魂。

在諸神領域圖畫的左邊牆上，通常還會有一幅壁畫，這裡是人類的世界。在這個世界裡，官員和僕人們忙於各種政務，喇嘛們陷入深度冥想之中，牧人及其妻子兒女心滿意足地忙於處理各種家庭日常事務，這是一幅幸福的畫卷。在它的下面，有另一幅圖，分成兩個部分，畫的是荒誕怪異的動物，一些生活在水中，另一些生活在水面之上。那些由於愚蠢而犯下罪過的人，須通過重生才能回到這個領域。他們必須像動物一樣，經由人類殘酷的折磨之後，才能通過一個生命的輪迴。

然而，這些藝術家們在用畫筆描繪地獄時，似乎相當溫和。按照喇嘛教的解釋，這些地獄分為不同的十六層，八層冷、八層熱，每層都由一個王主持著。這些畫顯示，誹謗讒言者的舌頭會遭到持熱烙鐵的拉抻；曾經尖酸討價還價的人，他們的肉體會在白熱的金屬板之間擠成碎末；曾經殘酷對待動物的人也會在寒冷的廳堂中遭受苦難，他們的血肉和肌膚被割裂撕開，直到身體出現大量的爛瘡，這些爛瘡是無法治癒的，只能讓長有鐵喙的鳥兒啄食。所有這些折磨都是由獸首人身的幽靈們來執行。

一處富裕的喇嘛廟，因受到本旗旗主的資助，成為一道華麗的風景。在寺廟香火正旺之際，整個富麗堂皇的廟宇，到處都是喇嘛，他們身著金黃或深紅色用美麗材質製成的長袍。

蒙古廟宇的外表，如果是仿西藏式樣，就會保持著新近塗刷過的白灰色。如果是滿洲建築風格，廟宇的屋簷下面、沉重的圓木柱下面，都會有精細的工藝品鑲嵌著，與整個建築物群的石塊在顏色上形成了對比。藏式風格的寺廟，事實上遠比滿洲風格的更為常見，周圍樹立著很多柱子，柱子上的黑纛夾雜著白皮毛條子，迎風吹拂，是用來嚇跑各種惡鬼的。

每座寺廟都有一座佛塔或一座圓頂塔矗立其間。在這座佛塔裡，有陳年的文物遺跡、神聖的經書以及各種珍貴的東西。每一座佛塔可分為五個部分，代表著金、木、水、火、土五種元素。這座佛塔通常是為了紀念一名聖哲先賢、一位喇嘛或者一名深受愛戴的家庭成員。由富人們興建的佛塔經常會有前面三種元素，並用金葉覆蓋著，其他兩種元素則謹慎小心地粉刷成白色。

離寺院稍遠的地方，總有一個圈子劃限著這片神聖土地的邊界。這個圈子是由有一定間隔的一堆堆石頭圍成的，大約每隔十英吋遠即有一處石堆。僧徒們繞著這些石堆，邊走邊吟誦祈禱，有時候也會為他們曾經犯下的罪惡進行懺悔。

婦女們可以在白天進入寺廟進行祈禱，但在日落之後，決不允許她們越過寺廟的這個石頭圈子，或者住在裡面。

對於那些註定要過上宗教生活的孩子們來說，在八歲以前隨時都會被送入寺中。我曾經親眼看到兩三歲的孩子已經成為寺院的生徒。按照規定，即將進入僧職行列的孩子不應有任何身體殘疾。但正如我們所瞭解的那樣，這裡並沒有真正的醫療檢查，只是在規章中有這樣的記載。這僅僅意味著，如果一個孩子有身體缺陷或語言障礙，就無法成為合適的僧侶候選人。

在某些寺院中，只有出自良好家庭的見習者才有資格進入僧職行列，那就是說，這個家庭的優秀名聲代代相傳。

一個兒童被寺院接納之後，會移交給一位資深喇嘛關照，這名喇嘛對這名僧徒負有教育、紀律約束和道德教化之責。如果可能的話，就會選擇與這名兒童有親戚關係的喇嘛充當師傅，否則就只能依據兒童的生辰八字來確定其師傅人選。當兒童拜師的時候，師傅會收到孩子父母贈送的禮物。禮物的輕重，則依這個家庭的財富狀況而定。

過一陣子，這位師傅帶著他的學生到寺院，尋求廣大僧眾的認可，讓他的門生可以進入修行。這個男孩現在被定位為見習者，也就是試讀生。此後，如果孩子年齡尚小，會有一位監護人照料他的飲食和各種物質需要，另一位監護人指導他學習宗教經文。作為對這些監護人關心的回饋，這名試讀生必須為他們做些力所能及的，諸如僕人才會做的一些服侍。儘管沒有辦法真正理解其中任何的詞語，因為藏語不是他的母語，這名男孩子通過死記硬背，還是學會了一定數量的藏語經文。之後他再次被送到喇嘛面前考試，如果他能夠將所學知識背誦順熟，便可晉升一級，也就可以進入更高階段接受教育。

這位師傅為此會與寺院的主持喇嘛進行接洽，同時將男孩父母負擔得起的厚禮送上去。倘若萬事順遂，學生和他老師的名字現在可以寫入一個更高級的登記簿。他們在自己名字的下面，按上自己的大拇指印，並在大拇指印下面加蓋兩個為其作擔保人的平民印章。

直到此時，初露頭角的喇嘛仍身著他普通世俗的衣服。在接受高級教育的入學儀式時，他就穿上自己全部的華麗服飾，一個凡夫俗子所能擁有的最為華麗絢爛的長袍。但在這個儀式結束之際，他即褪去身上所有豔麗的衣服，穿上僧侶的緇衣，一條哈達繞在他脖子上打個結，這意味著他放棄了塵世間所有物質的東西，而進入了嚴肅的宗教世界。許多僧侶從未跨過這個階段，或者因為他們缺乏為求進取而必備的資財，或者因為他們資質過於愚鈍而沒有學會更多的經文。對一名家境富裕的學生來說，錢能補拙。

每一處寺院都有提供學生僧侶居住的宿舍，人們常常三五成群地在宿舍一起吃飯。他們膳宿的條件完全取決於自己家庭的財富和階層。四、五個甚至六個窮僧侶，不得不一起擠在一間屋子裡，然而來自富裕家庭的小夥子，則可以擁有一個裝飾精美、完全屬於自己的私人房間。當然，通過考試晉升到高級位置的僧侶，就可以有自己的私人寓所。富家子弟的房間裝飾奢華，貧寒子弟的房間只有一個小小的神龕和一塊小毯子，他們白天坐在地板上面，晚上只能將地板當作床，躺在上面。

僧侶一旦穿上僧袍，用上他的法器，就不能脫下來，重新穿回平民的裝扮。這套僧袍包括一件寬鬆的下衣、一件無袖背心、一條能夠蓋住肩膀的大號毛嗶嘰披巾和一頂帽子。僧袍呈深紅色或黃色，這取決於寺廟所屬的喇嘛教教派。每位僧侶還戴著一串念珠。

對於初學者而言，下一步是向主持喇嘛申請取得參與寺廟事務的許可資格，同時自願附呈厚禮。如果他的請求得到允准，寺院就會為其選擇良辰吉日，來準備這個儀式。在那天清晨，一位師兄為他剃髮，只在頭頂留下一小撮頭髮。在儀式進行期間，這名初學者在師傅的引領下，表示樂意穿著乞丐破舊的百衲衣加入僧侶隊伍，並表示他是心甘情願選擇這份神聖的方外生涯。主持喇嘛在這個時候剪去他最後的那撮頭髮。

現在，這位初學者獲得了一個法號，以後遂因而得名。接著，他背誦了下面這句誓言：「我托庇於佛法、戒規和神職。」儀式就此結束。

接下來的儀式被稱為與寺廟拜堂成婚的儀式。年輕的僧徒手持一束香燭，由一位叫做「儐相」的僧人領路，進入廟中。這個年輕的僧徒在佛龕前點燃香燭，伏身下拜，承諾絕不會有塵世的婚姻，寧願和宗教相伴終生。

他在指定的位置坐下來，接受宗教事務相關規則行為的教導。他所要學習的內容包括僧徒的坐姿、手勢、行走的方式，以及在寺廟中的所有行為禮儀規矩。

從這時起，這位見習僧徒享有作為一位全職僧侶的許多特權。在三、四年以後，按照他的學習進度，即便他的錢包可能是多麼乾癟，他也能獲得更好的房間作為住所。現在他必須熟記一卷一卷的聖書佛經。如果他在學習工作中有所放鬆懈怠，他的師傅就會毫不猶豫地執行體罰。如果他沒有通過考試，師傅也會遇到麻煩，即按照更高級僧侶的命令而被迫責打自己的危險。

若要檢測這位見習僧徒的知識，公開辯經是一種最受歡迎的辦法，呈現出具有某種節日色彩的氣氛。寺院在花園中為主持喇嘛和可能蒞臨現場的其他高級喇嘛建立起寶座，一位僧徒站在寶座面前，扮演一位提問者，他的對手坐在他的面前。只有同樣級別的僧徒才可以在一起論辯，其他僧人則圍坐成一圈傾聽。

從現在起，僧徒們只要自己願意，都可以繼續參加定期的考試和公共辯論，也能夠背誦記憶書本的知識。對於一個男孩子來說，至少需要花費十二年的時間，才能成為訓練有素、經驗老道的喇嘛。沒有一名僧人在二十歲之前能達到這個層級。在現實中，幾乎沒有人曾在四十歲前達成。此後，他才有機會研究形而上的思辨哲學，和更加抽象的西藏宗教文學作品。一些僧徒開始對巫術感興趣，帶著他的文憑離開寺院，公開地以這項巫術為業。還有一些人想去救死扶傷，按照荒誕曼妙的喇嘛教義去學習如何治療疾病。有些人在使用草藥方面的確是睿智的，他們從附近地方搜集草根和草葉，用以治療疾病，頗見靈驗。

對於神職人員來說，無論通過巫術還是超自然的經文理論或者草藥，醫治患者都是他們最有利可圖的職業。如有身體不佳，人們會傾盡全家的財富，希求身體的康復如常，寡廉鮮恥的僧人便會趁機大撈一把。通常在一次流行病之後，寺院周圍家庭所有的良馬、駱駝、牛、綿羊和山羊，都變成這個寺院的廟產，或者是個別喇嘛的私人財產。

去年，當跟著斯文・赫定博士在新疆探險的時候，我與一位名叫巴圖的蒙古少年在一起，我與他的家族已認識三十多年。他們一直謹小慎微，生活節儉，擁有龐大的牛群和羊群。巴圖和我一起回到他家鄉所在的旗。我們走到距離水井大約十里的地方，他期待在這口水井附近找到自己家人的避暑營地。這時我們看到一個男人用盡全力地沿著山脊騎馬而來，越來越近，巴圖驚呼說：「那是我們的馬，騎馬的是我堂哥。」

巴圖向騎馬的人示意，我們兩人走上前去迎接他，他正是巴圖的堂哥，打算去一座喇嘛廟延請神職人員，因為巴圖一家感染斑疹傷寒瀕臨死境。巴圖的堂哥說，巴圖的母親和作為一家之主的哥哥，現在病入膏肓。我們本來計畫在訪問巴圖家數日之後，由他陪同我前往臨近的蘇尼特旗，在那裡我有一個重要的差使。他家的病況改變了我們的計畫。我盡己所能地向他們提供了所有關於如何照顧斑疹傷寒患者的建議，隨後便獨自上路，留下他忙碌地照看家人。

兩個月後，我離開蘇尼特旗，接著進入另一個旗。我正在一家氈房內做客，巴圖騎馬過來，希望我能給他一些幫助。他的母親、弟弟和其他十一個家人都已離世。他現在成了家庭的支柱，維持家庭的所有負擔都壓在他的肩上，而這個家庭的牛群和羊群都被喇嘛們控制，作為照料病人和死者的回饋。

僧徒們在寺院中完成學習課目後，一些喇嘛回到他們的家庭，並和家人住在一起。也有一些人拒絕重新住回寺廟。不過實際上，那些與親戚生活在一起的喇嘛每年都會回到寺院中待上幾個星期。

住家的喇嘛經常像家中的普通人一樣努力勞作，他們與家人一起照料牛群和羊群，在營帳遷移的時候幫助拆卸或搭建蒙古包，還會在宗教事務上指導他們的族人。

許多虔誠的喇嘛長途跋涉前往西藏的寺廟或者山西五臺山。他們必須背上財產，徒步走完全程的路。表現出如此虔誠的喇嘛，會被視為非常聖潔的人，因為蒙古民間認為，步行離開家鄉是一種苦修。

喇嘛廟和普通民眾之間有著緊密的結合。這很容易理解，因為每一個家庭的長子都會進入寺廟。由於蒙古家庭的生育率非常之低，這種宗教有權力從普通家庭中帶走每一名長子，必然對蒙古社會構成一種致命的束縛。絕大多數蒙古人寧願把每一件重要的事情都交付給喇嘛廟來做決定，在喇嘛選定所謂宜出行的日子之前，幾乎沒有一位蒙古人會出門遠行。

每一座寺廟包括以下的組織。首先有一位主持喇嘛和一位轉世喇嘛，也就是體內附著一位佛教聖徒靈魂的喇嘛。在這兩位領頭者之下，是「大喇嘛」，他負責維持寺內各項事宜的儀式。大喇嘛以下是護法（provost marshals），根據寺院的規模大小，有兩三名不等。這些人手持生牛皮鞭子，作為他們權威的象徵，負責維持秩序。

下一個層級是司庫（treasurer），他們負責寺院各項收支的管理。接下來，就是那些負責衣料、傢俱、鋪蓋、桌子、工具和旗子等材料安全保管的僧侶。在這個層級以下是禪師（teacher），然後是高級喇嘛，接下來是中級喇嘛，他們負責在佛事活動期間為上層喇嘛提供茶水。最後，還有一些喇嘛，儘管在寺內沒有具體職責，但仍與宗教事務有聯繫，他們接待來客，穿梭於整個蒙古高原，從普通民眾手中收取獻給寺院的禮物，或者進行一些以物易物的貿易活動，來增加廟產。

當一位轉世喇嘛去世，附著於其體內的聖靈魂魄就轉入於一個初生的嬰兒體內，這名嬰兒就是在轉世喇嘛死亡的那一瞬間呱呱墜地。在這位喇嘛死後，其他的轉世喇嘛和一群知識淵博的喇嘛們組成一支隊伍，在這一靈魂再生的地方尋找這名嬰兒。他們在術士的引導下進入指定的地區，在當地打聽著每一個新生的孩子。這名轉世靈童降生世間的地方，已有諸如流星雨的劃落、畜群異常躁動等各種徵兆，為喇嘛們的尋找設定了標記。他們可能會找到四、五名這樣的孩子，並把他們的名字都記錄下來。

當這些孩子們有幾個月大的時候，喇嘛們再次來到這裡，走進各家的蒙古包。他們把已故喇嘛的物品放在這個孩子的面前，如果這個孩子轉身繞開，這些喇嘛就拿著這些東西尋找另一個孩童。如此繼續下去，直到他們找到愉快地迎候他們的那一個靈童。他們認為，這就是轉世聖人業已承認其所有物的徵兆。在蒙古，人們經常會遇到這樣一隊人，我與他們聊過很多次。自從我來到蒙古以來，他們的方法幾乎從未改變。

喇嘛在寺廟中一般性的日常生活，大略如下：清晨，持續半個小時之久的一陣大鐘撞擊聲宣布黎明開始，並將喇嘛喚醒。接下來是海螺式喇叭的洪音，這對他們來說是起床、洗手和洗臉的信號。喇嘛在冬天並不經常洗臉、洗手，他們不喜歡寒冷的天氣，覺得汙垢暖暖的。僧侶們草草地洗臉、洗手之後，開始清掃神殿的大廳，然後按照層級和資歷，坐在自己的位置上。

首先是一段所有僧侶都必須遵守的短暫寂靜，違犯戒規者會被護法用鞭子懲罰。然後，喇嘛們齊聲唪經。接下來會有一場關於道德品行的演講。然後，那些初學者給就座的各位喇嘛呈上奶茶和飯食。在富裕的寺廟中，熬奶茶的銅鍋配有重重的銀飾，非常漂亮考究。

奶茶喝過之後，一些特別的儀式開始了。這些儀式可能是為了某位業已經逝去靈魂的安歇，或者為了病痛的痊癒，或者為了某些業已犯下罪孽的苦修救贖。這些種種儀式，都需要神職人員的介入，並要付給其報酬。一則諺語稱：「上天無路，除非喇嘛超渡。」僧侶們現在應該回到為私人祈禱的小隔間了。

上午過了一半左右，某位新入僧徒在收到指示之後，寺中會為其舉行另一項大約需要一小時左右的儀式。中午時，會有一場吟誦禱告，隨後有茶食供應。在下午中間時段，還有一項儀式。隨後，新僧徒會接受更多的指導，年長的僧人演奏樂器，以此來驅走妖魔鬼怪。在日落之前，會有當天的最後一場儀式。然後，僧徒們會向師傅們背誦自己當天所學的課程，高級僧侶們也會參與私人的活動。很短的一段時間過後，回住所的鐘聲響了。

喇嘛們應該是引領禁欲生活的，謹遵自己的諾言立誓修行。但他們初入佛寺時，非常年輕，此時尚不理解這些誓言的意義。作為普通人，他們與其他人一樣有著七情六欲，幾乎沒有人能夠放得下女人。蒙古女人尊奉這些喇嘛，這種誘惑持續不斷地出現在他們面前。喇嘛和各種各樣的女人生活在一起，加速了可怕的疾病在整個蒙古的傳布。

很少喇嘛能夠整年待在寺院之中。他們回到自己的家庭，或者任何需要他們的地方，為病患誦讀經文，處理死屍，決定婚姻的良辰吉日，選擇一處新的宿營地，或者執行各種差使來為寺院募集資金，這對他們來說是很平常的事情。他們就像每個蒙古人那樣策馬旅行，每天晚上都會在不同的氈房中過夜。由於梅毒的蔓延以及與其傳布方式相同的各種其他疾病，使得蒙古人的出生率非常之低。

在蒙古，如有人亡故，家屬會立刻延請喇嘛們到家裡，首先為亡靈的安歇誦讀禱文。隨後，一位深諳巫術的喇嘛擇定一處妥善之地安放屍體。喇嘛們用繩子量出一塊地方，隨後把用一塊白布包裹著完全赤裸的屍體安放在那裡。喇嘛們朝著屍體吟誦著經文，屍體會在那裡擺放三天。

在這三天期間，喇嘛們在死者親屬準備的蒙古包當中，享用著他們提供的盛宴，吟誦著經文，做著佛事，以求死者靈魂的超脫。沒有人會靠近屍體陳放的那個地方，直到第三天早晨。如果老鷹和狼群已經吞噬了屍體，蒙古人會感到心滿意足，因為死者的靈魂已升入天堂。他們認為，一個人德行的好壞是與其遺體消失的速度成正比的。

在庫倫城邊的區域而言，這是一種令人毛骨悚然的習俗。庫倫是漠北蒙古唯一一處人煙稠密的地方。但是沒有一處營帳是安全的，因為可能某家養的某一隻狗會跑回營帳裡，拖拉著一條死人的腿或一隻死人的胳膊。我在蒙古生活了三十五年，但一直沒能習慣這種天葬的做法。每當舉行天葬時，我都會嚇得發抖。

也有這樣一些蒙古人，他們不想親手把他們深愛的人的屍體置諸荒野，給狼群吞噬屍體，或讓野狗將屍體撕扯成碎片。極少數家庭會選擇將屍體火化，並把骨灰安放在一個神聖的地方，譬如放在西藏的一座寺院或五臺山寺廟中的一個壁龕。

喇嘛們在使用人體骨頭方面多有妙招。當動物們吞噬了一具屍體的肉之後，喇嘛們就會聚集起剩下的骨頭，把頭蓋骨拿來製作念珠。一串喇嘛的念珠由一百零八個珠子組成，每一個珠子由不同的頭蓋骨切削而成。喇嘛們在誦讀經文時，會用這些念珠來數數。喇嘛們也用頭蓋骨作為飲水的杯子，骨頭被徹底風乾洗淨後，由銀匠用銀線把它們鑲起來。這種杯子並不是每天都用，而是要在特別神聖的場合才拿出來使用。

人骨頭可以用來製作驅魔的樂器。最為普通的樂器是小號，是由少女的大腿骨製成；鼓則各由一塊年輕男、女孩子的頭蓋骨製成。要製作這種鼓，首先需要將每一塊顱骨頂端完好地切削，然後將兩塊顱骨背靠背接在一起，用一張皮緊緊地拉伸包裹在上面。鼓的外層塗染成綠色，並用顏色鮮亮的絲帶裝飾起來，這些絲帶繡有喇嘛廟獻祭品的八種象徵。兩條狹長的皮帶從鼓邊上懸垂下來，每一條皮帶的末梢都有一個鈴舌。喇嘛在誦讀經文驅逐邪魔的時候，搖扭手中的搖鼓，懸垂下來的鈴舌擊打出一陣尖銳的斷奏音，此時他就完全具備了抵禦邪魔的法力。

在一些時常出現麻煩的地方，像是水井乾涸，牛死於瘟疫，狼群毀滅性地席捲了羊群，或者一名婦女遺棄了她的丈夫，這時蒙古人相信邪魔業已散布開來。於是，他們邀請當地的喇嘛廟幫助他們驅逐邪魔。喇嘛和普通百姓們手持驅魔的搖鼓和祈禱用的旗子，策馬疾馳，衝入這個發生麻煩的地方，驅趕著他們面前的一切，直到他們的馬頭形成了一個封閉的圓圈。

這個時候，喇嘛們誦讀著經文，譴責著邪魔鬼怪，儘管人的肉眼看不見這個邪魔，但如果將其困在馬前腿繞成的圍牆之內，一定是可以將其俘獲的。當邪魔受到了足夠的詛咒的時候，喇嘛們會用石頭壘砌起一個四方形的空間，把邪魔關在裡面，然後緊緊地封上，隨後返回到自己的營地。他們深信，只要牢獄大門持續緊緊封存，以往的一切困厄都會好轉起來。

作為一種常識性預防措施，每個喇嘛廟在每年夏天都要舉行一系列跳鬼活動。喇嘛們身著奇裝異服，戴上醜陋的假面具，歡呼雀躍著，擺弄著各種醜陋的姿勢，同時擊打著降魔鼓，吹奏著喇叭。他們用長長的生牛皮鞭子抽打著空氣，大聲呼喊著，向打算在這片地方搞破壞的魔鬼發出挑釁。喇嘛們在寺廟院子外邊，用神聖的石塊圍成圈子，在裡面壘砌起大型的篝火，然後在篝火上燒毀象徵魔鬼的面偶。至此，這些儀式結束了。男女老少們從周圍的營帳聚攏過來，積極地加入這場警告邪魔的活動之中。

喇嘛們有許多種感知未來的方法，最為普通的一種即是使用綿羊胸骨。他們將這塊骨頭清洗乾淨並烘乾，然後把它放在火中燒得通透。火燒會使骨頭產生不同的裂紋。無論喇嘛可能會遇到什麼問題，他都從這些並排的裂紋中，掐算著一種答案，無論是某次出行的是否安全，還是某次婚禮黃道吉日的挑選，或者認定某一口水井是否為可以安紮營帳的好地方等等。

喇嘛們也會用方形的骨頭骰子感知未來。喇嘛在想著天神的同時，會把這個骰子在一個銀碗中投擲三次。骰子落下的結果，向喇嘛揭示了任何問題的答案。

古老的銅錢埋藏在蒙古土壤中，被發掘出土後，仍能發揮作用。對於那些西方探險者來說，古錢揭示了一種早期文明的史實；但對於蒙古人而言，它們擁有著魔幻般的力量。喇嘛用不同面值的九枚銅錢組合起來進行占卜，其中有一枚特殊的銅幣，他相信這枚銅幣比其他銅幣更有神力。他把這枚神幣含在口中，然後閉上嘴唇，深呼吸，同時用右手畫出一個圓弧形，並把其他銅錢攤開在左手掌上，從東向西擺成一個圈。通過他手中這些硬幣的位置，和口中銅幣在呼吸時留下的痕跡，他回答發問者提出的任何問題，像是遺失的馬可在哪裡找到，老天是否會下雨，家中的病人是否得以康復。

極少喇嘛可以讀懂他們反復吟誦的經文，因為它們是用藏文寫成的，但是絕大多數喇嘛在使用經文時從未有半點猶豫。許多喇嘛只是持續不斷地含混念誦著經文，同時用手指撥轉著念珠，我總是在想他們在祈禱什麼。有一次，我向一位喇嘛請教，問他能夠從祈禱中實實在在獲得什麼。他告訴我，他能得到他所想要的任何東西。例如，他曾有一次想走出去盜取一匹馬，於是他從一本經書上複述了三十篇經文，然後他走了出去，非常成功地將一匹良駒帶回家。

許多喇嘛過著平靜而體面的生活，但也有一些喇嘛生性頑劣，他們構成了蒙古高原數量相當大的一群盜賊和罪犯。他們本應像其他罪犯那樣受到審判和懲戒，但是因為環繞在他們周圍那麼多的迷信光環，儘管劣跡斑斑，卻能帶著許多東西全身而退。而這些是其他普通百姓無法做到的。

我有一位年邁的教師，他的兒子一而再、再而三地做著壞事，但是他反而平步青雲地逐級提升。按照喇嘛教規，他現在已占據著一個高級職位，人們幾乎將他視為天神。有一次，他渴望從張家口買一些衣服、食物和其他的東西。他走進虔誠信仰者的營帳，讓他們安排家中的一位男性趕來一頭牛和二輪運貨大車，為他沿路開往張家口。就在他們到達張家口城門之前，他從乾涸的河槽裡撿起兩塊與當時用作貨幣交易銀塊大小相等的石頭，用紙包裹起來，然後鎖進他的皮質旅行包內。進入張家口時，他與當地主要的漢族商人接頭，要求拜會主要負責人。店主走出來，他禮貌地表示問候，然後問對方是否可以幫一個忙，他想把他的錢安全地保管起來。商人把喇嘛的包包放入他的大型現金櫃，然後鎖上。

這個喇嘛知道，他把沉重的錢袋子留給城內主要商家的消息，將會傳遍全城。所以他挨家竄戶地進出每個商店，挑選他所需要的每件東西，以賒帳的方式接過了各種貨物。他把所有的東西馱放在運貨大車上，派那位隨來的男人和借來的牛返回蒙古，自己則在張家口逗留了兩天。他行色匆匆，在許多錢莊諮詢銀子與現行流通貨幣的交換比率。當運貨大車已有足夠的時間遠離張家口平原的時候，他躡手躡腳地溜出了城門。那個商家在這兩天的時間裡，一動也不動地等著喇嘛重新出現。在與其他商家、債主們會商之後，他打開了包包，發現僅是兩塊大石頭而已。

還有一次，這位喇嘛從察哈爾的一個漢族商人那裡購得了四百隻綿羊，答應會在兩個月到期之前付款。但他一接管了這些羊之後，即邀請無以計數的朋友們過來和他一起進餐，大吃大喝一星期之久。他每天都要殺幾隻羊，極盡尋歡作樂之能事。他的那些蒙古老債主聽聞此事，要求他還錢，他即以羊抵付。最後，這個漢族商人聽到了正在發生的事情，走過來懇請收回這些羊。喇嘛最終允許他帶走剩下的羊隻，但條件是該商人不再追究截至那時已經失去的六、七十隻羊。

又有一次，這位喇嘛借到了一匹好馬和一個裝飾富麗講究的馬鞍，以及一套美麗的絲袍。他用這些把自己裝扮成一名富裕的喇嘛，前往一處沒有人認識他的地方旅行，還以賒帳的方式，讓牧馬人給他牽回了三十匹馬。他把這些馬給了他的那些債主，或者作為禮物送給了他的朋友們。最後，馬的主人過來收帳，聽說這些馬已經分送完了，這才發現這位喇嘛一無所有，是個窮鬼，趕緊與喇嘛簽了一個協議，慶幸帶回了尚未被送人的五匹馬。

更有一次，一些富裕的蒙古人渴望在一塊草原上放牧他們的畜群，這塊草原鬱鬱蔥蔥卻沒有水源。這位喇嘛聽聞此事，告訴這些富人，他願意告訴他們在何處可以挖一口水源充沛的水井，條件是這些富人需要給他一些牛、綿羊和山羊。這位喇嘛剛一收到這些牛羊，就毫不猶豫地將這些富人們指引到一處地方，當面聲稱：「這就是你們應該挖井的地方。」他們挖呀挖，實際上也打到了水。這位喇嘛事後告訴我，這純粹是運氣。

這位喇嘛也帶些藥品，也誦讀經文，且在治療病人上有極好的運氣。由於他總是對物質財物的收集有著熱切的興趣，因此現在已是非常富裕，有著大群的馬、牛和綿羊。

在這方面，許多喇嘛終其一生都能輕鬆自如，且能做到衣食無憂。

但是，喇嘛中間也有許多和善誠實的人。我有一些喇嘛朋友，不僅和藹親切，心地善良，而且人品可敬，寬宏大量，聰敏睿智。曼特奇熱（Mantechirre）喇嘛即是其中之一。他有時候住在庫倫，我第一次見到他時即在庫倫。

圖 7　蘇尼特王爺和他的哥哥，本旗喇嘛廟中的首席喇嘛。

後來，他邀請我去他建築在柏格達烏拉（Bogda-Ol，即神山）南麓的寺院拜訪他，距離庫倫大約十五里遠的地方，就在山的對面。這裡風景如畫，位於森林覆蓋的山上，在寺院中即可肉眼看到馴鹿的身影。在我初次到訪之後，每當我感受到來自世俗的事務壓得我喘不過氣時，就去那裡靜心休養。從遠近各處趕來的朝聖者們經常前往那裡尋求他的祝福，貴族和高級喇嘛們也非常樂意地尊稱其為老師。他是一位安詳、和藹、學者型的人，經常針對世界各地的生活方式，向我提出數也數不清的問題。他喜歡聽瑞典人怎麼生活，希望瞭解我們西方宗教界人士閱讀和講授什麼內容。

柴迪（Tsai-Di）喇嘛是活佛引介給我的一位朋友。三十年前，他還只是一名未成年的喇嘛，管理著活佛的一個馬群，最終晉升為活佛賽馬群的總管。後來，在活佛作為「皇帝」執政期間，他擔任財政部長。儘管他已是相當富有，卻畢生過著非常簡樸的生活，直至去世。

他擁有成千上萬的良馬，但總是生活在一個矮小而舒適的蒙古包裡。我曾和他度過許多時光，談論著這匹馬、那匹馬。

在他的一生中，沒有一匹蒙古著名的賽馬是他所不知道的。他冬天常常住在庫倫附近，每逢夏天，則把自己的蒙古包搬到一處山腰，在那裡放牧著他的馬匹。我從他那裡買了數以千計的馬匹，他總是言出必行，我們彼此之間從不需要白紙黑字的合約。

加郎瑟（Jalang-Se）喇嘛來自西藏的西部，是我另外一位朋友。從我們初次見面，他對我即非常友好，極其渴望向我學習他所能習得的一切東西，包括關於外部世界各國的文明。他熱切盼望蒙古能夠接受所有可以推動蒙古進步的現代觀念。他從未見過鐵路或汽船、汽車或飛行器，於是他決定走出蒙古，去看看這些奇觀。他邀請我作陪，我們有了一次極其興致勃勃的旅行。他是理想的旅行夥伴，總是謙恭有禮、慷慨大方。

我的朋友、美國探險家安得思（Roy Chapman Andrews）告訴我說，他希望在漠北蒙古進行探險工作。我去找時任蒙古總理的加郎瑟喇嘛，向他尋求幫助。他有著非凡的才智，滿足了我的要求。正是他的影響力使得這次探險成行。

我曾親密地結識一位名叫昂其特（Onchit）的喇嘛。他是一名醫生，總是背著一個裝著草藥的箱子。他因為家境富裕，雖曾幫助了許多病人，卻從未向窮苦人家索取報酬。他住在自家的營帳內，我多次前往拜訪過他，彼此間有著廣泛的商業往來，我發現他說的每句話都值得信賴。他過著德行高尚的生活，從不飲酒或者抽煙，也不贊成寺廟生活，所以並不住在寺院之內。他經常說，許多喇嘛是如此惡劣，使他們成為僧侶就是一種恥辱。他有著最好的經商頭腦，是我所遇見蒙古人中最好的一個。他頗有能力地管理著自己的畜群，以至於當他離世的時候，他的家庭超乎尋常地富有。

女人和男人一樣，也有當喇嘛的，但她們並不住在寺院之中。在蒙古，對於四十歲的婦女來說，削髮為僧並經歷入教儀式，是一件普通的事情。在這一儀式之後，女人不再和男人住在一起，而是在她的家中過上虔誠的生活。

儘管大多數女喇嘛是年齡稍長的，我也認識一位在二十四歲時即成為喇嘛的女性。我穿越蒙古高原旅行時，曾在她的營帳內尋得遮風擋雨之處。她讓我住在一個大型的客用蒙古包內，給我豐盛的食物和牛奶。那時的她擁有七百匹馬、四百隻駱駝，還有許多的牛和數千隻的綿羊。

她以權威和尊嚴管理著自己的事務，一切都秩序井然。她是一位身材高挑、美麗的姑娘。我問她為什麼要在這個本應是結婚的年齡成為喇嘛，她應該有丈夫的照顧並為她工作，也應該是幾個孩子的媽媽。她回答說，她過著一種幸福的生活，她深信，丈夫只會給她帶來麻煩和傷心之事。她非常有趣，當蒙古包外風暴肆虐時，我們一起玩骨牌。在那些年，她是一位誠實、能幹、虔誠的女性，家業欣欣向榮。

我也認識四位轉世女活佛（incarnate priestesses）。其中的一位，當我見到她的時候，僅是一個二十二歲的姑娘。她健康、強壯、清秀而漂亮。當時我在聖經公會（Foreign Bible Society）服務，在離她不遠的地方安紮營帳。她幾乎每天過來拜訪我，討論《聖經》，並取走一些回去閱讀。她總是騎著一匹用亮麗顏色和銀飾裝飾著的漂亮馬匹，在她每次拜訪結束之際，走出我的蒙古包的門口，總會看到一群蒙古人等候在外面，期待接受她的賜福。

第四章　活佛（The Living Buddha）

活佛出生於西藏。當他還是嬰兒的時候，喇嘛們即把他帶到庫倫，聲稱業已知曉他就是被派送至凡間，要做蒙古老百姓天帝的那位靈童。蒙古人接受了他。他所接受的訓練完全是蒙古式的。然而，西藏的僧侶正是經由這名活佛，取得了對蒙古事務相當的影響力。他那風趣的個性贏得了同樣風趣蒙古人的心，他們不僅將其奉若神明，並在後來擁戴其為皇帝。他在蒙古的政治地位，甚至在他加冕為皇帝之前，業已可以與中世紀基督王國的教皇相媲美。

圖 8　十七歲時的活佛

我與活佛的第一次見面，說明了一個外國人，在初來乍到的時候，多麼容易因為只學會一點點的蒙古語，而陷入愚蠢的境地。1894 年，我第一次來到庫倫。當時我在一位很好的老師教導下，努力地學習蒙古語。有一天，我完成了我的日常課程，在長達兩小時頗受拘束的寫作指導過後，感覺亟需活動活動，於是我獨自騎馬出遊。

我還沒走很遠，就看到一群喇嘛，身穿飄逸的黃色長袍，騎著龍騰虎躍的大馬，在同一條路上以相對快的速度朝我疾馳而來。我聽到有人大喊：「爆！」（bo）[1] 我只知道「爆」可以解釋為「槍」的意思。我沒有槍，所以我不以為意。突然我注意到每個人都盯著看我，大聲喊著「爆！爆！爆！」我仍然沒有理解發生什麼事，只是覺得很奇怪，除了這群喇嘛外，所有人都跳下馬來，站在馬的旁邊。

一個喇嘛從喇嘛群中出來，策馬飛奔到我面前。他駐足在我馬頭的前面，徑直朝我臉上喊叫：「爆！」我沒搞明白，神情嚴肅地盯著他，向他解釋我並沒有帶槍。就在此時，他和大家哄然大笑。他指著地面，提醒我下馬。

我翻身下馬，溫順地站立在我馬頭的前面。這個喇嘛掉轉馬頭，衝回到他的團隊中。他們一起從我身旁策馬飛奔而過，用一種彷彿我是瘋子的方式嘲笑我。他們

1 拉爾森聽到「爆」（bo）實際是「下馬」的「下」而非「槍炮」。蒙古語的拉丁轉寫 baγuxu[bu:x]，而「槍炮」的「炮」paw[pu:]。

剛一越出我的視線，我便抄近道回到了家中，向老師敘述我的遭遇。

我告訴他所發生的一切，當喇嘛群從我身旁經過的時候。我是如何被勒令放棄我沒有的槍，並被迫從馬上下來。老師向我解釋道，「爆」一詞有著不同的意思，其中之一即是從馬上下來。從我的描述中，我的老師知道，這群喇嘛一定是正在為活佛下午的外出騎行從事護衛工作。他告訴我，按照蒙古法律，無論男女老少，遇到活佛經過時都必須下馬。

這一件事引起了我對活佛這個人的好奇。老師告訴我，這個人被所有蒙古人尊奉為天帝，不會犯下任何的罪惡，甚至在國王和王爺的眼中也是如此。所以，我經常選擇一條經過他宮殿的道路，作為我活動身體的場所。

有一天，才剛看到他，我就發現數以千計的人群擠推著進來，有說有笑的，每一個角落，只要能擠進去，就有人擠在那裡。因為我比絕大多數人身材魁梧又體格健壯，所以成功地衝開一條道路，擠入了這些本性善良的人群中間。

我推想，我應該可以親眼目擊一些宗教儀式。當宮殿的上層窗戶敞開，一位快樂的男人，身穿金光閃閃的禮服出現了，扔出一件女人的束腹，你能想像到當時的我有多麼驚訝。我一把抓住了飛過我頭頂的這件束腹，並直接反應地把這件束腹扔回去。但我還沒來得及往外扔，即有人從我手中搶走了它。

恰恰是我的金髮，使我成為那群黑髮男女中的目標。在窗戶旁邊的那個人注意到我的窘狀，高興地拍打起他圓厚的手掌。他投下來一大瓶香水，打碎了。人們嗅了嗅氣味，並朝著氣味做起了鬼臉。

一大批瑞士製造的優質手錶宛如雨點般落下來。人們為了這些手錶，展開了一陣極其可怕的搶奪。男人和女人都瘋了，出於渴望，爭相跳在對方肩膀之上。幸運的是，蒙古人不僅具有和藹可親的性格，而且體格健壯堅實，所以實際上沒有人受傷。隨後就是一批座鐘上場，各種各樣的座鐘全都是外國製造，其中絕大多數做工精緻優雅，非常講究，頗讓婦女們豔羨。但是那個男人舉起一個高的大座鐘，砰的一聲摔在地上，成了碎片。

接下來是燈具的展示，隨後是更多的香水。而後他從窗戶上消失了，但這一大群人要求他再回來。他回轉身來，雙臂上掛滿了西方婦女們所穿的衣服，在場的人們歡呼起來。他每次扔出一件衣物，鑲有銀邊的女子晚禮服、女子騎馬裝、行路時所穿的花呢女裝。隨後，一個皺皺巴巴的包裹像一隻氣球振顫下來。

原本應該設計得匹配著每一套衣服的帽子，現在就像好多塊蛋糕，也被一頂一頂扔了出來。男人和女人們接住這些帽子，戴在自己的頭巾上邊。活佛曾經試著戴一頂麥稈和鴕鳥羽毛混合製成的帽子，把頭探出窗戶，得到這群人的欽慕，然後就把帽子扔了下去。

鞋子也來了，皮面的和緞面的高跟鞋。接下來是蜜粉和那種毛茸茸的粉撲漫天灑下。甚至還有一雙溜冰鞋、一個玩具風車、一艘諾亞方舟和一艘小型帆船。

接下來，他揮灑下成百上千隻牛角喇叭和哨子，還有一些聖誕樹上的金屬飾物，下午的遊戲活動就此宣告結束。然後他關上了窗戶。蒙古人歡呼起來，吹著他們的牛角，用他們的手指吹口哨，要求活佛再次出來。活佛推開窗戶，伸出空著的雙手，人們於是作鳥獸散。那天整個下午和晚上，人們歡呼雀躍地騎馬穿過大街，吹著哨子和牛角，就像在瑞典馬戲團日的孩子們一樣。

後來，我逐漸和活佛成為親密的朋友，我發現他對西方的各種事物有著一種打破砂鍋問到底的好奇心。儘管他不能走出國門，但他能收到來自斯德哥爾摩、柏林、倫敦、巴黎、羅馬和紐約的各種商店目錄手冊，他習慣訂購讓他著迷的每個樣品，因此源源不斷的舶來品，陸續運抵他位於土拉河畔的宮殿。

為了給新來的東西騰出空間，而且因為這些舶來品已經有助於告訴活佛外國人在用些什麼，所以保留原物就成為愚蠢的事情。活佛會在某一天公開宣布，他會從宮殿的窗邊散發這些西洋物品。我先前描述過的那些歡樂人群，就會在指定的時間聚集起來。這一表演儀式給成百上千的蒙古人帶來許多愉悅，而這位活佛也深深地樂在其中，在他邀請我來幫助他的時候，我也一樣樂在其中。

我生活在庫倫的那些日子裡，結交了許多朋友，對蒙古語也日漸熟悉。杭達王爺的長子是一位年輕的蒙古郡王，他邀請我隨他一起去參加七旗那達慕（Dolan Horsone Natam），或者所謂的七旗節（Festival of the

Seven States），是由活佛在距離庫倫不遠的某個地方舉辦。人們為這一節日準備了三年，儘量準備最好的衣服，訓練最好的賽馬，渴望通過活佛親身的賜福來消除他們的罪孽。在當時看來，這是蒙古所舉辦的各項活動中，最盛大而愉悅的。人們會從全國各地聚攏過來。

年輕的杭達郡王曾對活佛提起過我，他請求允許帶我一起過去，因此我就獲得了這一殊榮，在活佛要離開庫倫去舉行節日的行宮時，成為活佛隊伍的成員之一。我加入了年輕的貴族王公們，做為活佛出席七旗節時護衛隊的一員。

這個護衛隊，除了我以外，有一百名年輕的平民，在蒙古政府擔任軍事職務的貴族，以及相等數量的年輕喇嘛。我們一起跨上體格結實的白馬。另有一百匹白馬沒有配備鞍韉、轡頭，由牧馬人用套馬杆沿路驅趕著，如果有人需要中途換馬，牧馬人即會幫他套住一匹新馬騎上。依據這些平民的地位、職銜或者蔭襲而來權力的不同，他們分別身穿綠色、棕色或者藍色等繡有顏色亮麗各種絲帶的各色絲綢長袍。他們戴著滿洲風格的圓帽子，配有代表著職銜的頂子和孔雀翎毛。喇嘛則穿著用最華麗錦緞製成的黃色長袍。

活佛乘坐一輛有金色絲綢遮陽的漂亮馬車，還配有豪華的襯墊。馬車的木工是最好的手藝，拋光得宛如一面鏡子，飾滿純金打造的釘子。兩個輪子安置在很靠後的位置，以便於將車體的震動降至最低。車軸在車體下面從輪軸穿過，一根長長的杆子一端橫接在車軸上，另一端從車體的前面延伸出來。

活佛心情非常愉快，提起袍子，進入馬車。他舒舒服服坐定下來之後，命令車夫駛車起行。四位年輕的貴族衝上前來，車軸兩邊各有兩位，舉高車杆，小心翼翼地放在他們馬鞍的前面。我們就以極快的速度出發了。

我把我應邀成為活佛護衛之一的事情，告訴了一位在庫倫的朋友，他對我能否跟得上活佛的隊伍表示懷疑，因為眾人皆知，活佛的護衛隊都是非常快的騎手。我感受到兩點，一是，這一邀請對於一位瑞典騎手而言是一次挑戰，二是，我必須向世人證明，一位年輕的瑞典人能夠和最棒的蒙古年輕騎手並駕齊驅。

當杭達郡王告訴朋友有我同行的時候，也被他的蒙古朋友開了玩笑。他格外渴望要證明我是他朋友中的一位好夥伴。他為了我做了特別的準備，把他自己最喜歡的白馬送入活佛的畜群。

這匹白馬強悍有力，絕不想落後於其他的馬群。這是一匹騎行起來讓人感覺非常美妙的動物，聰明而反應靈敏。我只需要騎在馬鞍上，享受著它那神采奕奕的律動。作為這一團隊的先頭隊伍，我們迅速向前行進。

當我們行進了大約兩里的時候，又有四位貴族和先前那四位駕馭架杆車[2]的互換位置。兩組人的位置互換是那麼的嫻熟，以至於馬車從未停下來，只是稍微減速。牧馬人已經準備好了四匹新馬，來供給新換的四位

2　按博迪蘇於1906年（光緒三十二年）奉清廷命令赴蒙古探望流亡中的達賴喇嘛。所著《朔漠紀程》曾提及這種架杆車，「車前橫一巨木，以兩人騎馬駕之，又繫皮帶於巨木兩端，以兩人騎馬曳之，行甚速。」畢奧南整理，《清代蒙古遊記三十四種》，上冊（北京：東方出版社，2015），頁518。

貴族使用。這四位一直在扛著杆子，他們的坐騎也一直拖拉著車，所以有點氣喘。騎手們在換乘馬匹時，會稍微落後一點距離。這種職責的交換時常發生，因為所有的貴族都渴望有機會為活佛效勞。

當我們行進稍微超過六里的時候，從庫倫到舉行節日聚會宮殿的路程，大約正好走完一半。我們越過了一座很高的山丘。當我們越過山頂的時候，人群駐足在一汪清澈的泉水面前，僕人們在此等候精氣神的恢復。活佛走出他的馬車，熱情邀請我們所有人過來就餐，他此前已命令下人們將各種飲食準備妥當。我們席地而坐，喝茶，吃著點心和乳酪。

就餐過後，我們繼續以同樣的速度前行。走出一個山谷，兩山之間覆蓋著森林，我看見一處小小的平原在我們面前延伸開來。這個平原上到處都是用嶄新的白氈搭建而成的帳篷，也有幾處藍布帳篷搭建在白色氈房中間，外面裝飾著用針線縫製的白色圖案。它們形成了一道非常美麗的風景，點綴著山脈下這塊森林茂密的平原。

我們引導著活佛走向一處帳篷，這是所有帳篷中最大也是最為華麗輝煌的，這是給活佛專門訂製的帳篷。我們翻身下馬，活佛走出他的馬車，對我們的一路護送表示感謝，然後消失進他的私人帳篷之中。

杭達郡王和我重新上馬，馳向飄著杭達王爺旗子的蒙古包群。在這裡，我們受到整個杭達家族非常熱忱的歡迎，給我們好幾碗使人清爽提神的馬奶酒。

這種飲品被蒙古人稱做艾日格（arc），[3]不會讓人喝醉，反倒非常提神，令人精力倍增，消除了我們的饑渴。馬奶酒存放在一個生牛皮袋中發酵後，宛如冰水一般涼爽。

我們重振精神，交談片刻，杭達王爺隨後將我引導到一頂與他為鄰的嶄新白色氈房，安紮在他自己的氈房旁邊。我和一位年輕的蒙古貴族合住在一起，我以前在庫倫見過此人，名叫羅布桑林沁。這頂帳篷位於杭達家族帳篷群的中心，和他們最寵愛的兒子位置相當。

羅布桑林沁王爺是知名的貴族，深受蒙古高原上所有貴族的喜愛。他被推選出來與我合住一頂帳篷，並讓他專門負責接待我。他把我介紹給其他人，一一回答所有那些我不理解的事情。

杭達郡王花了他絕大多數的時間和我們在一起，儘管他有和另一位蒙古朋友合住著的氈房。

為了這場活動，大約有兩萬人從蒙古各盟旗聚集過來。我隨時隨地都能看見每位蒙古人身著顏色最為亮麗、用最為上乘絲綢製作的蒙古袍。我的朋友們都在同一天內多次替換服裝，所以我判定這應是蒙古社會最常見的風俗。

這裡的婦女們，就像在西方社會裡的一樣，全部身著製作最為精良的服裝，渾身色澤亮豔，絕無一點清淡

3　此處，拉爾森可能沒有準確聽出蒙古人對於馬奶的蒙古語讀法，正確拼寫應是 airag，故此處音譯也按艾日格譯出。

柔美的色彩，這些明亮的色調恰恰配得上蒙古式的美麗。她們頭上佩戴著狀似王冠相當沉重的金銀頭飾，也都飾有寶石。許多婦女有著成串成串的珍珠，懸垂到她們的腰際。羅布桑林沁向我解釋道，婦女的頭飾可能價值數千元。他指著一位年輕漂亮的女子向我說，這位婦女戴的頭飾價值相當於五千匹馬。

婦女的頭飾中都鑲嵌著珊瑚，這是蒙古的民族飾品。婦女們都穿著騎馬靴，樣式和男人的靴子相似，靴的尖頭用塗有顏色的皮料裝飾著。

節日期間，每個人都是騎馬出行，儘管只是從一個帳篷走到另一個帳篷的幾步路，似乎從未有人考慮過步行這個選項。事實上，步行出門可能會讓自己身處險境，因為在這些處於半失控狀態駿馬的飛馳運動中，沒有一位步行者是安全的。馬匹們在每個帳篷前面挪移著小碎步，等候著主人們的盡興而還。

按照蒙古的風俗，這些馬身著華美的披掛，其華美程度幾乎可與騎在它們身上的男人和女人相媲美。馬的韁繩和尾巴部分的皮帶都用金銀飾扣裝飾著，或者用寶石裝飾著，根據騎手的愛好及其財富狀況而定。馬鞍用哈達墊鋪著，哈達繫在氈墊外層的皮革護墊上，也用金銀裝飾著。

這些氈房上空飄揚著不同部落鮮亮的旗子，它們上面繡有王室的絲帶，這是每個貴族家庭世襲權力的象徵。

在山坡上，在環繞著氈房綠草如茵的平原上，放牧著賽馬、母馬和奶牛，以及用於提供每日所需新鮮肉食的成群綿羊。負責照看畜群的牧人們，身穿顏色鮮亮的飄逸長袍，戴著繫有飾帶的帽子。

這些節日持續了八天之久，主要內容即是馬術比賽。每逢比賽，活佛都坐在雍容尊貴的位置上，身穿華麗的長袍，有一支扈從隊伍擁繞著。這支扈從隊伍是由一群才華橫溢的喇嘛和王公貴族們組成的，他們坐在他的戶外寶座周圍。

馬術比賽會在不同的日子安排不同類型的馬匹，任何在蒙古長大的馬都有機會參加比賽。獎品並非多麼貴重，可能是一捲絲綢或者一小塊銀子，但是，一匹獲勝的馬所能獲得的榮譽是非常巨大的。蒙古牧主們本著這樣的真實想法，繁殖著他們的畜群，在每一次競賽中都會竭盡全力。每一匹獲勝的馬匹註定要奉獻給活佛，這一事實對於我們這些西方人來說，似乎可能有點遺憾。但是活佛是如此廣受所有蒙古民眾的景仰，以至於每個男女都把養育和訓練一匹適合活佛畜群的馬，看作是自己極其巨大的榮譽。

獲勝馬匹的主人是這一節日的英雄。杭達郡王不斷地把那些在前幾年贏得比賽的男女指給我看，用羨慕的口氣講述著他們的故事。

第一天的馬術比賽是走馬，第二天是兩歲的騸馬，第三天是三歲的，第四天是五歲的。第五天，比賽在成年的種馬之間進行。第六天的比賽最為重要，也是所有比賽中最扣人心弦的。這一比賽是在專門受過比賽訓練的騸馬之間進行，每一蒙旗都會派所能展示最好的馬匹過來。

所有馬術比賽中的騎師，是七歲至十五歲之間的小男孩或小姑娘。他們身穿嬌小的絲質坎肩和很短的真絲褲，很少使用馬鞍。但是正如杭達郡王向我解釋的那樣，在過去的活動中，那些使用馬鞍的小騎師們，一旦從馬鞍滑落下來，就會被絆在馬鞍上。許多人曾因此受重傷，甚至死於非命。所以，馬鞍在馬的主人、觀賽人群以及騎師看來，是不祥之物。也就是這樣，幾乎所有的馬匹在騎乘時都沒有馬鞍。

賽馬跑道無須特別準備，馬術比賽行程十里，是對隨處可見的蒙古草地進行考驗。這些遠距離比賽對於馬匹來說註定是一種耐力的考驗，但對於兒童騎手而言，則更是一種嚴峻的考驗。在每次比賽期間，總有一些人被他們的坐騎甩下來。他們的馬匹總是跑過別的賽道，脫韁馳騁。每場必賽都跟隨有騎馬侍從們，一旦有落馬的孩子，這些侍從和比賽發令員們就會把他攙扶起來，隨即予以照顧。

在比賽結束時，騎師漸漸停下馬來，從而滑落馬背。侍從們將其攙扶起來帶走，使其舒緩過來。幾個兒童騎師已經說不出話來，甚至當他們贏得比賽時，仍不能回應來自別人的祝賀，直到他們休息片刻後才能緩過神來。

蒙古人在訓練騎手方面經驗老道、技藝嫻熟。這些騎手雖因過度緊張而引起暫時的癱軟，但很快即可恢復。他們不被允許坐下或者躺下，而是要保持直立姿勢，緩緩地繞圈子挪步，直到他們能夠說話並獨立前行。儘管騎手們在比賽中會遇到這些困難，但無論是貴族還是平民出身，我從未見到一個蒙古男孩子不渴望跨上馬背，在活佛的慶典當中更是如此。

蒙古人對於吃苦的壓力下所擁有的強健體能和耐力，有著格外的自豪感。他們的孩子自出生以來就一直生活在這種氛圍之中！

杭達郡王擁有著上萬的牲畜，每次馬術比賽，他幾乎都會派出馬匹參加。在走馬比賽中，他贏得了冠軍，從他父親的馬那裡搶走了獎品。人們本來以為他父親的馬會贏得比賽，結果只能屈居第二。

我的朋友羅布桑林沁在三歲馬的比賽中贏得第二名，在種馬比賽中則是冠軍。儘管他向我坦白說，他本希望配種出許多未來的冠軍馬，但他還是樂呵呵地把那匹獲勝的種馬呈獻給活佛。

杭達郡王和我一起打量著活佛在節日上帶來的一群馬匹。活佛的一匹馬在前三季比賽中都贏得了騸馬比賽的勝利，所以我們對這匹馬非常感興趣。這是一匹高大的棗紅馬，相貌堂堂，四蹄純白，前額上有一簇白毛，狀態十分良好。但是我們知道牠的年齡已經不小，杭達郡王說，這次一同參賽的其他兩三匹馬，會使牠很難獲得第一名。

我們接下來又看了一匹馬，這是一位東部地區的王爺派來參加同場比賽的。它的年齡較小，毛色呈乳白色，四肢細長，肌肉相當發達。我乍一看，就被它深深地吸引，幾乎不再注意其他三、四個馬群中的馬了。

比賽時間到了。馬群秩序井然地出發。我和杭達郡王結伴騎到一座山的高處，從這裡可以看到比賽區域的

第一部分，然後我們繞到另一座山上，從那裡我們縱覽開闊的山谷，最後一個階段的賽程在這裡進行。這匹乳白色的馬毛色較淺，我們很容易地辨認出牠的位置。同樣，活佛的那匹白蹄棗紅馬在整個比賽過程中也很顯眼。

這兩匹馬並肩跑入山谷。我所看好的那匹乳白色馬一寸一寸地慢慢前進，直到棗紅馬的鼻子與牠的尾巴齊平。終點就快到了，所以我認為這場比賽毫無疑問是乳白色馬獲勝，於是放鬆了緊張的身子，在馬鞍上向前傾。但是狀況發生了。我不敢相信，騎手把他的馬拉向左邊。這個小男孩在一匹強壯的馬背上，沒有馬鞍而疾馳十里，一定是過於筋疲力盡了。棗紅馬仍是獲勝者，給牠的第四季比賽畫上了句點。

在每天比賽結束時，活佛都回到他那頂搭建在草地上的氈房，然後成排成列的人們繞著氈房圍成一圈，雙手抱頭，向氈房俯首，十分謙恭地俯臥在地。來自蒙古各地的富裕貴族們，等待著這位已經長大成人，作為天神化身的西藏小男孩，賜福給他們。活佛走出氈房，在人群跪拜圍成的圈中走動，輕輕地觸摸每個人的頭頂。然後他們站起來，回到自己的氈房。

當賜福的時間結束之際，這些貴族們放下先前的肅穆，變成一群快樂的年輕人，似乎只有馬匹和一些愚蠢輕率的舉動才能引起他們的興趣。活佛也是如此，當完成其職責後，會和他們一起歡樂嬉戲。

跨上馬背，所有的人們衝來衝去，從這個蒙古包跑向另一個蒙古包，迎來送往著他們的朋友，婦女們和男人一樣自由快活。他們在賽馬場地上測試馬術，敢於從這匹馬跳到另一匹馬上，整個晚上都在唱歌和演奏長笛。

在前六天，來自整個蒙古，相當多的摔跤手們相會在庫倫的初級對抗賽中。在這些比賽中獲勝的摔跤手，在比賽的第七、第八兩天來到七旗那達慕，與活佛的摔跤手們比拼技藝。任何蒙古百姓，無論他是喇嘛還是平民，只要願意，都能參加這些摔跤比賽。

羅布桑林沁和杭達郡王都認為，如果引介我參加摔跤比賽，會是很棒的玩笑。他們戲弄我，慫恿我。但是我知道，任何一位在比賽中成功的選手，包括活佛麾下的摔跤手在內，都會立刻成為活佛的財富。所以我告訴他倆，我是一名生來自由的瑞典人。

在蒙古人看來，贏得比賽成為活佛的一名摔跤手，是一件極好的事情。因為他由此有房可住，有衣可穿，並獲得活佛的賞金而得以度過後半輩子生活，成為受人尊敬且享有盛譽的庫倫百姓。活佛的摔跤手都身穿亮麗絲綢衣物，活佛頗以這些人自豪，給予極高的禮遇。

在節日的第七和第八天，有五個人贏得了摔跤比賽的勝利。第八天晚上，節日活動通宵達旦。我在杭達王爺的氈房吃過飯後，也拜訪了另外一些王爺的氈房，和來自蒙古各部的人們促膝相談。他們介紹規模較小蒙旗的統治者，使我對整個蒙古高原有了全面的印象。蒙古正是由這些旗共同組成的。

在第九天早晨，活佛回到庫倫，仍是與他來時同樣的護衛方式，也仍是同樣的行進速度。在前半個行程中，我仍騎著杭達公爵的白馬。在後一半行程中，我從活佛的馬群中獲得了一匹同樣精神抖擻、善解人意的白馬。

從我第一次被引薦給活佛那天起，他總是對我格外友好，給我最熱忱的關心。

一年夏天，庫倫非同尋常的炎熱，活佛邀請我和他住在土拉河邊的行宮。我對於是否接受這次邀請，一度很猶豫，本以為這邀請只是一種禮貌行為，但是他繼續派人傳話邀請我前往，我只好去待了兩個星期。在那段日子裡，活佛為我安排得妥妥當當，努力使我擁有一段饒有興味的時光，令我倍感愉悅。他的妻子，[4] 以一種令人難以置信的嫺熟，管理著她龐雜的家務，照料著我的物質所需。

佛教教義禁止活佛結婚，但是當他與一位快樂活潑、天生麗質的蒙古姑娘墜入愛河之時，蒙古民眾找到了一條解禁的途徑。他們舉行了一場格外精心設計的儀式，將這位姑娘打扮成一位女神，既然已是一尊女神，沒有理由不能成為一位在世天神的合適伴侶。

事實上，無論哪種理由，天神是女神惟一能嫁的人。蒙古人從不視其為凡人，而總是當作女神。她是精敏務實、通情達理的女人和善於持家的主婦，她驅走在她到來之前，潛伏在活佛大宮殿廊道裡的所有憂鬱與不快。她是一位快樂的夥伴，一位優良的女騎手，一位出

4 應指的是皇后敦都克拉穆。

類拔萃的射手。活佛對她感到無比自豪。

我待在活佛行宮的這兩星期，她每天早晨都和我去聖山打靶。有一天活佛說，「現在我們得辦一次比賽，這樣我就可以知道你們哪一位是真正的最佳射手。」

活佛命人樹立起一個靶子，然後分別遞給我們一支步槍。他特別強調說，他給我的這支步槍是自法國重金買回的。他的妻子打出三發子彈，槍槍中靶。然後我仔細地瞄準目標，卻三次均未打中，這使得活佛格外高興。

我檢查了我的槍，發現準星已被敲歪，我提醒活佛注意這一點。他大聲地笑了好一陣子，並說道：「如果你是一位真正的好射手，你本應在瞄準前就注意到你槍的狀態。」

活佛總是喜歡搞一些惡作劇。此後的幾年中，我送給他庫倫未曾見過的第一輛汽車，是福特。他把電流和車體連接在一起，然後邀請一群最高級別的喇嘛和貴族過來喝茶。品茶過後，他當眾展示了他的汽車，要求客人們感受車輛擋板上優良的磨光技術。

第一個摸到汽車的人頓時後退，彷彿被灼傷一樣，其他人對於他的怯弱哄笑起來。然後，第二個人伸出了勇敢的手，又嗖的一下猛拉回來。在活佛的帶動下，又是一陣嘲笑聲。活佛在這次茶會上獲得了最大的歡愉，他的朋友們受到如此的震撼，以致於沒有人會渴望與他一道乘車，他們都對活佛獨坐車中並且舒適地穿過深宮庭院的能力感到驚訝。

活佛每年都會開設一次筵席，來自蒙古各地的最棒的摔跤手們彙聚一堂，在摔跤比賽中比試他們的技藝和力量。活佛會在一群才華橫溢衛隊的簇擁下，盛裝出席這些多采多姿的場合。

有時候，活佛邀請我坐在他的至尊席位近旁觀看摔跤比賽。在一次摔跤節日上，有一位蒙古巨人參加。這位來自西部地區的蒙古人，幾乎有八英呎高，身材魁梧，非常結實。他來到摔跤場地，脫去衣服，只穿著一雙高筒馬靴，腰裡繫著一條絲質腰帶。

總是樂於開玩笑的活佛，命令一個來自庫倫最小的喇嘛，進入摔跤圈中，來迎戰這位巨人。這個小喇嘛因其行動迅速和像貓一樣的優雅動作而聞名於世。七千名觀眾的期待和激動使雙方的搏擊變得緊張起來，他們緊緊地靠著摔跤外圈的柵欄。這兩個人互有攻防，沒有展開肉搏，只是轉呀轉，挪移著，雙方都希望找到一個有利的時機抓住對手，這位機敏的小摔跤手簡直觸不到對手的腰部。最後，這位身材嬌小的喇嘛跑進巨人的兩腿之間，緊緊抱住巨人膝蓋以上的部位，給了巨人一次有力的襲擊。伴隨著一聲沉重的巨響，巨人倒了下來。觀眾們放聲地捧腹大笑。可憐的巨人站立起來，滿臉通紅地離開了，邊走邊撓著自己的頭。此後他再也沒有在庫倫露過面。

圖 9　一位將近八英呎高，來自西部盟旗的蒙古人

活佛過著奢華的生活，將他所渴望的一切事物聚攏在自己身邊，享受著最為豐富、最為昂貴的食物，喝著價格不菲的法國香檳，他和他的各位侍從都穿著最為華麗的服裝。但他是一位非常慈祥的人，在我認識他的那幾年中，凡是窮苦之人，無論是喇嘛還是平民百姓，一旦遇到麻煩來向他求助，活佛都會力所能及地為其做出一切，使這位受苦之人的命運在離去之時變得更為順遂。他的善舉，遠播到蒙古高原上視他為活佛的每個邊陲和角落，他也賦予這個萬物世界上每一種生命無盡的慈悲關愛。

在庫倫的南部，靠近他宮殿的地方，有一座名叫柏格達烏拉的晴朗山峰。活佛住在蒙古期間，這裡絕對禁止獵殺動物。每天都可看到大群大群的麋鹿、野熊、狼、狐狸、山鹿，以及成百上千種的鳥兒，全部是那麼的溫馴，根本不怕人類。

活佛經常從別的地方收集來一些動物，讓它們在這個天堂裡過著自由的生活，猿猴、熊、稀有鳥類，甚至是一頭大象。同樣的事情發生在奔流於庫倫旁的土拉河，因為活佛禁止各種捕魚行為。

1911 年，蒙古民眾將滿洲總督[5]遣送回中國，他們堅持認為，蒙古在沒有與中國進一步合作的情況下，也能得到更好的治理。一個由王公貴族和普通百姓組成的代表團，前往拜謁活佛，請求他出任皇帝。活佛答應了。新任皇帝的就職典禮儀式令人印象非常深刻，漠北蒙古的全體民眾身著節日長袍匯聚庫倫。蒙古士兵在大街上列隊遊行，他們騎著俊靚的高頭大馬，身著昂貴的制服。

民眾們向活佛敬獻禮物，作為他願意出任皇帝的回饋。禮物中包括三百匹戴著金色籠頭的白馬，馬的喉部繫有一張紅狐狸皮，還有一百匹喉部繫著一塊貂皮的白駝。人們把這些白馬和白駝牽至活佛的宮殿，敬獻給他。活佛進行了莊嚴的宣誓後，這些王公貴族和普通百姓，都向這位剛剛登基的皇帝表示效忠。

皇帝很快挑選出各部部長和各級官員，政權平穩地運行起來。蒙古人中的優秀分子集聚在他的周圍，這是

5　即清朝庫倫辦事大臣三多。

庫倫歷史上一個繁榮興旺的時代。人們過著快樂的生活，對活佛的期望很高。這是一個好時節，也是財富極為豐富的時代。在活佛執政時期，整個帝國貿易繁榮，沒有沉重的稅賦，大型商隊絡繹於道，慢慢地穿過蒙古平原，經由張家口抵達中國，或者向北進入俄羅斯，中俄兩國商人生意都不錯。在我和蒙古老百姓生活的那幾年，蒙古變得空前繁榮昌盛。

活佛執政時期的結束，實際是因為蒙古人性格中的慷慨和善良，也就是在所有蒙古男人身上所具有的極度信任和簡樸，他們會以己度人地判定某些人的誠信。

1919 年 11 月，一位名叫小徐的中國將軍，以保衛邊疆為由，獲准帶領一支軍隊穿越庫倫。但是，他的軍隊剛一踏上庫倫土地，即違背《恰克圖條約》，自封為漠北蒙古的主人。他是一名精明而敏銳的年輕人（little man），出手極快，以兇殘的手腕控制了庫倫，把接納他的那些貴族關入監獄。

蒙古人分頭派出兩個團隊，躊躇滿志地前往俄羅斯，希望尋求幫助，來對抗小徐將軍的軍隊。一個代表團前往莫斯科，邀請蘇維埃當局出面給予幫助。另一個代表團去拜訪活動在庫倫以東山脈中的恩琴男爵。蒙古人並沒有意識到當時的俄羅斯是一個分裂的國家。在他們的眼中，那些居民僅僅是俄羅斯人，是業已遭到撕毀的《恰克圖條約》其中一方，和蒙古人從事了長達一個多世紀貿易的和藹親切生意人。蒙古人對於「紅軍」或者「白軍」所代表的含義毫無所知，即便聽到這些字眼，也理解不了它們。

恩琴男爵距離蒙古要近得多，在莫斯科當局能夠發揮力量之前，率先抵達了庫倫。1920 年 2 月，他發兵占領了庫倫，他的軍隊有七百五十名俄羅斯人，還有不少於此數的蒙古人，擊潰了小徐一萬五千人馬的主力部隊。他當即成為庫倫和漠北蒙古的統治者。儘管他是一名殘忍的傭兵，但也對活佛表示極大的尊敬，給予活佛和蒙古貴族們相當的待遇。活佛仍被視為皇帝，雖然現實中幾乎沒有什麼權力。

恩琴男爵是一個精力充沛的男人。他在庫倫開辦了一家大型製革廠，安裝了電燈，興建和重修了許多橋樑。但是，他對所有猶太人懷恨在心，在這種仇恨的迷惑下迷失了方向，不論活佛和蒙古人如何出面，他還是極端殘忍地殺害了庫倫的所有猶太裔俄羅斯人（男人、女人和孩子）。他的統治只延續了很短的時間，因為俄羅斯紅軍從北面打了進來，打敗了恩琴，殺了他。

俄羅斯紅軍在 1921 年 7 月進駐庫倫。他們保證蒙古人的獨立，答應協助履行《恰克圖條約》。但是由於他們的政治觀點是反對蒙古皇帝和王爺的，活佛再也沒有獲得他先前的顯赫榮光和權力，所有的貴族很快從漠北蒙古消失殆盡。普通百姓，在來自莫斯科的俄羅斯人建議下，成為新政權的掌權者。活佛一病不起，死於 1924 年，蒙古社會似乎將不再有另一位活佛。

活佛在世時，總是十分慈祥，給我許多貴重的禮物，准許我使用郡王應有的佩飾。當我帶著朋友斯文·赫定去拜訪他的時候，他已是疾病纏身，雙目近乎失明。他的內心因蒙古政治的頻繁動盪而倍受打擊，但他仍在其權力所及的範圍內盡力而為，使斯文・赫定得以成功走訪庫倫。

他並不僅僅是一個每周兩次在庫倫為蒙古祈福、赦免罪惡的活佛，他還是一個會賞識他所遇到天才的偉大人物。

第五章　婚姻和其他儀式（Marriage and Other Ceremonies）

當蒙古男孩或女孩年齡達到七歲時，他們的父母就要依照慣例，開始在朋友的孩子中間物色合適的婚姻對象。人們經常為此請教附近喇嘛廟的喇嘛，雙方父母將自己孩子的生辰八字交過去，這是雙方初步的接觸。

如果雙方生辰八字的比對顯示，他們出生時的星辰預示了一個繁盛而強大的聯姻，女方的父母就會設宴款待親戚朋友們，這次宴會被叫做「小白哈達節」（the feast of the small white scarf）或者「初次訂婚」（first engagement）。

男孩的父母帶著他們的年輕兒子一同赴宴。這個小男孩跪在他的小未婚妻面前，雙手向前上舉，手心向上，托舉著一條白色的哈達，哈達上有兩枚銀耳環，作為初次訂婚的禮物和象徵。女孩子的耳垂從小即打了眼，為這一禮物的到來做好了準備。她從他的手上接過耳環，給自己戴上。這是一種承諾，即當他們長大成人，彼此適合對方的時候，他們會遵循這一初次的儀式，在他們大約十五歲的時候舉行正式的訂婚。

如果一切順遂，雙方家庭及子女們業已健健康康地長大成人，願意遵從先前的婚約，女方的父母會再次設宴招待賓朋。這次宴會比第一次更為莊重、更為精心設計。只有女方的親戚參加這次宴會。女方的家庭為此精心準備，忙碌許多日子。親戚們身穿自己最好的衣服，聚攏過來，出席宴會。

男孩的父母並未受到邀請，但是他們派來一位特殊的代表，帶來一疋大尺碼哈達、一對手鐲，送給宴會東道主的女兒。這次宴會是以女兒的名義舉辦的，如果她接受了這些禮物，即是一種承諾，她會在稍後到來的婚姻儀式上接受求婚者。

透過這種大尺碼哈達、訂婚手鐲的給予和接受，男女雙方及其父母的榮譽得到了保證。這一儀式過後的三、四年內，婚姻儀式會圓滿完成。一般沒有人會告訴這位女孩子她婚姻的確切日期，直到那一天如期而至。她在婚姻籌備期間，可能一直待字閨中，也會按照風俗，去拜訪家族中身分最為高貴的婦女。

我在蒙古參加過很多次婚禮，多得連我自己都數不清了。我第一次收到來自蒙古人的邀請，是參加鄂爾多斯一位旗主之子的婚禮。從那以後，我多次參加普通百姓和貴族們的婚禮。我發現，無論是在蒙古的東、西、南、北，婚禮實際上是一樣的，只是在一些細枝末節處有所不同，也就是說，無論是簡單樸素還是雍容華麗，只是根據新郎新娘雙方父母的財富狀況有所區別。

不久以前，我參加了一位富裕牧主的女兒的婚禮，她嫁給了我經常去拜訪的一個旗主之子。我到達這個家庭的氈房時，女孩子剛巧出去拜望她的姑姑去了。氈房內外，人們為了這個婚禮忙來忙去。二十頂新建的白色尖頂帳篷用羊毛氈製成，主人當年春天即在自家氈房的周圍給這些新氈房打下基礎，準備接待客人。他們對氈房做了華美的裝修，鋪著豔亮的地毯墊，擺放著低矮的紅色木桌。每一頂蒙古包內，都會在一個低矮的木架上堆著一些柔軟的皮毛，作為客人舒適的床鋪。除了這些白色的蒙古氈包，還有七頂藍色的布製帳篷，既有傭人和牧羊人的住宿之處，也有用於籌備宴會各項事情的處所。

屠夫們已宰殺了牛羊；廚師們用他們所熟知的各種配方，把肉烤好或煮熟，並上好調味的佐料；麵點師們已經從漢族商人那裡拿到麵粉，製作了麵包、糕點和金黃的煎餅。牛奶已變成大堆大堆的奶油和彷彿座座白山的乳酪。家庭裡的婦女們從馬奶中蒸餾出奶酒。盛放漂亮衣服的櫃子已經打開，針線在新布料上來回穿梭著，人們準備製作要為家人打扮的衣服。男人們、女人們和孩子們來回奔波著，有著沒完沒了的差事，從天濛濛亮忙碌到夕陽西下。

一名金匠的錘擊聲，蓋住了上面各種喧鬧的聲音。因為他正在為新娘加工華美的頭飾。新娘的父親，驕傲中帶著焦慮，希望女兒打扮得漂漂亮亮的，成為與現任統治者繼承人般配的新娘。這位父親在金匠身邊轉來轉去，耗費了一個又一個小時，時而發出讚嘆聲，時而發出批評的聲音，時而又改變了他的設計想法。一次又一次地，他悄悄地走到他的百寶箱旁，取出另一件心愛的珍珠或一件老珊瑚，遞給金匠。

當他拿著這件完成的頭飾向我展示的時候，我彷彿看到，珍珠垂在新娘平平的額頭上面，七串珍珠沿著她年輕的面龐的兩側垂了下來，一直耷拉到她的膝蓋。十四枚同樣美麗的珍珠環，順著她的後背垂下來，一直耷拉到她袍子的褶邊。無價的玉墜裝飾著她的雙肩。光滑的老珊瑚鑲嵌在一個錘製好的金質物件中，在許多吊墜中搖擺著。紅寶石在網眼帽中若隱若現、閃閃發光，正好配得上她那頭光澤油亮的烏髮。

親戚們從遠近各處應邀前來參加婚宴慶典。當我到達的時候，一些親戚已經抵達，另一些人騎馬進來，隨即受到熱情的歡迎。

女孩的親戚們和親密家人們身穿靚麗的絲質長袍，給這個營帳增添了一片絢麗動人的色彩。男男女女們身穿各種顏色的長袍，有海藍色、青玉色、黃綠色、紫色、淡紫色、紫藤色以及玫瑰色等，上面繡有大量的蝴蝶、花朵、鳥兒。這些色彩中還夾雜著深紅色或黃色的錦緞，那是喇嘛們穿的衣服。

女孩的弟弟奉命來到姑姑家的氈帳，準備將女孩帶回家中。姑姑和家人隨他們一道返回。當他們抵達山頂，遠眺女孩父母的氈房時，女孩看到了她不在家的這段時間中家人所做的各種準備，很是驚愕，調轉馬頭，迅速飛馳穿過草原。但是她的弟弟很快趕上她，抓住轡繩，把她的馬拽向家的方向。她從馬鞍上跳下來，但是她的表兄弟抓住了她。家裡的主婦們，已經在山下邊的一片灌木叢後面等候多時，她們跑上前來，緊緊地把她圍成一圈。其中，與她距離最近的一位已婚婦女，把一塊厚厚的藍色面紗蓋在這個姑娘的頭上。因被這塊面紗包住而看不見外面的她，被帶回營帳，放在她自己氈房地面的氈墊上。這時她的親戚們退了出去，只剩下姑姑與她在一起。門已經從外面牢牢地關緊了。

一整個白天和大半個晚上，一大群人為了這場婚禮節慶聚集起來，衣著華麗，過得十分快樂。鼓樂隊遊逛著，吹奏著輕快的音樂，徘徊在宴會氈帳之內。氈帳裡，父親款待著來賓中身分地位最為高貴的男人們，或者走入女孩母親的氈房之內，那裡有一群珠光寶氣的姑娘聚集在一起。男女老少們在熙熙攘攘的人群中穿過整個營帳，輾轉進入牧羊人和僕人的住處，他們圍繞著熱騰騰的飯碗和滿滿的酒杯，聚集在一起，只留下一座氈房，讓待嫁的女孩深處夜色之中。

夜空下，到處都是手持樹杈做成火把的人。火把周圍的陰影可能會使歡快氣氛有所模糊。在這些有陰影的地方，動物油脂浸滲入火把，發出劈劈啪啪的聲音，從舉火把者手中濺出閃爍著黃光的點點液體。星星在天空中閃閃發光。月亮投射下一片銀白色的光芒，照在閃亮的衣服和熠熠生輝的珠寶上。與此同時，打鬧嬉戲的媒人們正從一個帳篷遊蕩到另一個帳篷。

只有新娘的這頂帳篷是黑暗的。當黎明破曉之際，傭人給她端進茶來。稍後不一會兒，她的女性朋友們和妹妹們奪門而入。她們坐下來，將女孩圍成一圈，把她衣服上的腰帶和她們自己的縫接在一起。這是一種象徵，即她們願意將其挽留在少女時代，彼此不離不棄。

在滾滾煙塵宣告下，一大群騎著高頭大馬的貴族們從西面進來。一百名體格健壯的男人們，胯下皆良馬，形成一道雄偉奇觀。他們身穿最為華麗的衣服，讓我們可以想像得到這樣一群喜歡穿得花花綠綠的人們和這些王爺們所能支配的財富。他們牽著一匹沒人騎的白馬。馬拱起頸，舉起前蹄，抖動它金色的轡繩。在白母鹿皮製成的鞍韉下，金色的馬鐙嘎嘎作響。

在拴馬處，新娘的父母迎候著來自王府的一群人。歡迎儀式和步驟方法是非常精心設計的，主客雙方至少需要一個小時的正式短語交流，最後會有「您先請」和「不，您先請，我不敢當」這樣互相謙讓的對答。此時，所有人落座在大型的接待帳篷，按照預先設定的準確順序，每個人根據世襲來的權力，對號入座地找到自己的準確位置。

所有的來訪者都受到歡迎，也很受尊敬，除了那位年輕的新郎（一位身材苗條的十七歲男孩）。沒有人注意到他。他默不作聲，被冷落在一旁，直至最後才獲允進來，在靠近蒙古包門口的一個最低的位置處，謹小慎微地等著。

兩個家庭的代表們坐在襯墊上，面對面坐成兩排，雙方家庭資歷最高的人分別坐在最靠近佛龕的左右兩側。來訪者中的第一位鄭重其事地清了清嗓子，氣氛變得相當沉靜。他以嘹亮的聲調重複著已被詩意化的，蒙古姑娘在婚嫁儀式上會被要求的正式演講詞。

當他講完後，一個傭人跪下來，用一條白色的哈達呈上一銀盃酒。他把酒和哈達都接了過去。然後，新娘家中地位最高的男子，以抑揚頓挫的語調予以正式的對答。那位傭人再一次跪了下來，用一條白色的哈達呈上一銀盃酒。

當第二位講演者乾燥的喉嚨解脫後，來訪者中的另一位男子依樣繼續演說一番。在他之後，又有一個人按照業已準備好的舊時唱本進行作答。如此一而再再而三地，酒儀式性地呈送給每一位發言者，對方也儀式性地接過酒杯。演講者有時候是女性，有些時候則是男性。

對答演說的儀式漸漸走向尾聲，身著長袍的傭人們伸著長臂，托舉著衣物走了進來，有柔絲製成的貼身內衣，針腳非常精緻漂亮的皮靴，繡有金線的長緞袍，另有一件漂亮的無袖坎肩，所有這些都是為那個待在女方家中的新郎準備的。一位侍者過來脫掉這個害羞的小夥子身上的便服，並給他穿上這套新裝。現在，應女方家庭的邀請，他走了進來，坐在一個墊子上。

當食物和飲品堆向這位神情困惑而又滿臉通紅的新郎時，新娘的代表們被派了出來。那些女孩們奮力帶著新娘，與她的長輩們對抗，在新娘的氈房內上演了一起爭鬥。一些女孩被擠到角落處，其他一些人則被粗魯地推進房門之內，此時她們的新娘朋友已被帶走。一位比她同伴身體要強壯的女伴，甚至仍在氈房外堅持著，直到她緊握的手指遭到一次鋒利的打擊而被迫放鬆。

這個新娘的頭上仍罩著昨天下午就被蒙上的藍色面紗，她一直被放在接待室氈房外面的地面上。她躺在這裡，身上的素裝現在已經變髒，又滿是褶皺，因為她自從那天回家就一直穿著這件衣服。她讓我想起了，在那群華麗的人中，一朵飽受摧殘的落花。

婦女們扶著新娘站了起來，家庭中地位最高的那個男人在她身旁跪下來，懇請她接受有著一塊奶油漂浮在表面的一銀碗牛奶。她的母親撩起她的面紗，懇求她喝下去，提醒她這碗純白的牛奶象徵著他們對她純潔的愛，而那塊金黃色的奶油則代表著這份愛的真誠。

女兒順從地將嘴唇靠近銀碗的邊緣，吸了幾口。這時，一塊紅綢披肩迅速蓋在她的衣服上，一頂大紅帽子戴在她蓋有藍色面紗的頭上。她那鑲有珠寶的頭飾沒有好好地在頭髮上，而是繫在了脖子上，所以面紗比先前蒙得更緊了。

白馬在此時被牽了過來。一些人用強壯的臂膀將行動緩慢的新娘抬上金色的馬鞍。這匹精力充沛的馬長嘶一聲，向上聳立起來。男人們讓這匹緊張的馬平復下來。馬兒發出幾聲尖叫，提醒新娘幫忙駕馭王爺好心提供給她的這匹美妙坐騎。她的親戚們力圖喚起她作為一名女騎手的自豪，但是她並沒有做出回應，一旦身旁那些堅強有力的手有所放鬆，就會從馬上摔下來。

男人們手牽著馬籠頭的兩邊，引導著馬走了幾步，與此同時，新娘兩旁的親戚們也讓她保持在馬鞍上。我們其餘所有人，包括女孩的所有親戚，男女老少，以及所有的王府代表，現在都已上馬。馬兒們躁動不安，蓄勢待發。人們把新娘從馬鞍上接下來，抬進一輛由一匹馬牽引的兩輪大車中，裡面事先已經鋪好柔軟的毛皮，用一塊紅色的絲綢攤開來蓋著。姑姑也陪著新娘進了馬車。一位騎馬的牧人拉著前引的韁繩，我們以極快的速度出發，奮力馳騁在沒有轍痕的草原上。乘載著新娘的馬車，在我們中間瘋狂地飛奔著。

經過第一處鄰居的營地時，當地的婦女奮力衝入我們的馬群中間，從牧馬人手中拉拽過大車的韁繩。她們很快地讓馬車停下來，聚攏在新娘周圍，噓寒問暖，百般安慰。在她們身後，其他婦女跟著走出蒙古包，給新娘帶來茶水和糕點，希望她能夠提提神。她向她們表示感謝，並彷彿打算從車上跳下來，但是她的姑姑拍打了一下馬，馬兒猛地受此一驚，向前方奔去。在一個小時之後，我們看到了王府屋頂的瓦片，在天空的映襯下呈現出鋸齒狀的輪廓。

有人把新娘從馬車上接應下來，再次扶上白馬。騎手們圍著她，和她保持著較近的距離，確保她騎在馬鞍上，並指引著她的坐騎。當我們走到王府的時候，我們都跳下馬來，走在東門下綠色的草坡上。婚宴用的帳篷已在此搭建完成。

一個小小的佛龕擺放在草地上，上面蓋著一塊緞布。新郎及其貼身護衛跪在佛龕面前。新娘被引到他們附近站立著。一位官員給她送來一銀盆漂浮著奶油的牛奶，這是一種象徵，即這個新的家庭誠心歡迎她的到來，會對她坦誠相待。新娘被王府的婦女們接走了，住進私人帳篷休息。王府人員將我們所有隨從引導到一些專門安排的地方，為得是讓我們可以舒舒服服地休息。所有的地方靜悄悄的，直到長笛演奏者們傳喚我們去用飯。

這個蒙旗所能提供的最好的菜肴都已端上低矮的桌子上，我們繞著桌子，坐在色澤豔亮的墊子上。一盤盤奢華而豐盛的飯菜接二連三地端了上來。當傭人們帶進食物來的時候，本旗旗主及其夫人，新郎及其兄弟們以及他的小妹妹，一組一組地走過來，跪在地上，端著銀質的酒杯，招待著每一位客人。最後，酒杯已經倒滿六次，新娘走了出來，仍舊用藍色的面紗遮著眼睛，在新郎的姐姐帶領下，她也端著酒。

從歌者喉嚨傳出的音樂呼麥，用手指彈奏或者像小提琴一樣用弓弦演奏弦樂器的音樂，蓋過了杯盤碗盞的嘩啦聲，傭人們急促的腳步聲，人們彼此交談的應答聲。

隨著時間的推移，婚宴的氣氛越來越快樂，客人們也加入進來，與吟遊詩人一同用民謠暢說著蒙古歷史上著名的傳奇愛情故事。

在日落時分，新婚夫婦莊重地來到一頂白色的大型氈房，這是先前為洞房準備的，只剩下女方的姑姑在一起。

在婚宴的帳篷內和傾斜的草坡上，音樂繼續伴隨著多情的旋律躍動著。午夜時分，又有一場宴席鋪張開來。旗主及其福晉由他們的三個小兒子和兩個女兒陪侍著，再一次端著銀質的酒杯，在每一位客人面前謙恭地跪下，輕聲地祈求安寧。

在這之後，我們都就寢了。次日清晨，早茶和糕點已經端進我們的氈帳。這樣，誰若是想要，就可以休息到較晚的時間。為了使婚宴更顯熱鬧，摔跤比賽在王爺的士兵和本旗寺廟的喇嘛之間上演。過了正午不大一會兒，長笛聲宣布當天第一次盛宴開始。

然後，新娘從宮殿裡走了出來，走入向她祝福的人群中間。她穿著金黃色的便鞋和淡紫色的絲質長袍，配有鑲著金邊的白色緞面短夾克。她那光澤亮麗的頭髮整齊而絲滑地盤繞在頭頂，戴著重重的頭飾。這些頭飾既是她的嫁妝，也象徵著她是一位已婚婦女。她以王室的崇高尊嚴指導著自己的行止，令人感到親切卻難以接近。我們所有見過她的人都談論著她那迷人的美麗和莊嚴的儀態。

那天下午有一場賽馬比賽，隨後又是一場宴會。第二天上午過半，按照蒙古當地風俗，主人家安排了最後一頓盛宴。這是為了所有賀婚賓客的離行所安排，客人們會在婚禮後的第三天中午之前離開。

許多新娘的遠親來到她的洞房，首先向她道別。她穿著一件青綠色的蒙古袍，外面佩飾著她那些可愛的珍珠，宛如晨露欲滴，坐在那裡迎候著這些遠親，她冷靜端莊地接受了所有人的祝福，直到最後她自己的家人走上前來與她吻別。

自打新娘小時候，我就知道她。她的父親堅持，我也應該與最親近的家人一同向她告別。當我們走近她時，她那泰然自若的高傲風度宛如一個演員的面具掉了下來。她突然嚎啕大哭，眼淚順著雙頰流下來，祈求允許回到她父親的營地，但她的父母斷然拒絕了她的懇求。她從座位上站起來，打算跟父母同行，父母回頭把她推坐在王室的坐墊上，在她的絲質裙襬上壓上一些重重的石頭，以表明她已被固定在他們給她安排的這個地方上了。他們提醒她說，按照蒙古習慣法，每個女孩子在十五歲的時候，必須履行她和父母一起訂下的婚約，也告訴她，在婚禮儀式之後，她必須和她所嫁的這個男人生活三天三夜。

蒙古法的另一個面相，如此深刻地書寫在熱愛自由的蒙古人民心中，即便是絕對獨裁的君主也不敢廢止，那就是，當青年男女通過三天三夜的生活經驗之後，已使男女雙方應有的智慧得以提升，任何一方只要不想繼續生活，無需任何解釋，即可按其意願終止這場婚姻。雙方此後可以選擇獨居或者再婚，不需要再有什麼離婚手續，也不會再有第二次結婚儀式。

在第四天早晨，我和女孩子的父親騎馬回到王府，同行的還有他的長兄和他的長子，兩位都是本旗寺廟的喇嘛。我們在一群騎手的護衛下結伴而行，這些騎手們還帶了三隻烤羊和三大籃麵餅。新娘的哥哥牽著一匹背著鞍韉卻無人騎乘的馬。我們都被接引進新娘的洞房，新娘仍然坐在原先的坐墊上，就是我們離開時她所坐的那個墊子。

新娘的父親跪在她的面前，告訴她說，她的家族現在可以提供給她返回原生家庭的機會。侍從們給她端來三大銀盤的烤全羊，和三大銀盤小山似的乳酪。他說，「我的女兒，這是象徵著你的父親既願意也能夠供養得起你。」

新娘用手勢請她的父親站起來，命令王府的傭人們搬走這些食物。這就表明，她對她的婚姻滿意，現在不想回到父母家中。

在蒙古，婚姻沒有任何宗教意義，只是一種民事契約。婚姻的束縛力度只是男女雙方的你情我願，男女之間任何一方都可自由結束這段婚姻。當婚約在婚禮過後很快解除時，會有婚姻費用的分配問題。如果新郎是渴望分手的那位，他必須償還給新娘父母在該次婚姻中所出的費用；如果新娘是對婚姻不滿意的一方，她必須退還新郎父母所花費的金錢。

在蒙古，婦女在各種事務的處理上，擁有與男人一樣的平等權利。但是只有一個例外，即在離婚後，婚生子女要和父親生活在一起，除非他們達到足夠年齡，才可以決定選擇父母的哪一方。

當一對男女生活在一起好幾年，又漸漸不滿意彼此的時候，他們可以直接分手，絲毫不用考慮當初結婚時的開銷。他們會各自帶上自己的個人財產，並按照當初結合時屬於各自的財產比例，劃分蒙古包和畜群。

這裡沒有對於離婚的道德譴責。蒙古人認為，當一對男女無法和諧地生活在一起的時候，他們還是分開得好。每一個人當下即能紮下帳篷，或者和親戚住在一起，或者孤身獨居。

蒙古女人在管理日常生活事務方面像男人一樣相當能幹。從孩提時代，女孩子就習慣了長時間的獨立生活，因為她家庭的男性成員常常不在營帳之中，留下婦女們自己照顧自己。她知道如何照顧羊群，以及如何打理一切必要的事情。甚至在青年時代，她也能像男孩子一樣，獨自在馬背上長途跋涉，到她所經之處尋找避身的營地。如果她選擇獨自生活，她會知道如何照顧自己。

蒙古社會沒有限制離婚後任何一方的再婚，但只有在第一次結婚時，才有如前文所描述的那種慶祝儀式。在後來的結合中，這兩口子通常會邀請朋友、親戚們擺設一次宴會，在這一宴會上，他們宣布彼此的婚約，但這並不是真正必要的。通常，夫妻倆只是把自己的帳篷和畜群結合在一起，甚至不會有慶祝宴會的儀式。

圖 10　蒙古女性

在夏天，即 5、6 月分的時候，每一個家庭都會祭祀土地神（God of Earth），祭祀的具體日子由每個家庭自己決定，活動會在當地最高的山頂上舉行，因為從那裡可以俯瞰家族的營帳。

在蒙古，所有的高山上都有一個所謂的「鄂博」。鄂博是用石塊緊湊堆砌而成的，每一塊石頭都是由信仰者出於對土地神的虔誠崇拜而擺放上去的。在這些業已堆起來的石塊中心地方，埋著一個密封的小箱子，裡面盛放著藏語經文、聖徒的符咒，以及其他珍貴的東西。一個家庭若要在一座沒有鄂博的小山下安營紮帳，他們的第一個動作即是從最近的寺廟中找來喇嘛，堆設一個鄂博。

有些時候，如果一個家庭認為珍貴的珠寶和金銀財產會給他們帶來好運，也會和經文一起放進這個小箱子裡去。一根高大的柱子矗立在石頭堆的中央，上面懸掛著寫有經文的絲質旗子。

按照蒙古人的習慣，人們在蒙古高原旅行途中，會將一塊塊石頭放在他們途經的每個鄂博上。他們每從一個地方旅行歸來，都會格外小心翼翼地遵守著這一風俗。每一塊放上去的石頭，在這時就成為一種對於土地神的感謝，感謝土地神使自己再次安全返家。

對鄂博的崇拜，是蒙古古老的自然崇拜和喇嘛教義的組合體。這種古老的自然崇拜要上溯到史前時代，而喇嘛教則來源於西藏，經由忽必烈大汗的妻子轉引而來。

對於土地神的祭祀崇拜，通常由一個家庭單獨，或由幾個關係比較友好的家庭聯合起來進行。各旗旗主也會以本旗的名義，在每年的夏天獻祭。

祭祀崇拜在太陽升起前一個小時，天色漆黑的凌晨時分開始。人們在蒼茫的夜色中摸索前行，盡其所能地以最快速度登上山頂。喇嘛們簇擁在鄂博的左邊，平民百姓們站在鄂博的右邊。喇嘛們擊打著鼓，驅逐邪氣。這個鼓是用一對年輕男女的頭骨製成的。平民百姓們在其所在的鄂博一側伏身在地，呼喚上天聆聽他們的心聲。喇嘛們詠唱著經文，接下來，平民百姓們再次伏身在地，祈求上天的憐憫。

一堆乾牛糞被火點燃起來。當火勢燒得又紅又熱的時候，喇嘛們吟誦著經文，擊打著鼓，吹奏著喇叭。每一位家庭的大家長走到火堆跟前，朝著土地神大聲說道，他是以全家人的名義過來獻祭的，並把一隻事先烤好的全羊放進火中。火焰舔噬著油脂，給鄂博投射上一片玫瑰色的光亮。大家長從火中把羊肉抽了回來。在這一頭羊獻祭過後，同一位大家長（如果有幾個家庭在場的話，則是所有家庭的大家長們）獻上乳酪、牛奶、奶油，所有這些都來自土地的禮物，取一部分作為供奉的祭品。

在此期間，如果狼群們為非作歹，或者如果放牧事業並不順利，就把馬、駱駝、牛、綿羊和山羊這些牲畜也獻祭給土地神，牠們得要圍著火堆擺成一個圈，馬位居第一，其他牲畜依其重要性排序。

只有年歲小的和體格結實的牲畜才能獻祭給上天。王爺或者普通百姓在獻祭的時候，挑選了最好的小馬駒、小駱駝、小牛犢、小綿羊以及年初剛剛出生的小山羊。喇嘛們按著順序針對每一種牲畜吟誦經文。平民百姓們匍匐在鄂博前，向上天大聲呼喚祈求，表達著對於老天爺賜與他們牲畜的愛戴。他們宣稱，這一時節收穫的數字遠比他們應得的還要多，祈求親切的土地神取回祂賜予的一部分。

領頭的喇嘛在所有獻祭動物的鬃毛或脖子上，纏上一組有綠色、藍色、紅色和黃色的四色彩帶。聚集的人群突然發出一陣歡愉的祈禱聲。當黎明初曙之際，以如此方式進行供獻的小馬駒、小駱駝、小牛犢、小綿羊和小山羊被放出來，回歸原群。此後，牠們即被稱作是土地神的牲畜，再也不能屠宰、出售或被人類役使，而是仍舊存活在大地上，直至土地神把它們喚走。牠們註定會得到比人類所擁有的那些牲畜更多的關愛。

蒙古人的每一個畜群，總有一些牲畜不能當作家用使喚。即便是家境最為貧寒的人家，至少也會有一隻綿羊是屬於土地神，而得到特別的照顧。富裕的人家有大約一百匹最好的馬，也是屬於土地神的。

這是整個蒙古的風俗習慣。有一年，我一位思想進步的朋友聽從了我的建議，抵制這種獻祭風俗，不肯在仲夏時節捐獻牲畜給毫無用處的神靈。但是後來，當我停駐他的營帳的時候，發現他也貢獻著祭品。他向我解釋稱：「我必須獻祭。土地神因為我沒有捐獻，火氣是那麼的大，竟讓狼群恐怖地奪走我所有的牛羊。自從我開始祈禱以來，我拿回了我的一部分資產，因為生活經歷告訴我們蒙古人應該怎麼辦，所以我沒有再失去任何一隻牲畜。所有的畜群都安然無恙地成長茁壯，風調雨順，水草豐美。」

蒙古人會在每一個可能的場合舉辦宴會。在這一凌晨的肅穆過後，他們總會讓鄂博活動成為一個節慶日，這就是為什麼幾個家庭聯合起來或一整個社群偏好集體舉行祭祀崇拜的原因。然後會有更多的人加入這場歡愉的活動之中。男女老少們身穿節日盛裝，所有人為這一節日的到來做好了準備。他們從山上走下來，順勢舉行了一場大型宴會，女人們業已在上星期為本次宴會準備了大量食物。

按照蒙古風俗，人們為了籌備節慶，習慣在山谷之中搭建起幾頂通常用明亮設計來裝飾的，藍色或白色的嶄新氈帳。在早晨的宴會散後，直到中午之前，人們都把時間用在摔跤上面。

喇嘛們和平民百姓一樣，對於娛樂活動表現得十分熱衷。人們會為附近寺廟中的轉世喇嘛搭建起一處寶座，以便他俯視整個摔跤場地。在這名轉世喇嘛的兩側，是略微低一些的寶座，留給那些高級喇嘛。年輕的男人，無論是喇嘛還是平民百姓，都會參加這場摔跤比賽。這個家庭或家族中的任何一個人，但凡貢獻過祭品者，或者任何路過的蒙古人願意有所捐獻，也能參加這些摔跤對抗賽事。號角吹響，人們吟唱著歌曲，此時摔跤手也跳起舞來，進入了比賽圈。

通常會有六場較量在同一時段內進行。當一位選手被對方摔倒後，人們就認為他輸了。然後，獲勝者跳起舞來，向喇嘛們和這一社群或家庭的族長俯身作揖，得到一小塊乾乳酪的獎賞。他跺了跺腳後跟，同時拍了拍手，又是深深的一次鞠躬，然後跳回到摔跤場地，向北、向南、向東、向西拋擲出乳酪塊，獻給土地神，邊扔邊跑進人群。如果還有他尚未交手的人向他提出挑戰的話，他仍能再次參加摔跤比賽。

馬術比賽總是在下午進行。有些時候，來自同一馬群的兩三匹馬彼此進行對抗。主人經常會從他不同的馬群中挑選馬匹互相競賽。這種馬術比賽，就像我所描述過的其他比賽那樣，是在十到十五里長的環形路線中跑，這樣它們可以在同一個地方開始和結束。在這裡，獎賞也是小塊的乳酪，也是要扔給土地神的。

這種日子通常伴隨著音樂聲而結束。對於一個家庭成員或一位來訪者而言，演奏著馬頭琴或吹奏著笛子，領唱著古老的民間傳說，被認為是一件極好的事情。

在臘月（twelfth moon）的最後一個晚上，蒙古人會祭拜天神（Heaven）。對於蒙古人而言，土地神位居天神（God of Heaven）之上，是他給予了人類所有的物質需要，所以他是更容易被理解的。每個男女老少都心存感激，因為他們有馬騎，有飯吃，有衣穿，有一座氈房可以抵禦嚴寒。對於蒙古高原上這些實實在在的人來說，天神是抽象的，是一尊遙遠的神靈。

但是，那種讓忽必烈汗向世界上所有偉大聖賢致敬的優秀素質，也同樣仍舊堅持在他的後裔心中，他們並不完全忽視上天的存在。所以，當年末的最後一天，他們會在蒙古包中舉行一次宴會，然後走出蒙古包，堆建起高高大大的雪柱。在堆雪的過程中，他們享受著幸福的時光，嬉戲打鬧著。他們把大大的雪球滾到提前選好用來矗立柱子的地方，一個摞一個地堆起來，壘到相當的高度，直到筋疲力竭。而後他們在雪柱上插滿樹枝樹杈，並把事前在無鹽奶油中浸潤過的羊毛繫緊在每一個樹枝上。

然後，所有的人們環繞著雪柱彎下腰來，向天神大聲呼喚，吟誦著祭祀的經文。家庭的族長從他的火石袋取出打火石，點著一撚用奶油浸泡過的羊毛，用它作為火把，點燃了所有用奶油浸泡過的旗子。全家人一起加入祭祀活動當中。有些時候，一根雪柱上有一千面旗子。

我曾在除夕之夜騎馬橫穿蒙古，當此之時，整個蒙古高原被這些火柱照得通亮。

蒙古人在冬至時節向火神（God of Fire）獻祭犧牲。火對於高原上的人們來說，永遠是一個既奇怪又奇幻的現象。幾個世紀以來，他們從未把一點火石能夠製造出光熱力量的這一事實，當作常識來看待。無論男女老少，每一位蒙古人都有一個打火石盒子，火的存儲處一定要打理得好好的，因此，即便是一位衣衫襤褸的人，至少也能拿出一個銀質小盒子來裝放他的打火石。有錢人家則會有珠寶鑲嵌的火石盒子。

沒有哪位蒙古人會向火堆踢腳，朝火吐唾沫，或者以任何方式表現出對火的不敬畏，因為火是神靈。

蒙古的冬天極端寒冷。從一點打火石閃出來的火神，使乾牛糞堆（這是蒙古人的燃料，且是一種不起眼的東西）變得有了生氣並發出光亮，即便太陽下山之後，這些乾牛糞仍在溫暖著帳篷，並使之亮堂堂的。

隆冬時節，天空中的太陽，為蒙古人做的事情，比全年的其他任何時間還要少。但是火神並沒有遺棄蒙古人。如果一位蒙古人在草原上經歷了一段長途騎乘之後，火神會給他相當的慰藉，給他帶來熱氣騰騰的飲料和令其胃口大開的食物。蒙古人以敬畏之心祭祀火神，向其獻祭，祭品是蒙古人所擁有的一切中最好的一部分。

在最大規模的祭火日，人們把蒙古包弄得乾淨又鮮豔，金屬火盆用羊油擦洗得閃閃發光，同時堆好一大堆燃料。家庭的所有成員身著最為亮麗的衣服，男人們穿上只在逢年過節時才派上用場的，用鮮亮顏色鑲邊的大衣，用沙子拋光家中各種銀器，給靴子塗上油脂，使其發出熠熠光澤。孩子們有了新衣服，如果可能的話，還會戴上耳環、手鐲和鑲嵌有珊瑚的戒指，珊瑚的顏色是火的顏色。婦女們整理頭髮，戴上全套的頭飾。頭飾是用金銀製作的，鑲嵌著珍珠。

綿羊身上最為重要的部分是它的前胸。這時羊肉已被下鍋烹煮，直到這塊前胸肉從骨頭上脫落下來。白色的羊骨頭掛上奶油、乳酪、茶葉，人們從靠近羊的心臟部位切下一小片肉。母親用一條富麗的哈達把羊骨頭和佐料包起來，父親用他的打火石將其點著，女兒們把藍、黃、綠、紅、白五色哈達浸潤在融化的奶油中。家庭中的喇嘛成員吟唱著經文。

孩子們用樺樹枯枝在發光的火堆之上搭成一個扁平的格子架。父親拿出獻祭品，用一條哈達包著，放在格子架上。每一位女子會將手中的各色哈達投向火堆。這時，家庭中的所有其他成員則把其他的獻祭品投入火中。

火神向這些祭品咆哮著，表達出賞識的意思，全家人彎腰鞠躬，進行祭拜，讚美神靈，請求他驅走他們生活中所有邪魔鬼怪，而只送來美好的事物。沒有放入火中的羊肉，改放在家庭的佛龕上；或者，如果營地中有一頂「神帳」（god’s tent），那麼這塊肉要放在這頂神帳的祭壇上。這一家子如果希望好運常伴，他們在三天內一定不能吃掉這塊肉，必須在獻祭的三天後，舉行盛宴時，才能享受這塊羊肉。

這塊肉也不能送給陌生人，如果這樣做，就是丟掉火神所給的恩賜，因為他不會把好運帶給沒在獻祭場合出現的任何一個人。

第六章　馬（Horses）

蒙古沒有銀行，馬匹就是當地的流通貨幣。例如，我問一個人一件物品值多少錢，不管是一只漂亮的鼻煙壺，一件珠寶頭飾，一支琥珀煙管，或一個鑲滿珊瑚的打火石盒子，他會按照這一物品的珍貴程度，回答說「一匹馬」或「五匹馬」或「五百匹馬」。當蒙古人有時碰巧要和俄羅斯人、中國人或其他外國人進行貿易，完成之後收到了錢，就會立刻投資在馬群上，盡可能地多買馬匹。

圖 11　馬匹就是蒙古的黃金

蒙古高原的地表下蘊藏著豐富的金銀礦產資源。幾個世紀以來，蒙古人業已熟知地下有儲量豐富的金屬，他們總是想要什麼就挖出什麼，可以作為個人裝飾和馬籠頭及馬鞍的飾品。但是他們把它的價值看得很輕，從未以此作為貨幣。從最早的文獻紀錄出現以來，馬匹一直是蒙古高原財富的衡量尺度，且在物質和藝術審美的重要性居於首位。

馬匹除了實用的功能，也可用在娛樂上。馬術比賽是每年集會時最為重要的項目。與馬匹天天相伴，並不會減少蒙古人看著馬群在綠色的平原上疾馳時，馬鬃和馬尾隨風掠過，這樣的生活樂趣。男女老少們拽曳著韁繩，觀看著嬉戲的小馬駒。裝備奢華的一匹良馬，對於蒙古人而言，宛如一首詩。

上了年歲的老人們，講述著他們所知道關於馬匹力量、速度、忍耐力和智慧方面的故事，說話的時候，眼睛炯炯有神。經過代代相傳，有關名馬的各種故事流傳了下來。它們是沒有書面文字的民間故事，兒童就在博薩法波（Bosafabo）的傳奇故事中漸漸進入夢鄉。博薩法波是遠古時代一匹栗紅色的種馬，臉上有顆白色的星星，生活在多蘭洞（Donran cave）。無論是普通百姓還是貴族們，甚至是成吉思汗都會把母馬帶來給牠，希望繁殖牠的馬駒。

博薩法波天資聰慧，情趣詼諧，健步如飛，無所不能。因為過於聰敏，人們無法控制，也就不會受到來自人間的賄賂。有時候牠會趕走一位王爺的母馬，而對普通人家的母馬有所偏愛。牠成為了名馬家系世世代代的祖先，勇敢而聰敏的馬。今天任何一匹精彩絕倫的馬，據說都是博薩法波的後裔。

蒙古人對馬有相當高規格的尊敬，不肯輕易使用牠。他們不吃馬肉，不讓馬承擔重負。與之相反，蒙古人會用駱駝、牛，甚至在必要時使用奶牛，拉著他們沉重的車輛，馱著他們的包裹。當不用於騎乘的時候，馬並不會被拴住，也不會受到任何限制，而是自由徜徉在碧波蕩漾的草原上。

蒙古人對其家畜友善憐愛，尤其是對於他們的馬，馬由此也對人類毫無恐懼感。正是馬使得成吉思汗時代的蒙古人得以征服半個已知的世界。在繈褓時就在馬背上度過的蒙古人，即便業已進入機械車輛的時代，仍擁有著在地球表面最為便捷快速的移動能力。

蒙古高原地勢綿延起伏，從未經過農業犁耕，沒有受到圍欄、道路或者鐵軌的分割，也沒有城鎮或村莊。這一塊無需修築道路的土地，汽車可以在草地上朝任何方向奔馳，對於乘車旅行者而言是一片理想般的原野。儘管當飛機像一隻鳥兒一樣掠過天空的時候，蒙古人著迷了，可是幾個世紀以來一直珍視著馬匹的蒙古人，仍舊對汽車並沒有好感。

我通常是騎馬穿越蒙古的。但是去年夏天，我因事需要儘快抵達一個東部蒙旗，因此我駕駛著我的七人座道奇汽車，從張家口的住宅出發。我很快就抵達了居民沒有看過汽車的地方，但是他們對於我這個沒有馬匹牽引的車輛並沒有什麼好感。我停留在一處營地問路，為我指引方向的這一家人告訴我說，我這輛長長的耀眼汽車，與馬匹與生俱來的優雅相比，是一件醜陋的東西。他們說，汽車聞起來很臭，並勸誡我不要使用這輛車，因為我會吸入受它汙染的空氣，會給我的鼻子惹上麻煩。他們對我擁有這件東西感到困惑不解，因為它既不漂亮，也不通人性，但是他們猜想，是中國的土匪偷走了我所有的馬，所以我在離開張家口的時候才會沒有馬騎。

一位婦女勸誡我說，如果我坐在一個舒軟的墊子上旅行，我會發胖且不健康。當冬季來臨之時，我會瘦骨嶙峋，可能死去。她建議我放棄這輛汽車，借上一匹好馬，甚至想主動借給我一匹，但是我絕對不可以把這輛臭烘烘的汽車停放在她的帳篷附近。

幾個世紀以來，公馬和母馬從地球遙遠的各個角落走入了蒙古高原。根據早期文獻記載，一次與中東地區進行的大規模駱駝商隊貿易，給土耳其斯坦養馬地區造成了打擊。中國通過以物易物，從波斯人和阿拉伯人那裡得到馬匹，反過來與高原上的蒙古人再度以物易物。中國的史學家對於這種以物易物的機制，曾經做出過如下評論：「無論是誰，在考慮所有各種東西的價值時，首先會估定馬的價格」，用這些馬換取毛皮、羊毛、牛和綿羊。

成吉思汗的軍隊從黃海之濱到黎凡特（Levant），[1]橫掃整個亞洲大陸，甚至穿過莫斯科，從他們經略過的國家中，挑選最好的馬匹，並考慮下面這些要素，以用於軍事用途：即加速度、負重能力、營養不良狀態下的忍耐力。

成吉思汗在大半個世界上建立起他的帝國。一位

1　黎凡特是一個不精確的歷史上的地理名稱，它大概範圍包括中東托羅斯山脈以南、地中海東岸、阿拉伯沙漠以北和美索不達米亞以西的一大片地區。

中國作家記錄下無數的馬匹禮物：「一千匹白鼻子的母馬，是克烈部諾顏（Crepé Noyon）進獻的禮物」，「成吉思汗的長子朮赤從俄羅斯運來一萬匹高大的赤褐色馬，作為禮物進獻給他的父親」。另一則備忘錄記載，蒙古帝國曾收到一份獻禮，即在波蘭配種的一批種馬。這些文獻紀錄表明，成吉思汗及其子孫們在他們統轄的領土上，將馬匹當作貢品收取。

在 13 世紀時拜訪過忽必烈汗的馬可．波羅，他在各種儀式上，在圍獵現場，以及使用馬匹的驛站，親眼目睹大群大群的馬匹，並為此驚羨。當時，政府通過驛遞，郵件以神奇的速度傳遍整個帝國。馬可．波羅為蒙古馬所具有的忍耐力、奔跑速度和聰敏智慧深深吸引。

按照史書記載，無論是在和平年代還是在戰爭歲月，蒙古人一直將來自異域的種馬和母馬注入他們的馬群，進行馬匹的雜交繁殖。在 1860 年的中國戰爭期間，[2] 來自印度的英國討伐軍隊（punitive forces）騎兵帶著許多種馬。親眼見到這些馬匹的蒙古王爺也起了貪慾，他們盡其可能地收購這些馬匹，並帶回草原。

再一次是在 1900 年，當時德國、法國、義大利和英國派遣軍隊到華北，從反洋教的狂熱分子、綽號「拳民」的人手中拯救他們的國民，[3] 他們的騎兵部隊中都有母馬和種馬。這些馬匹中，有相當數量進入蒙古，或經由中國商人買入後，用以物易物的形式進入蒙古高

2　指 1860 年第二次英法聯軍侵華戰爭。

3　指 1900 年八國聯軍侵華戰爭。

原，或是作為禮物，由朝廷官員贈送給蒙古王爺們。這些禮物當中，值得注意的是有原本在印度飼育的五十匹母馬和五匹種馬，由波坦辛格爵士（Sir Purtab Singh）送給了蒙古喀喇沁王爺（Prince Hara Ching）。[4]

幾年以後，在日俄戰爭結束之際，蒙古人得到許多俄羅斯種馬。其中一些是受過傷的，另外一些厭戰情緒很重，但是牠們在蒙古高原上很快恢復了健康和體力。

除了蒙古人已經獨自完成的配種試驗之外，在最近這幾年中，外國人也做了嘗試。俄羅斯人在漠北蒙古引進了西伯利亞種馬，希望增高蒙古高原上馬匹的個頭。多倫諾爾教區（Dolonor District）的天主教傳教士出於同樣考慮，為該地區引進種馬。東部地區也有德國農民正在做這種試驗。

我已經感覺到，我能夠透過選擇性的飼養改進蒙古人的育馬辦法。自從 1904 年以來，我給自己的馬群注入了許多不同的外國種馬。我的試驗結果是，來自英國和澳大利亞第一批種馬的馬駒，腿長但缺乏抗寒性；阿拉伯馬的配種稍微有點成功。但大多數由這些外國種馬繁衍出的馬駒，都無法撐過第一個冬天存活下來。第三代馬匹個頭矮小，粗壯敦實，與我馬群中的其他馬駒沒有根本上的不同。

氣候條件會使蒙古高原所有的馬群變小，只有那些忍耐力非同尋常的馬才能存活，而引入品種的馬，必須具備強壯的體魄才能堅持下來。可能會弱化馬匹體力的

4 應即 1898 年襲爵的貢桑諾爾布郡王。

所有特徵，到了第四代時已不見痕跡。蒙古高原上的馬匹依賴牠的智慧得以存活，相對一直依賴人類智力的馬匹，就算經歷好幾代，仍然無法充分應對狼群、暴風雪，以及獨立覓食的境地。圈養和提供飲水，弱化了馬匹後代獨特的進取心。

我認為，阿拉伯馬在和蒙古馬的配種方面是最成功的，但是一匹純種的阿拉伯馬（阿拉伯母馬和種馬的後代）在蒙古無法存活下來。進口的馬匹在蒙古活不了多少年，除了西伯利亞馬之外，因為這些馬來自更為嚴酷的氣候區。

如果有人近距離檢測蒙古馬，很可能發現蒙古馬身上留存著許多不同血統的馬匹特徵，這些特徵已經逐漸整合為蒙古馬的習性。尤其是馬的口鼻部位具有波斯馬的特徵，馬的蹄子則具有土耳其斯坦馬的特徵。我認為，波斯馬的血統之所以能夠堅持下來，是因為波斯馬飼育的地方，使牠們也經常在沒有食物的情況下長途跋涉。純種的英國馬無法在蒙古高原上繼續保持它原有的品質，因為世代相傳的歐洲馬並未準備好讓牠們的後代適應高原上的艱辛生活。

不同地區的氣候條件、水源和食物供應量，都對蒙古不同蒙旗的馬匹產生了巨大的影響。

在察哈爾地區，即與中國內地接壤的蒙古部分，絕大多數的馬匹又弱又小，屬於劣種馬，只有極少例外，但這並非因為是氣候條件所致。這裡的冬天很少像蒙古其他地區那樣嚴寒，水草在五月到十一月間通常都很不錯，降雪量也不是異常深厚，馬能夠一年到頭低頭吃草。在這裡掘一口水井，大約二十至三十英呎深，幾乎總是可以找到水源。而且說真的，雖然這裡的馬群不怎麼樣，但我還是從這裡買到一些知名的馬匹，在中國馬術賽場上締造了良好的紀錄。

近三個世紀以來，這個地方是統治中國的大清帝國皇家牧場。在這個地區，蒙古人奉命照料帝國的馬匹。按照朝廷旨意，每處皇家馬群由三百六十匹馬組成。滿洲人要求，每一名蒙古人成為帝國馬群看護者之後，應該按要求供給他們任何東西，和至多三百六十匹馬。

在他們的簿記冊上，清廷當局將馬匹劃分為白馬、花斑馬、黑斑馬、栗色馬、黑馬、白鼻樑馬、星面馬，每種馬都有不同的看護者。當他們需要馬匹的時候，便派人找出一定數量純種毛色的馬匹。說實話，顏色是他們唯一的考慮。他們從不考慮馬匹運動時的優美曲線，搭配馬車時如何更顯美麗，以及馬的忍耐力、速度或者智力。

蒙古人感覺到，既然滿洲人沒有理解馬的諸多優點，送給中國一匹高級的馬，簡直就是一件蠢事。每年配種的馬群都會生產出一定數量的馬駒，經過歸類劃分，最好的馬匹送入更為深遠的腹地，進入蒙古人自己的私有馬群，而那些劣等的馬則用來湊足清帝國要求的三百六十匹。如果碰巧有位男子奉命送出一百匹白馬，而他沒有一百匹矮個子白馬，他就需要和他的朋友交易，有時候兩匹換一匹，這種低劣的馬越換越多，直到勉強湊足額數，送給帝國統治者為止。

三百年間，蒙古人在進行馬種繁殖的同時，不斷將劣等的馬駒挑選出來。直到他們認為，這對於那些並不像自己那樣珍視馬的人們來說，已是一匹足夠好的良馬為止。這種長期性的活動，已經對於察哈爾的馬匹產生了自然的影響。

蒙古的中部，包括聞名於世的戈壁延伸地帶，在每年中較大部分時間裡，幾乎找不到什麼食物，只有那種非常頑強的動物才能在這裡存活下來。這裡的馬非常緩慢地成長，通常不夠十三拃長。但是我從這裡帶出幾匹六、七歲的馬，把牠們餵養得膘肥體壯，發現牠們在一兩年內，身高已經長了好幾英吋。

動物們吃的草中夾雜著沙子，這些沙子磨損著牠們的牙齒。外國人如果透過考察動物的嘴巴，來確定牠的年齡，通常會發現牙齒所反映的年歲要比真實的年歲少個兩三年。我發現，如果把這些動物帶出這一地區，放進不錯的地方，即使牠們已經到了普通馬長不出牙齒的年齡，牠們的牙齒也會好好地長起來。

我考察這塊不毛之地的時候，有時候會驚奇地發現，任何動物都能在這個地方設法活下來。這裡的氣候不像更遠的北面那麼酷寒。幾乎沒有多少雪能夠覆蓋住草的生長，但是因為降雨量也少，很多地方的土壤看起來像是一處沙灘。當下雨的時候，人們可以看到沙漠長綠。

這裡的馬匹都是非常勇敢的動物。如果有人得進行一次長途的艱辛之旅，這些馬會是極為優秀的坐騎。它們的負重能力、行走速度和忍耐力，與其個頭相比，都是令人稱奇叫絕的。在過去的幾年中，這一地區不止一次驚豔了中國馬術比賽。從這裡牽出去的馬匹，在蒙古與中國北京政府的上一場戰爭中派上了大用場。蒙古騎兵透過快速騎行包抄，使得入侵者陷入羅網。

蒙古東部地區（即戈壁的蒙古東部部分）因培育走馬而聞名遐邇。蒙古人喜歡騎乘走馬，牠們也很受婦女、喇嘛，以及渴望在節日、婚禮和相關集會上有好亮相人們的追捧。有錢的蒙古人為了購得走馬，甚至肯出極高的價錢。

這裡覆蓋著厚厚的沙子，只有稀稀拉拉且粗大的草葉可以生長，但在其他地區卻有著豐富天鵝絨般的綠色草皮，水源也供應充足。這地區因為生長於斯馬匹的快速而聞名遠近。儘管這一蒙旗幅員不廣，但有出產良種賽馬的良好紀錄。本旗王爺和他全部的子民們，非常渴望盡可能出產最好的馬匹，也為每次在與其他蒙旗的馬術對抗賽中獲得勝利而自豪。

蒙古的東北部，因有克魯倫河流過，是蒙古高原最有利於養馬的地方。整個克魯倫河谷水草豐美，這也就意味著，這裡的馬匹一生下來就有著足夠的食物和水源，使得它們比蒙古其他地區的馬還要高大強健。

桑貝子（Sanpeitzu）、達拉貝子（Talopetzu）和策澤爾班（Tsetserban）是這地區的三個主要蒙旗，此外還有幾個比較小的蒙旗。「桑貝子」對於鍾情馬術的西方人和中國人來說，是一個奇幻的名字。來自桑貝子旗的馬匹與克魯倫河流域其他蒙旗的馬匹沒有什麼不同，但這個名字卻很受歡迎。蒙古商人利用了這一點，在向中國人或者外國人出售馬匹的時候，將所有來自蒙古東北部地區十三至十四拃長的馬匹，統稱為桑貝子馬。在這個地區，有錢的蒙古人和俄羅斯人經常從外面進口種馬，目的是為了提升克魯倫河流域馬匹的速度。自從俄羅斯顧問們在漠北蒙古掌權以來，不再允許這一地區出口母馬和種馬，每有騸馬出口，就要徵收大約一百元的稅金。

綜觀整個蒙古，人們對於賽馬都極感興趣。蒙古人的生活模式並不是以辛苦的勞動占據全部的時光，他們還有相當多的時間去把馬集中起來進行訓練，以備競賽。由於克魯倫河流域非常利於養馬，而且漠北蒙古又是活佛的家鄉，許多有錢的貴族聚集在活佛的周圍，使這個地方在往日的歲月裡就自然而然地成為整個蒙古高原的賽馬中心。

蒙古人希望通過比西方騎馬更遠距離的賽馬行程，來檢測馬的速度和忍耐力。我見過的最短距離的蒙古賽馬是三里遠，而一般的賽馬路程是十到十五里。蒙古人不信任那種人為準備的馬術賽道。蒙古賽馬的行程就是橫穿整個蒙古，對馬而言，如果需要在一種緊急情況下穿行相當漫長的一段距離，那麼這個比賽的條件，與馬在情急時可能遭遇到的條件是完全相同的。

在這樣的遠程賽馬當中，並非總是塊頭最大的馬獲得勝利。事實上，更常發生的是那些短小精悍的馬率先疾馳而至。消息在蒙古傳播得很快，在馬術比賽中創造出紀錄的任何一匹馬，立刻會受到整個高原各地蒙古人的追捧。有一匹獲勝的馬，主人和飼養員便會迎來羨慕的眼光。

來自克魯倫河流域的許多馬匹在中國的短途比賽中取得了不錯的戰績。在中國，小馬在很少有機會能與長腿奔馬匹敵，因此克魯倫河流域的馬匹總是被中國商人買到供不應求。

在蒙古西北部地區，札薩克圖汗（Djasachto Han）地區的馬個頭小，發育不好。這裡的降雪來得比較早，直至暮春時節才會融化散去。這就造成放牧時間很短，馬終其一生都營養不良，平均個頭都在十二拃以下。他們艱辛地活著，但對於騎行者來說都是精悍的坐騎。

阿爾泰伊犁地區氣候條件比較好，那裡有比較好的草坡，馬的個頭兒也比較大。儘管牠們個頭不小，這些馬的平均速度要比生活在蒙古其他地區的馬要慢一些。

在過去那些年中，滿洲皇帝每年通常會下令從這一地區抽調六、七百匹馬，總是索要走馬。這些馬外觀不錯，在遊行檢閱時表現完美。北京城如有馬匹需要時，在一年前就得開始籌備，如此才能按比較標準的條件將馬運達北京。它們所行進的路線是穿過烏里雅蘇台，越過戈壁進入張家口。

蒙古西南地區，包括鄂爾多斯各旗在內，是沙礫比較多的地區。這裡的馬個頭小，外表顯得發育不良。

蒙古的每一匹馬都烙有其主人的標識，但是，由於在烙印方面並沒有普遍性的規則，所以人們無法通過這種標識來說清楚某一匹馬來自哪個地區。一個蒙旗的統治者有他自己的標識，而且他的每一個子民都有不同的標識，所以在該旗境內，每當人們騎馬馳騁草原的時候，無論從彼此的馬群中借得坐騎的事情是多麼頻繁，都可以徹底保持著自己馬群的與眾不同。除此以外，人們沒有考慮過其他的區分方法。

任何一個蒙旗可能和另一蒙旗的標識重複。使用得最為普遍的標識是卍字形、半月形、三球形、三角形和雙槓形。一些主人還將他們的標識烙在馬的後腿下半部，還有的將標識烙在馬的前肩上。

在整個蒙古，人們對待馬的方式是完全一樣的。馬群總是成群地跑來跑去，從二數到五百，只有這樣足夠大的規模才能擊退蒙古人無時無刻的威脅——狼群。蒙古人不會將他們的馬群趕入馬廄，牠們宛若一群狂野的生物自由馳騁在蒙古草原。蒙古不生產糧食，所以馬也從來沒有糧食餵養，牠們完全以草為生，自己覓食。如果有人騎馬出門，一定會在晚上出去讓馬匹自行出去覓食，以保持其健康。在冬天，馬會在雪地下面挖掘食料。如果這個冬天既漫長又嚴寒的話，馬群中的羸弱者會在春季到來之前倒斃。在這種情況下，蒙古馬的忍耐力就培養出來了，牠們能在沒有食物的情況下行走相當長一段時間；另一方面，他[5]並不會因為在那些有充足食物可吃的日子裡吃得太多，而使腸胃紊亂不適。

蒙古人並不採信強迫配種。他們認為，對於馬群主人來說，專門挑選出馬並將其關在一起進行配種，是違

5　作者在這裡使用 his 而不是 its。在此後相當長一段文字中，都是如此。顯示出作者對於馬的人性化理解。故本章皆譯作「他」。

背自然的暴行。年輕的種馬在五歲的時候，開始將他中意的母馬集中起來，因為只有跟這幾匹母馬進行交配，在這個年歲之前，他的家族由幾乎是與他年歲完全相同的妻室所組成。他從這些馬群中挑選了一些小馬駒，一般是十五匹到二十匹。不管馬群實際上有多大，他只會把這些馬駒集中在一起，作為他自己的隊伍，所以一個馬群是由相當數量的小馬群組成的。這些馬隊們分散開來進行放牧，但是一旦遇到危險，他們又會在上了年歲種馬們的命令和規制下，立刻聚攏起來。馬群遇到麻煩時，通常會有一匹明白事理的老馬出來擔當。在沒有露天水源的地方，馬匹每天都會聚攏兩次，走到井邊，牧馬人會在那裡給它們飲水。

即使是驚慌逃散的時候，種馬也不會忘記他的家庭，如果他的母馬或馬駒在瘋狂的衝撞中落在後面，種馬會繞著後面轉圈，帶領他們進入馬群。或者，他會在後面一路小跑，來抵禦狼群的進攻。一匹蒙古種馬對於他任何一匹懷孕母馬的關懷是偉大的，會明確地在她的周圍畫出一個圈，來回走著，防止其他任何一匹馬的靠近。當馬駒降生之後，他滿懷深情地撫弄著牠，對於他初生的小馬駒試圖搖搖晃晃地站起來時，似乎有一種強烈的自豪感，會打小馬駒初生的那一刻起，就用自己的生命來保護牠。

年輕的種馬們在將母馬聚攏的過程中，經常會彼此爭鬥。有的時候，他們會為一匹特別的年輕母馬而爭吵好幾天。在此期間，馬群處於動盪之中，會彼此有爭搶，也會有踢踹小馬駒的現象。年輕的種馬很少會琢磨從上了年歲的種馬家庭中偷取母馬。但是一旦發生偷取事件，那匹較老的馬因為在戰鬥方面頗為老道，很快就能將對手趕走。

一些母馬似乎與生俱來即是風情萬種，時常在馬群中惹出麻煩，似乎會刻意引誘種馬來偷取自己。一旦種馬之間的戰鬥上演，母馬就退回到自己的團體之中。

蒙古的母馬是要擠奶的，因為馬奶是人們的主要食物之一。所有小馬駒在擠奶的季節都要訓練著套上韁繩。因此，小馬駒很早即被人們使用。如有需要，人們一般會很容易地訓練小馬駒備上馬鞍。儘管還沒有人騎乘，所有的馬駒在兩歲的時候都要備上馬鞍。按照蒙古牧馬人的習慣，他們會剪下業已訓練成熟馬駒的馬尾，做成一根長長的繩子。這標誌著小馬駒已經兩歲。

總是會有比人們願意餵養數量還多的小公馬出生。因為這些公馬會為日益長大的母馬展開爭奪，並在戰鬥中殺掉對手，所以，人們會將那些並不適合留在將來配種的小公馬在三歲時進行閹割。馬群中的騸馬通常會以十五匹或二十匹為一夥集中起來，但是某些騸馬也會依附於一匹種馬及其家族。

蒙古高原上，馬的鬃毛和尾巴長得密密麻麻。母馬和騸馬的鬃毛和尾巴是剪短的，馬鬃用來製作繩子。蒙古人相信，剪短種馬的尾巴或鬃毛會傷害他的自豪感，所以他們聽任種馬自然生長。一般來說，馬尾會拖拉在地面上，而鬃毛則會耷拉到前膝，明亮的雙眸透過一個厚厚的、粗濃雜亂的瀏海凝視著外面的世界。

牧馬人總是會從每年出生的小馬駒中訓練出一些杆

子馬，每一個馬群都有相當數量的馬接受這種訓練。行動最快和腦瓜子最聰明的馬會被挑選出來，牧馬人忙於擺弄他的套馬索，以至於無法嫻熟地指導他的馬匹。一匹杆子馬為了防止被抓，會挑唆起戰鬥，也會抵抗套索，但是一旦被套住，他就會靜靜地站在那裡，等待放上鞍具，熱情飽滿地加入到套索馬群中其他馬匹的競技之中。

在馬群中套索一匹馬，是一件熱鬧非凡的大事。這些馬明白了牧馬人的企圖後，就不再會有什麼興趣。如果牧馬人誤判了他在馬鞍上的平衡，或者拋出他的套馬索，這匹被他糾纏住的馬就會生硬地向相反的方向拖拽，牧馬人經常會被從馬背上拉拽下來。我曾幾次目睹這種場景：一個牧馬人被拖拽得轉了好幾圈，穿梭在馬群中，但仍雄心勃勃地堅持著，直到另一個牧馬人跑來將他救起，用一根生牛皮製成的套馬索控制住這匹脾氣暴戾的馬。

蒙古馬在夜間很少躺下來睡覺。他得時刻防範著狼群，直至天亮，才能想睡就睡。年輕的馬駒經常會躺在馬群中間休息，即便在衝向飲水槽的過程中，他們也從未受到踩踏。年歲很小的馬駒快速地來回奔跑著，在成年馬群的腿際穿梭，像小貓一樣歡蹦亂跳著，彷彿在努力鍛煉力量，即便是脾氣最壞的成年馬，也不會朝他們尥蹶子。

一旦出現了馬群共同敵人（也就是狼）的任何預兆，整個馬群會一起衝過來，將馬駒保護進馬群中，將母馬圍繞成一圈，讓他們的後腿朝外，一旦受到攻擊，就可以向外踢。種馬和騸馬們自由地在外圈形成包圍。在晴朗的蒙古夜空下，我曾經在一里外聽到過戰鬥中狼齒的折斷聲。

種馬和騸馬們在攻擊狼的時候毫不猶豫，一旦有狼靠近，瞬間就會發起追逐，但英明的老種馬不會因受到引誘而離開母馬和馬駒。狼群最喜歡的把戲，是用一隻甚至更多隻狼來吸引馬群的注意，並且試圖讓那些身強體壯的馬來狂追它們。這樣，那些羸弱的馬就會丟在後面，失去強壯馬群的保護，其它狼就會跳進來，製造一場屠殺。然後稍晚一些，所有的狼就會加入進來，享受一頓盛宴美餐。有老種馬的馬群就極少會把自己的小馬駒留給狼群。

圖 12　使用蒙古套索

在蒙古，經常會遇到獵狼的活動，獵殺通常會連續三天，集會安排在本旗旗主的住所門前，或者在一位富裕的蒙古平民營地。每逢節日慶典，蒙古人都會身著最為靚豔的衣服，騎著身體強健、行動快速、步履穩健、機智聰明的馬來參加。

獵狼集會在日出不久後集結，每個參加者隨身帶著一根套索。在集會開始之前，召集者通常會拿出一大白罎子從馬奶中蒸餾提取的美酒。每個人從衣服的前襟裡掏出銀碗，端在手中，由主人家倒滿酒漿。在獵狼活動開始以前，這一聚會顯得相當快樂和狂野。

當人們喝完酒，該來的人都已到齊之後，大家便劃定了獵狼行動的區域範圍。當靠近業已確定為第一天活動的地方，獵手們四散開來，形成一個大圈子。每個人騎馬登上一處岩壁或山頂，兩三名獵手疾馳穿過圓圈的中心，用盡全身的勁呼喊，驅趕著狼群。

受到驅逐的狼，總是會尋找最近的高山。在獵狼這天，牠通常會在每座山上都遇到一個騎馬的人，手裡拿著套索。一看見獵人，狼馬上就會轉身向另一條路奔跑。獵殺由此開始。騎手們在狼身後疾馳追趕。馬群以如同其騎手般的熱情投入這場競技。因為在蒙古，每一匹馬自其出生那一刻起，狼就是他的天敵。

馬噴著粗氣，憤怒地嘶鳴著，男人們把嗓門兒扯到最大，呼喊著。狼四處疾走，瘋狂而狡猾，努力逃脫追捕。大家彼此競爭著，希望成為第一個用套索抓住狼的人。這些獵狼活動沒有獵狗的參與，純粹是男人和馬，與狼對抗技藝的檢測。

蒙古馬全速前進著，跨過塊塊岩石和溝溝壑壑，沿山谷而下，又登上山坡，越過平原。此時，這隻狼已累得筋疲力盡，或者受困於某處懸崖邊上，回轉身來，嗥叫著，迎戰它的對手。然後，蒙古人一定會用力甩出手中的生牛皮套索，勒住狼的脖子，使其窒息而死。否則這只絕望的狼會跳起來，撲向馬和騎手。

第一位殺死狼的人就是當天的英雄。每一隻狼被殺後，狼皮都會掛出去，鋪展在靠近篝火晚會的地面上。獵手們圍坐在篝火旁邊，海闊天空地聊著天，此時飯食已經準備好。美餐過後，他們把自己裹在毛毯裡，倒頭睡去，直到天亮又醒來，準備參加第二天的競技活動。他們每天都得換乘新馬。圍獵結束後，經過圍獵的地方在相當程度上不會再受到狼群的干擾。如果有些狼確實匿伏在懸崖邊緣，牠們也因過於害怕，在未來的一段時間內不敢再來襲擊馬群。

馬駒出生的季節是蒙古最令人心急如焚的時節。因為就在這時，狼群會讓馬群付出最為沉重的代價。有些時候，一個馬群中會有二、三百匹馬駒降生，然而在年終時可能只剩下二、三十匹。馬群的主人們如果養了太多的騸馬，卻沒有足夠的種馬來保衛小馬駒，此時一定會為自己的愚蠢而深感懊悔。

在初春時節積雪散盡後降生的馬駒是最好的。馬駒們從母親的乳汁中獲得了春天嫩草的全部營養，渾身享受著春、夏兩季暖陽的沐浴。他們會在草料仍然充足的時候，學會自行覓食。對於蒙古草原上的馬來說，夏天是全年中唯一可以享受豐盛水草的時光。由於馬駒只能在出生當年的幾個月中吃得較好，此後每隔一段時間才能得到好的草料，所以他們無法像西方的馬匹那樣，較早地獲得充分的生長或者成熟起來。在西方世界，馬一年四季都能吃得一樣好。

每年冬天，有些馬駒由於沒有機會度過美好而漫長的夏季時光，加上缺少食物，無法抵禦嚴寒，漸漸地開始死去。在早春時節即開始生活的馬駒，會有一件像外套一樣相當好的、厚厚的皮毛，以抵禦暴風雪的來臨。

蒙古馬不畏艱難，成長茁壯，似乎並未受到流行病的影響。人們發現，絕大多數受過鼻疽菌素檢驗（Maline test）[6] 的馬群中，有些馬是患有馬鼻疽的。儘管外國獸醫認為鼻疽菌素檢驗非常重要，但蒙古人對於這種測試一笑而過。如果外國人說某匹馬患有馬鼻疽，蒙古人都會毫無懼色地將其放入他的馬群。蒙古人說，鼻疽菌素檢驗什麼都證明不了。在大草原上開放的空氣中，馬鼻疽似乎真的從未惡化。按照獸醫們的說法，如果一匹馬的確已經患上馬鼻疽，仍能在蒙古用上好幾年，而沒有發現任何進一步的惡化。

蒙古馬的主人最害怕疥瘡。有些地區有發現疥瘡，但並不會害死很多馬，因為蒙古人在治療疥瘡方面，技術非常嫻熟。

儘管蒙古大多數地區到處是沙地，而其他地區也多有鋒利的石頭，但蒙古高原上的馬，一般來說不加蹄鐵也不會變瘸，因為自然生長的馬蹄很堅硬。我曾從早到晚，日復一日地騎馬，幾乎從每個蒙旗的馬群中都抽調過馬，從未因馬的瘸拐而遇到麻煩。一匹馬如果在某種場合下的確傷了蹄子，會痛，他就會被自由地放入最近

6 原文 Maline test，應為 Mallein test。

的馬群，再次迅速休養過來。

從蒙古帶出去的馬匹，釘上蹄鐵，拴繫在馬廄中，因跛足而遭受著非常嚴重的苦痛。釘上蹄鐵似乎會使馬蹄無法自然生長，還會把馬的體重置於不常用到的肌肉上。

新年是蒙古的重大節日，當天會有一場別開生面的，沒有開始也沒有結束的馬術比賽，然而這一比賽關係著馬匹飼養者的聲望得失。

在新年的早晨，蒙古所有的百姓都會身穿自己色澤最為亮豔、最好的衣服。即便是家境最為貧寒、最為羸弱的兒童，也會找一些色澤明快的絲帶捲折進他的衣服。人們在日出之前起床，用通常交換鼻煙壺的形式，趕緊互相致意問好，接下來便是用雙手向營地上的每位親朋好友獻上哈達。在吃過一些茶水和羊肉後，這一天中真正有趣的事情就開始了。

蒙古人的營地散落在蒙古高原的每個地方，彼此之間有一段距離。所以，對於蒙古人來說，無論男女，若想向親戚朋友們回報問候，需要整整一天的鞍馬勞頓。這一點按照蒙古風俗是必需之舉。行動速度最快、體格最為健壯的馬，要留下來應對這個場合。身著歡樂盛裝的人們馳騁在草原上，朝著各個方向奔去。

對於牧馬人來說，這是一個非常特殊的場合，因為在這一天，按照蒙古習慣法，馬群的自由歸他掌管。如果任何一位主人的最棒的一匹或幾匹馬在那天被殺，他絕對不可以提出任何異議。因為在先前的幾個月中，牧馬人已向他們的對手們誇下海口，即他們的對手只能看到揚起的風塵。

賽馬者不會在任何特定的地方相遇。每個人從自己的家中出發，賽馬活動在日落時分或者人困馬乏的時候結束。按照比賽規則，每一位賽馬者從這個帳篷馳騁到那個帳篷，一定要停在他所到的每個蒙古包前，用足夠長的時間向主人致以新年的問候，祝願氈房的主人們牛羊成群、繁榮興旺，並接受主人在當天充分準備的食物和飲品。當完成體面的拜訪後，騎手們便可以再次策馬，並且盡可能快地前往下一頂氈房。

為了迎接這一天的慶祝活動，人們將馬奶釀製成酒。當騎手們停在每一頂蒙古包前的時候，蒙古包內的主人已將酒碗全部斟滿。隨著時間的推進，蒙古人變得越來越活潑，他們的騎乘運動變得更加激烈。騎手們不畏任何艱難險阻，越過石堆，爬上山坡又跑下來，跨過溝溝壑壑，有時候還有危險的瀑布。但這就是競技比賽中的一部分，沒有人會為這些雞毛蒜皮的事兒感到擔憂。在我待過的那些蒙古包，我曾親眼見過到達那裡的蒙古人喝得爛醉如泥，甚至不能自己從馬鞍上下來，得有人幫助才能再次騎上馬背。一旦跨上馬鞍，蒙古人無論是在醉酒或清醒狀態，都會瘋狂地跑起來。

在春節當天，騎手們經常會從馬的這一邊搖搖晃晃地擺到另一邊，十分危險。但是因為他們自孩提時代即習慣於馬背生活，他們會設法保持在馬鞍上。然而有時也有例外，人們在脫隊後，危險地掉下馬來，墜入溝壑，昏沉沉地在雪地裡睡了過去，從此再也沒醒過來。

還好馬匹們步履穩健，這樣的事故並不十分頻繁。

馬兒們在進入這場競技時，似乎比他們的騎手們更具激情，一看見有蒙古包在，他們就會轉身朝拴馬處走過去。一旦騎手們踏上馬鐙，馬兒們便再次馳騁起來。

那些雖已精疲力盡，卻仍能奮力堅持的馬，會被視為地方上的良馬。這會給馬的主人和牧馬人帶來榮耀和滿足感。去年，一位牧馬人騎著我馬群中的一匹黑馬，在他的旗舉辦新年比賽時，被人們評為第一名。與此同時，我也因為這匹馬而獲得許多優待，甚至在一些偏遠的蒙旗中，人們聽說了這匹馬具有的實力，使我也受到來自該旗普通百姓和貴族老爺們的祝賀。這一消息以一種令人驚訝的方式傳遍整個蒙古。

蒙古高原的馬擁有驚人的速度。蒙古人騎馬馳騁，可以在很短的時間跑出一大截路。蒙古人知道如何照料他們的馬匹，所以很少看到受傷的馬。一旦馬匹展現出疲態，主人就會讓他在馬群中自由行動，想怎麼走就怎麼走，透過這種經常性的運動來鍛煉肌肉。

我在中國有一位朋友，他生活在一個港口城市，對於賽馬有著熱切的興趣。有一次他來到蒙古，深深陶醉於蒙古馬的奔跑速度，便連忙給他的賽馬跑錶設置好時間，來測試他所見過速度最快的馬。他不管我的建議，依據這些速度紀錄購買了許多馬匹。他非常熟悉中國的馬術賽道，他自信滿滿地認為他已遇上了奇蹟：他挑選過的馬會在每一個港口城市進行的馬術比賽中場場獲勝，他們的奔跑會比任何一場賽道上的紀錄都快得多。

他把馬置於馬廄中進行餵養。這些馬的身上呈現出一種嶄新的油亮光澤，儘管看上稍微長大了一點，牙齒也變好。但是在馬術選拔賽中，人們發現，他們的奔跑速度降低到和中國境內普通馬匹差不多的水準。

我的另一個朋友是澳大利亞人，他把從蒙古高原上購得的馬進行了為期六個月的圈養照顧，用優質的穀物餵養。他對這些馬的狀況非常滿意，向我保證說，這些馬比任何一匹在蒙古馬群中未受呵護的馬都跑得快。他帶著他的馬重新回到蒙古高原，和馬夫一起照料他們，一路用穀物餵養他們，小心翼翼地安排他們的鍛煉，確保他們有大量的水源可以飲用。他們看上去很是漂亮。與那些高原上毛髮粗濃雜亂的馬相比，他們的毛髮整理刷洗得柔滑發亮，餵養得也不錯。那些高原上的馬終身完全以草為生，生活條件很是惡劣，因為草的生長期很少超過六個月。

他慷慨地提供一份大獎，給擊敗自己馬匹的蒙古馬。賽馬的路線制定後，消息廣泛傳播開來。參賽的馬匹開始從各旗抵達，每天都被拴著，[7] 直到安排好的競賽那天。

蒙古馬的主人很欣賞澳大利亞人的馬，他們以羡慕的口氣評論著澳大利亞人的生活條件，正是這種生活條件才使得他能夠如此悉心地照料他的馬匹。許多蒙古人還記得這些馬，因為是我從蒙古人的馬群中為他買的。

---

7 原文 straggling in every day 應是 strangling in every day 之誤。茲按後者譯出。

他們把馬匹都排在一起，這看起來使蒙古人處於不利地位。不只一個男人和女人提過這個問題：「他們長得漂亮，但是他們能跑嗎？」

馬術競賽時間到了。就在正要開始的時候，有一個蒙古人大步流星地走上山坡。賽馬者喊道：「等一下，現在來的是一匹好馬，他也應該和其他的馬一起比試一下。」我的澳大利亞朋友說：「他看上去累了。」對方答道：「是有一點累，他已經參加過四子部落旗王爺舉辦的年度性比賽，表現不錯。他還在兩天前舉辦的一場十里賽道驪馬比賽中拔得頭籌。」「從那以後他都在做什麼？」對於這個發問，蒙古人似乎很驚訝，有人回答說：「他一直在來這裡的途中，走了好幾里長的路，他的騎手盡可能快地把他帶了過來。你的獎金消息傳播得很遠。以前在蒙古，我們從未對獲勝的馬術賽手給予獎勵。真是太棒了。在過去，我們給那些比賽獲勝者唯一的獎賞，就是贏得比賽勝利的聲望。」

又有一匹馬走了進來。他看上去滿身灰塵，很是邋遢，顯得有些疲憊。他的頭低垂著，尾巴無精打采地耷拉著。這些馬排成一列，準備比賽。來自中國的經驗老道騎手們騎著澳大利亞人的馬，也參加了這場比賽。我發出比賽開始的信號。我希望看到，那些在過去六個月受到可以想像到所有那種照顧的馬，能夠輕鬆地贏得比賽。遺憾的是，他們在前幾浪[8]中即被甩到後面。蒙古高原上的這些馬，從未受到獸醫的關注，從未吃著可以

8　浪是長度單位名稱，一浪約八分之一英里。

增長肌肉的糧食，從未受著悉心的訓練，當殘酷的暴風雪來臨的時候也沒有地方躲藏。正是這些馬，在一開始即將競爭對手甩在身後。甚至是那匹在三天前贏得了十里比賽的馬，儘管走了兩天才來到賽場，身心疲憊且滿身灰塵，也跑了出去，留下籠罩在一片塵埃之中的觀眾們。在中國馬術比賽中大獲榮耀的馬兒們，很輕易地敗下陣來。

遠遠地跑在觀眾前面的那些馬，並不是比他們還要好的馬。一年前，在他們受到百般照顧之前，這些敗陣的馬曾經在蒙古贏得比賽，打敗的正是在今天比賽中拔得頭籌的這些馬。只是蒙古馬一旦進入馬廄，他們的四肢似乎就失去了神奇的迅猛速度。

馬兒在馬群中絕對自由的奔跑，有助於真正的速度發揮，完全地超過了文明所帶來的好處。我的朋友大衛．佛拉瑟（David Fraser），倫敦泰晤士報的駐中國記者，業已在比賽中取得了最了不起的成功，不是因為我為他從蒙古挑選的馬是特別的迅疾，而是因為他理解了馬習慣於自由生活的需要，所以當他們從蒙古高原上下來的時候，大衛．佛拉瑟讓馬蹄保持天然的大小。他每天都會以普通速度在鄉間騎行好幾里，從中國的這個農村跑到下一個農村，一路小跑、慢跑。當賽馬時節到來之際，他的馬很堅實，用一種相當不錯的辦法保持著馬的速度，控制著他們的四肢，而這一速度正是馬在蒙古高原上正常的速度。

第七章　駱駝、牛、綿羊和山羊（Camels, Cattle, Sheep, and Goats）

蒙古的駱駝是雙峰駝（Bactrian Camel），有兩個駝峰。幾乎每個蒙古家庭都擁有駱駝，但是駱駝只能在蒙古高原的中部和西部地區飼養，因為那裡有大片的沙漠。從遠古時代起，駱駝就成為蒙古主要的交通工具。

由一千匹或更多駱駝組成的商隊，從蒙古高原悠悠蕩蕩地行進到土耳其斯坦的邊界，抵達俄羅斯，或者順著長城而下，進入中國內地。牠們馱運著貨物，從內蒙古四散分布的各旗走到外蒙古。一個駱駝商隊從遠處望去，經常彷彿是一組遠航的船隊，在地平線的映襯下，輪廓清晰。蒙古人讓每頭駱駝馱載重達四百磅的包裹。這些包裹要分成重量相同的兩份，分別懸掛在駱駝軀體的兩側。承受著如此重負的駱駝日復一日地行進著，沿途遇到的任何灌木叢，都會成為它們的食物。即使沒有水源，駱駝也能行走相當長一段時間。在寒冷的氣候中，駱駝具有很強的耐寒力，且體格健壯。但是蒙古高原上生息繁衍的駱駝，無法忍受夏天的酷熱，因而蒙古商隊只有在冬天、早春或者晚秋時節才會進行販運。如果人們必須要在夏天出行的話，他們會白天讓駱駝們休息，夜晚天氣較涼爽時再趕路。

駱駝在通常都非常和善溫順，但配種時節的駱駝，尤其是公駱駝，卻是相當危險的。那時，最好的辦法是給予牠們絕對的自由，完全不加管束。駱駝大約在四、五歲時開始交配。不想要使其配種的公駱駝，會在三歲時被閹割。母駱駝每隔一年才會生育一次。

當駱駝兩歲的時候，蒙古人即對其進行馴養，給它套上鞍具，並在其五歲的時候教導牠們承受荷載。如果不過度勞動，駱駝大約可以活到二十歲。

除了給馴養的駱駝套上鞍具和讓其承載重物之外，蒙古東北地區的蒙古人還訓練他們的駱駝牽引大車。在這裡，用大車運載貨物就像用駱駝承載包裹一樣平常。由於這些大車沒有安裝彈簧，兩個車輪儘量安裝在靠後的位置，這樣可以使車體的震盪程度降至最低。這些大車的車體比較長，車上的蒙古人可以伸直了平躺。駱駝們也會接受抬舁一副懸蕩在兩峰駱駝中間擔架的訓練。

蒙古駱駝飼養員會給母駱駝擠奶。這種奶汁像濃濃的奶油，放在茶中更是極品，也可以製成濃醇的乳酪。

駱駝的毛質非常好，故其需求量總是很大。駝毛很容易梳理成紗，用駝毛製成的蒙古袍，柔軟輕盈，卻非常溫暖。人們並不給駱駝剪毛。每年春季，氣候逐漸變暖，濃密的駝毛逐漸由駱駝的皮層開始變得鬆動，一次溫柔的爬梳就能很容易地將毛清理完畢。

駱駝換毛後，變得不太好看，因為它們裸露出粉紅色的細膩皮膚。駱駝在脫毛時，身體狀況最差。在夏天，新的毛髮慢慢地長出來，當寒冷的天氣來臨時，駝毛逐漸變得細長而濃密。

圖 13　作者騎上一匹年輕的駱駝

人們如果想要駱駝馱運包裹，就要訓練駱駝趴下；如果想要騎乘駱駝，就要命令它跪下。駱駝由一根繩子牽引著，繩子拴在一根刺穿了鼻孔的小棍子上。商隊的駱駝每十頭串在一起行進，每頭駱駝用鼻串聯繫在一起，繫著領頭前行的那頭駱駝。駝隊中的每一組駱駝，分別有人在前面引領著。

駝隊駱駝的腳掌底經常會磨損，於是蒙古人用生牛皮繩子把一張皮子縫在駱駝掌底作為補丁。這種補救做法只能用上幾天，然後在原磨損處再補上一塊補丁。如果駱駝可以自由活動，腳掌底會再次生長出來，不會留下任何疤痕。

駱駝們經歷過夏天的放牧，第一次馱起包裹的時候，會受到驚嚇而在草原上到處亂竄，把身上的包裹丟得滿地都是。我的駱駝曾經多達一百頭或更多，也曾經遇到過駱駝驚慌亂竄的這種事情，牠們瘋狂地衝向天邊，我的貨物被甩得遍地狼藉。因驚恐而到處亂竄的駱駝是很難掌控和收回來的，牠們的一次驚竄，意味著好幾天工作的耽擱。但是當駱駝平靜下來，加入到駝隊的工作以後，事情通常就會變得順利得多，也好處理了。駱駝會以意想不到的速度行進好幾里。

我總是發現駱駝對於撫摸會有反應。牠們是獨立而高傲的動物，直到牠們與某個人成為朋友。

一頭生氣的駱駝不是令人感到和藹可親的動物。當牠被打擾的時候，會朝著一個確定的目標突然而迅速地踢踏。我曾很多次見過駱駝朝給牠帶來麻煩的人，噴吐出一整團黏黏糊糊的反芻食物。這是一團汙穢骯髒的、臭得一塌糊塗的東西，從頭到腳覆蓋了這個人全身。人們都知道，惱羞成怒的駱駝會咬掉一個人的胳膊，或者會撕爛他的臉。有些時候，如果沒有人過來幫忙，這些駱駝會殺死人。

但是一般蒙古人都能理解駱駝，與其和睦相處。白色的駱駝作為坐騎尤為珍貴。騎駱駝不像騎馬那樣舒適，但是當你習慣了騎駱駝的時候，駱駝並沒有那麼糟糕。人們若要穿越寸草不生的荒漠，駱駝是唯一的交通工具。在這種荒漠上，馬是無法存活的。

年輕的騎乘駱駝，一路快速小跑，其速度大約與馬的馳騁速度相當，在遠距離行進中，甚至會超過馬的速度。我第一次騎駱駝，是在我得到鄂爾多斯王爺的贊助下，從當地的住處前往庫倫度過我在那裡的第一個年頭。出門的第一天，駱駝弓背一躍，兩腳騰空抬起，把我摔了下來，但我沒有受傷。在這次摔跤之後，我們彼此相安無事，友好相處。這頭駱駝馱著我走了十七天，和平友好地陪我度過戈壁大漠。

駱駝鞍子通常只是一塊毛氈墊，兩邊各有一個皮製的馬鐙垂下來。喇嘛和有錢人有著相似樣式的鞍具，和用作馬鞍的差不多，在前面有一個高高的前鞍、軟墊座椅，和銀質的馬鐙。

年老的婦女和孩子們騎駱駝時，他們乘坐的筐子懸蕩在駱駝身體的兩側。如果兩位乘客的體重幾乎相當，他們就能彼此平衡。如果只有一位騎乘，另一邊就要繫一件包裹，以保持駱駝身體的平衡。

有些人可能會以為，一個漫山遍野是草原的地區應該有很多的牛，但是蒙古的牛並不是很多。蒙古人喜歡奶水，但是他們並不依賴於奶牛，因為還可以從馬、駱駝、綿羊和山羊身上獲得。所有的蒙古人都更喜歡馬奶，勝過於牛奶。在長途跋涉的時候，他們帶著用馬奶製成的乳酪，因為它比用牛奶製成的乳酪更有營養。

蒙古人會吃牛肉，但他們更喜歡羊肉。因為吃牛肉要殺死一頭大牛，而除了冬天肉能冰凍以外，他們沒有保存肉的設備。一個營地的成員們能夠容易地一次處理掉一隻羊，所以提供給自己羊肉而不是牛肉，這確實是更為經濟的辦法。

公牛和奶牛也會被用於馱包裹和拉車，但不會受到像駱駝一樣的青睞。蒙古的牛有各種各樣的顏色，難以形容歸類，且有著特別長的犄角。蒙古人不會進行選擇性的配種，但是他們的牛經過好幾代的繁衍，因為需要擊退狼群，已經出現了這些犄角。出生後的小牛，如果沒有長出長犄角，可能還沒有活到可以將自己生理特徵傳遞下去的時候，就丟了性命。

一個蒙古人即使有一萬匹馬，也並不會覺得多，但是他會認為有了二十頭奶牛就夠他家使用了。對於公牛，則會按照需要來保留數量，除了當營地需要遷移時用公牛拉車以外，沒有其他的用處。

蒙古小母牛通常會在四歲的時候生育小牛。公牛犢子，每群只會保留一頭，其餘的都會在兩歲的時候被閹割，在當年夏天即訓練牠們拉車和馱運包裹。

蒙古牛過著一種半野生的生活，它們從來沒有穩定的庇護場地，也沒有穩定的餵養，每年冬天都會有大量的牛因為寒冷和饑餓而死去。蒙古人不會用心地去保障這些牛的健康。牛瘟也殺掉了大量的牛，而為抵抗這種疾病所做的唯一工作，是漠南蒙古的傳教士們和北部的俄羅斯人做的。我來到這裡後，即對蒙古人的養牛問題產生了興趣，我發現這些傳教士和俄國人透過引進抵抗這種疾病的疫苗，做了大量工作，付出艱辛的勞動。絕大多數外國人相信，這片草原應該少養些馬，多養些牛，這片地方如能成為一個養牛的國度，真是再好不過了。但是蒙古人對於養牛幾乎沒有什麼熱情。

蒙古的牛是很特別的，如果沒有生下小牛，就不會產出奶水。如果奶牛在一年中沒有生下小牛的話，牠會繼續給前一年所產的小牛哺乳，有時候是在餵養一頭和牠個頭差不多大小的牛。

如果小牛剛生下來就死掉了，母親的奶水立刻就會枯竭，除非蒙古人做點手腳欺騙牠，讓牠誤以為牠的孩子還活著。按照蒙古普遍的風俗，人們會把死去小牛的皮囊填滿並支撐起來，擠奶的時候擺放在奶牛的面前。這時擠奶者進行擠奶，「小牛」緊緊地靠著奶牛，母牛一邊舔一邊撫弄著牠。每天早晨母牛被牧放出去，牠們的「小牛」則留在營地，而母牛已經習慣於只在擠奶時間才見到牠們的「小牛」。這種騙術很有效果。只要每次擠奶時那個「小牛」都出現在母牛的面前，牠就會繼續提供奶水，直到牠有了另一頭小牛犢。

夜晚時分，牛會拴在靠近營地的地方。拴牛的繩子是用馬尾製成的，繩子的一端用樁釘在地上。小牛拴在裡面的繩子上，面對面地站成排。每頭小牛用一根繩子繫著，繩子套在牠的脖子上。在一個環繞著小牛群的長方形區域內，奶牛用一根套索緊緊地繫著，套索環繞著牠們的犄角。在奶牛周邊更大的長方形區域內，閹公牛拴在那裡。牠們從來不會被繫得很緊，要鬆一些，以便夜晚牠們能夠在狼群來襲時，自由地掙脫繩索，用強壯的犄角戰鬥。

綿羊群是蒙古人實實在在賴以生活的對象，提供他們衣食所需。溫暖的皮毛用來做軟墊和睡覺用的毯子，羊毛還可以擀成氈子，用來製作氈房。

蒙古綿羊的個頭相當大。一般而言，公綿羊有三十到三十二吋，母綿羊有二十到二十八吋。一隻活的公綿羊有七十二到一百一十磅重，一隻母綿羊有五十五到七十五磅重。公綿羊個頭高，有發達而強壯的犄角，鼻子小而彎曲，腿長。綿羊肥大的尾巴，等於是一個完善倉庫，在那些水草豐盛的日子裡，可以收納多餘的熱量以度過漫長的冬天。

綿羊是白色的，經常在頭上、脖子上和腹部的兩側長著些黑色的斑點。它們有濃密而雜亂的毛皮，羊毛會長到大約六吋長。蒙古人會在夏天的時候剪兩次羊毛，除了非常強壯的大肥羊之外，都會留下可以忍受的兩寸長羊毛。羊毛可以做成非常好的氈子，一件羊皮大衣是抵禦嚴寒的絕佳保護。如果要製作針織短襪或者任何一件貼身穿的衣服，蒙古人會更喜歡駱駝毛。

在蒙古，綿羊可以活到十到十二歲，但是如果不是好的種羊或者沒有長出好的羊毛，人們會在這些羊長到七歲的時候即將其殺掉吃肉。蒙古羊肉在肉質的柔韌和香甜方面，都超過了我在世界上其他地區所吃過的羊肉。

綿羊配種在出生後的第二年秋天開始，母羊們在次年二月或三月產下幼崽。

在夏天，蒙古的草葉十分茂盛，母羊們會有大量的奶水供應。當超出餵養羊羔所需的時候，蒙古人也會用多出來的羊奶製成乳酪。綿羊需要有人照料，即使是在蒙古高原上，牠們也沒有發育出像馬那樣自力更生的能力。牠們成群奔跑，由老人和孩子們騎馬放牧。羊群並不會走得離家很遠，每天晚上都會帶回營地，要麼趕進畜欄，要麼圈在幾個蒙古包中間，由人和狗共同守護。羊羔在家中被照料，直到牠們長得夠大。在下雨的時節，羊群也會進入氈房避雨。

蒙古高原上，綿羊在夏天的時候茁壯成長，但是許多羊群會在冬天的暴風雪中死去。蒙古人不耕種土地，生產不出農作物，所以沒有專門準備的草料來餵養牠們。無論是夏天還是冬天，綿羊得自己出去尋找食物。牠們刨開雪層，尋找下面的草，但是如果有一陣暴風雪來臨，而牠們離家還有一段距離，牧羊人幾乎不可能把牠們再次帶回家中。牠們擠在一起，動也不動，也就被雪埋了。

人們穿越蒙古高原的時候，途中會看到很多羊骨架，一個堆在一個上面，幾百隻垛成一堆死去。

對蒙古羊皮和羊毛的需求持續不斷，每年都會有成千上萬的綿羊被賣入中國和俄羅斯。

山羊在蒙古相當多，它們總是和綿羊群混在一起奔跑著，提供美味的奶水，肉也可以吃，雖然不如綿羊肉那麼香。山羊皮可以用作毯子，有著大量出口的需要。中國商人進入蒙古，買走所有能買到的羊皮，帶到天津向外洋出口。在很長一段時間裡，蒙古山羊皮的價格穩步上升，去年已漲至三倍。

第八章　政治史
（Political History）

蒙古有著一段非常悠久的政治史，但蒙古人並不是有大量文獻記載的民族。除了不是原生於這塊土地的人所撰寫的記述文字，以及代代口耳相傳的民間傳說以外，他們沒有記錄下自己的過去。從 9 世紀開始，才有出現斷斷續續的歷史文獻紀錄。我所看過的歷史文獻，包括追溯到 13 世紀馬可・波羅訪問忽必烈汗十七年的書，都是由蒙古政敵，通常是在戰爭中被蒙古打敗的那些國家文人，所撰寫的大事紀錄。

從有歷史的時代開始，蒙古就是游牧部落的發源地，在各個歷史時期，震撼著遠東、近東乃至歐洲各個地區古老文明國家的基礎，並且改寫了他們的命運。蒙古在現今世界政治舞臺上仍然重要，不僅因為她的經濟發展潛力和各種資源，尤其特別的是，蒙古是跨越遠東地區和歐洲大陸陸路交通的鎖鑰。

一位陌生人在途經蒙古時，普遍的印象是，這個地區在軍事力量方面有著無可救藥的不足，但事實上，蒙古的戰時力量並不像臨時觀察家所認為的那樣弱小。每一個蒙古人都是一位好騎手和絕佳的射手，打獵是他們的運動。蒙古人從馬鞍上射擊，從小即習慣於在奔跑的馬背上瞄準，要麼用弓箭，要麼用套索。

弓箭如今依舊是蒙古人的主要武器。許多蒙旗每年仍然舉行射箭比賽。在蘇聯顧問控制漠北蒙古之前，蒙古各旗每年都會派出選手，在庫倫舉行為期三十天的射箭比賽。庫倫城下搭建起許多帳篷，一種是留給貴族們用的，另一種則給普通百姓使用。

比賽的前二十九天，貴族和普通平民分成兩組各自進行競賽。然後在第三十天，貴族組和平民組的最佳選手再進行一場全天候的對抗比賽，獲勝者將被宣布為本年度蒙古射箭冠軍，次年，他得再次以同樣方式面對競爭對手。

在比賽場地中，按照不同的距離樹立箭靶，最近的箭靶至少在六十步開外。每個弓箭手騎著馬全速奔馳，朝三個箭靶各射一支箭。他們得努力在馬全速衝刺的情況下，使三支箭全部命中！在一天中，他可以試射很多次，在其坐騎的不同角度瞄準這些箭靶，時而在馬背的前邊，時而在馬背的後邊。在這些嘗試中如果能有驚人的命中比例，那麼他就成功了。

除了正式的對抗賽以外，蒙古的男人們，無論是喇嘛還是平民、男孩子，甚至是小姑娘，也經常練習射箭。對於精力充沛且喜歡在馬背上盡情嬉戲的人來說，這是個不錯的運動。

馳騁在馬背上將箭射中箭靶，需要好眼力和沉著穩定的手。那些在射箭方面訓練有素、百發百中的蒙古人，玩起步槍來也學得飛快，輕易地就成為非同尋常的步槍射手。一群被挑選出來的蒙古弓箭手，一旦用步槍武裝起來，派赴前線打仗，往往一槍撂倒一個敵人，很少會失手。

蒙古人非常熱愛他們的土地，其熱情勝過我所見過的其他民族。在保衛自己土地上，他們總是有著優勢，他們已習慣於清新的空氣和高海拔的生存環境，能夠比外來者更為精準地判斷出距離的遠近。蒙古人很機靈，能夠經驗嫻熟地將敵人引誘到捕獲之處。

蒙古人擁有非凡的忍耐力，在沒有食物和水源的情況下能夠行走相當長一段時間，也能夠經得起天氣的考驗。包括喇嘛和平民，都熱衷於健身，以日常的摔跤比賽，或者以每天的長距離馳騁，來增強自己的體格。

蒙古兒童可以說是世世代代吃苦耐勞的產物。這裡的父母十分明智，不願因溺愛而弱化孩子的體質。當孩子斷掉母奶，開始喝上馬奶時，他就會自己照顧自己。饑餓的時候，他可以自己去找到食物（如果那裡有的話）。當遇到暴風雨的時候，他會盡己所能去應對。如果遇到狼群撲過來，人們希望他能撿起一根棍子，勇敢地去追打。他一旦能走路，就要學會騎馬。在蒙古包中，離火盆最近的地方屬於成年人，男孩和女孩得坐在他們適合坐的地方。

談到食物，在春天和夏天時一切順利。母馬和乳牛的奶水充盈，綿羊膘肥，獵物也很豐足。在冬天，沒有那麼多可吃的東西，食物缺乏時，往往是身強力壯的男人吃第一份，接下來是婦女，孩子們吃最後剩下的。

除了積極的抵禦以外，消極的抵抗也使蒙古人難以被外力征服。他們不會急躁地展開戰鬥。一旦遇到外敵入侵，居住在蒙古包中的蒙古人能夠在夜間驅走畜群，消失得無影無蹤，臨走時還將水井破壞。進入蒙古的入侵者，會發現自己處在沒有食物和水源的沙漠之地，只能依賴於大自然的憐憫。

我在蒙古生活的那些年中，發生了許多事情，讓我確信當下的蒙古人仍像歷史文獻記載成吉思汗時代的蒙古人那樣，有相當的能力堅持抵抗敵人。我和托津台吉王爺（Prince Tochen Tachi）[1]的友誼，使我更堅定了這一信念。

托津台吉本是貴族，治理著蒙古東南部一個很小的蒙旗。他因遭遇中國土地掠奪者的背信棄義，而失去了他祖先統治了幾個世紀的家鄉。當他離開家鄉的時候，原先經他允許才得進入旗境的那些漢人毀壞了他的王室蒙古包，趕走了他的牛群，殺害了他留在家中那些孤苦無依的婦孺。

他發誓要向所有漢人報仇雪恨，離開了家鄉，部族中的所有人都追隨他，隨著其他有類似遭遇的蒙古人加入，人數越來越多，他們宣誓會反覆襲擊和迫害蒙古草原上的每一個漢人。他們沿著商隊的路線分散在蒙古草原上，流轉於每個有漢族商人搭建帳篷的地方。他們冷血無情地燒殺劫掠，只留下一小堆灰燼，標誌著這個地方曾經有漢族商人的帳篷和大車停留過。他們以這種方式走遍整個蒙古東部地區，然後向西朝庫倫奔去。在他們身後，是一片沒有漢族商人的地帶。

1 結合近代蒙古史實，從下文敘述來看，此人疑即內蒙古哲裡木盟郭爾羅斯前旗的陶克陶胡台吉，其抗墾鬥爭發生在 1905-1909 年間。

蒙古人擾襲的時候，要麼是單槍匹馬，要麼以小隊的形式進行。托津台吉在為數不多的幾個追隨者陪同下，在一處懸崖下的泉水邊搭起五座蒙古包，在距離庫倫幾里遠的地方安身下來。幾千名漢族商人居住在庫倫城內，卻害怕得發抖。即便托津台吉只有為數不多的追隨者，而他們則有數千人，但是他們害怕自己會遭遇到與他們商人兄弟的相同命運。

於是，漢族商人從駐庫倫清廷總督那裡得到了二百五十名清兵。情報人員偵察並報告稱，托津台吉幾乎所有的隨從都離開了他的營地。清兵們在托津台吉的蒙古包周圍進行了大面積的搜索，先頭攻擊部隊並占領了一座山頭，以從山後俯視整個營地。在天色破曉之際，他們朝托津台吉的蒙古包開火，把這些蒙古包徹底掃射成碎片。

然而，托津台吉相當聰明，豈會在自己的土地上被清兵抓住！他不是馬馬虎虎的人。事後他告訴我，當清兵離開庫倫時，他原先留在庫倫的一個親信也隨即離開，此人騎馬比清兵更快，拼命向他準確報告來襲敵軍人馬彈藥的情況。

所以，蒙古人預先在他們的蒙古包內挖了個深深的坑洞。當清軍浪費了所有的彈藥，將帳篷射擊成碎片的時候，蒙古人在坑洞裡安全地休息著。在蒙古包倒塌之後，蒙古人持槍跳了出來，從氈房的廢墟後面認真地開始戰鬥。每個蒙古人都撂倒一名清兵。當其中一半的蒙古人朝清兵開槍射擊的時候，托津台吉和其他人跑向樹林，他們的馬匹已在這裡備好鞍具、套好籠頭。

托津台吉和他的每一個弟兄都有兩條子彈帶和一支步槍。他們輕裝行進，以便迅速奔走。他跳上他那匹著名的戰馬，其餘人也躍上馬背，去追逐正在向庫倫撤退的清兵。頗具冒險精神的蒙古人以全速在清兵身後分頭包抄上去，托津台吉開槍射擊，兩條子彈帶彈無虛發。

在向我講述這件事情的時候，托津台吉總結道：「我的人都幹得漂亮，一天該做的事情就這樣。我們覺得需要食物和休息了，所以騎馬到另一個搭好帳篷的地方。」

這次行動的故事和關於這個貴族的許多戰功傳說都傳入庫倫。活佛，當時的蒙古皇帝，也派人尋找托津台吉。他被任命為陸軍部（Minister of War）的官員，在那裡忠誠地服役。

喇嘛們和平民百姓一樣，都是不錯的士兵。轉世喇嘛噶拉桑活佛不僅是其領地上的宗教領袖，還統領著一支規模龐大、訓練有素的蒙古大軍。他的部隊裝備著現代化的武器和彈藥，而且他們的訓練包括所有的蒙古操法，諸如增強人的忍耐力，使他目光銳利，並輔以西方謀略的教育指導和西方軍事材料的使用。他有幾千名士兵，能瞬間應召前來，為洗刷蒙古人所受的屈辱而戰。

蒙古屬於高原地形，有一百三十七萬平方里土地，地處亞洲大陸的心臟地帶。她與俄羅斯和中國接壤，作為這兩個國家的緩衝國存在著，兩國都渴望使蒙古保持這樣的地位。

蒙古國土面積的廣袤，和軍隊橫穿蒙古時的運輸難度，阻礙了中俄兩國邁向戰爭的道路。中俄兩國為了贏得蒙古的好感，彼此展開爭鬥。無論是政治上的價值還是物質上的利益，蒙古都引起這兩個國家的興趣。他們在牛肉、羊肉方面依賴蒙古，也都在農耕與軍用上需要蒙古馬。

蒙古有著大量未開墾的土地，人煙稀少。俄羅斯和中國聯合起來，一致警告人口過剩的日本，不要在這裡培植友誼，也不要為自己的擴張在這裡尋找出路，否則將會面臨危險。

民間傳說故事講述到，蒙古利亞人種是依據偉大天神的旨意出現的。所有的蒙古英雄和女中豪傑，從混沌的過去，經過幾個世紀一直到今天，總是被稱作柏格達（Bogda），就是「天神們的人種」。

在日暮黃昏時分的蒙古包內，在旅行商隊中，在夏季的各種節日裡，在婚禮儀式期間，或者在其他場合，但凡民眾會有時間唱歌或講故事的時候，他們即以一種神話般的語言講述著他們的歷史，不管這件事情是發生於當天還是過去的年代。他們認為生命是和一些無法解釋清楚的巨大力量捆綁在一起的，萬事皆有可能。從他們的民間傳說中，可以拼湊出一段歷史（這與維吾爾人、中國人、波斯人、亞美尼亞人、威尼斯人和俄羅斯人的文獻符合），直到 1893 年我開始來這裡生活。

早期中國的文獻描寫過一個在生活習慣和外貌上與蒙古人相似的人種，稱為匈奴人，其領土大致對應到今天的蒙古。在漢高祖（西元前 206 年漢王朝的建立者）

統治初期的一份紀錄寫到，他之所以選擇陝西長安作為都城所在，是因為他想要一個可以觀察到野蠻匈奴人一舉一動的地點。這份紀錄顯示，如果有人問匈奴人家鄉在何處，他們就回答：「在我們的馬背上」。這份文獻又稱，匈奴人的孩子甚至會騎在綿羊身上，用小弓箭射鳥，說他們依靠用馬奶製成的乳酪生活，說他們用駱駝來搬運他們的可以像傘一樣摺疊起來的房舍，還說他們經常從高原上南下席捲中原，殺死許多人，掠走大量有價值的東西。這份文獻還控訴，中原地區每年都要被迫送給他們絲綢、大米、酒和美麗的少女，以防止他們摧殘整個華北地區。[2]

據史料記載，中國人與高原上的匈奴人經常糾葛不斷，最終導致其頭目劉淵在西元 3 世紀率領五萬名馬背戰士進入中原，把晉朝的第二個皇帝擄走。在他之後，他的弟弟將晉朝的第三、第四任皇帝劫掠到大漠高原。

2　這段文字可以在中國漢文典籍中找到出處。如《史記》卷一百十〈匈奴列傳第五十〉：「逐水草遷徙，毋城郭常處耕田之業，然亦各有分地。毋文書，以言語為約束。兒能騎羊，引弓射鳥鼠；少長則射狐兔：用為食。士力能毌弓，盡為甲騎。其俗，寬則隨畜，因射獵禽獸為生業，急則人習戰攻以侵伐，其天性也。其長兵則弓矢，短兵則刀鋋。利則進，不利則退，不羞遁走。苟利所在，不知禮義。」「於是漢患之，高帝乃使劉敬奉宗室女公主為單于閼氏，歲奉匈奴絮繒酒米食物各有數，約為昆弟以和親，冒頓乃少止。」又，《漢書》卷九十四上〈匈奴傳第六十四〉上：「逐水草遷徙，無城郭常居耕田之業，然亦各有分地。無文書，以言語為約束。兒能騎羊，引弓射鳥鼠，少長則射狐菟，肉食。士力能彎弓，盡為甲騎。其俗，寬則隨畜田獵禽獸為生業，急則人習戰攻以侵伐，其天性也。其長兵則弓矢，短兵則刀鋋。利則進，不利則退，不羞遁走。苟利所在，不知禮義。」「於是高祖患之，乃使劉敬奉宗室女翁主為單于閼氏，歲奉匈奴絮繒酒食物各有數，約為兄弟以和親，冒頓乃少止。後燕王盧綰復反，率其黨且萬人降匈奴，往來苦上谷以東，終高祖世。」

此後匈奴稱雄華北六十年，把都城建立在今天北京附近的位置，自稱「天子」。

西元 445 年的西方歷史文獻，記述了匈人（Huns）對於歐洲的入侵。按照他們的描述，這些匈人和當今的蒙古人十分相似，似乎就是蒙古人的先祖，然而這一文獻沒有蒙古民間傳說的佐證。因為，並沒有類似「成吉思汗前時代」突襲歐洲的這種民間傳說故事流傳下來。

西元 1125 年，一位中國文人記述了這些從北部高原地區衝殺過來的戰士，他們占領了宋朝的都城開封。如果直譯，他的敘述如下：

> 他們在馬背上戰鬥，每五十人分作一組。在每一組裡面，二十人穿著胸甲，手持短劍和長矛，構成隊伍的前鋒，其餘三十人為隊伍的後衛，身穿輕甲，佩戴著弓箭和標槍。在戰鬥中，他們所有人一直趨步前進，直到距離我們一百碼，然後他們的馬迅速疾馳。騎手們不用轡繩即能奇蹟般地引導他們的坐騎，騰出雙手來使用他們的武器。他們放箭之後，迅速後撤回去。這些戰術多次重複著，然後用短劍和長矛向我們發起進攻。[3]

3　這段文字可以在中國漢文典籍中找到出處。如《契丹國卷志》之十（源自《三朝北盟會編二五〇卷》）〈天祚皇帝上〉：「初，女真之叛也，率皆騎兵。旗幟之外，各有字號小木牌，繫人馬上為號，五十人為一隊。前二十人全裝重甲，持槍或棍棒；後三十人輕甲操弓矢。每遇敵，有一二人躍馬而出，先觀陣之虛實，或向其左右前後，結陣而馳擊之。百步之外，弓矢齊發，無不中者。勝則整陣而復追，敗則復聚而不散。其分合出入，應變若神，人人皆自為戰，所以勝也。」

今天，高原上的人們歌頌著成吉思汗，將他視為一位強有力的天神。關於他的天資，有著足夠權威的紀錄。他出生在 12 世紀中葉之後，在他十三歲那年，因為父親的去世，他成為自己部落的頭目，但是他的部落起初拒絕承認他的領導地位。在他的整個青年時代，一直在逆境的熔爐中經受著磨礪，和自然界，和自己，和那些敵對部落不斷地戰鬥。在四十四歲那年，他被稱為「最威猛的可汗」（Most Mighty Khan），蒙古高原的所有部族在他的率領下聯合起來，形成一個聯盟。「蒙古人」，就意味著勇敢的人。在他的統率下，蒙古人打到哪裡，就成為那裡的主人。他們制定的一部法典，通行於從朝鮮到伏爾加河彼岸，以及從土耳其斯坦到裏海的廣大區域。

當成吉思汗「歸天」（return to the gods）的時候，蒙古人對於外部世界仍舊保持著一種好奇的心情。成吉思汗的兒子窩闊台繼位後，蒙古人不僅在窩闊台所繼承的廣大區域內執行他們的意志，而且進一步征服擴張。他們打敗了扎蘭丁（Jelal ed-Tin），[4] 並將亞美尼亞控制在他們麾下，征服了黃河東岸以內的整個中國，控制了亞得里亞海，摧毀了莫斯科，燒死了躲藏在弗拉基米爾大教堂（the Cathedral of Vladimir）中的俄羅斯皇室。他們來到維也納的大門口，進入朝鮮，屈服了波斯南部，還入侵了波蘭。

在窩闊台死後，關於誰應該繼承汗位的家族糾紛，

---

4 Jalal al-Din Mangburni，即花剌子模末代王子。

困擾了蒙古人十年之久。這時，成吉思汗最心愛的孫子忽必烈，即窩闊台弟弟托雷的孩子，被一致擁立為大汗。

忽必烈汗在位時期，蒙古人從蒙古高原上發起了第三次，也是兵鋒最長的一次征討。他們騎馬躍過美索不達米亞，粉碎了哈里發的勢力，將巴格達和大馬士革納為己有，並馳騁到耶路撒冷附近。他們把自己的軍旗飛揚在安提阿[5] 上空，也使牛尾湯的味道散進安提阿城的每個角落，進入小亞細亞，遠達士麥那城，[6] 並在一個星期的遠征後進入君士坦丁堡。他們推翻宋朝，並將他們對中國的統治延伸至馬來亞邊界。他們在西藏、安南和緬甸強力推行了他們的法律。

西元 1260 年，忽必烈汗在華北積極籌建一座金色城市以作為他的都城。這座城市叫做汗八里（Cambaluc），即現在的北京。它並非按中原城市的風格建造，如果按照當時中原的那種風格，街道是狹長彎曲的，而新建的汗八里城有著又長又寬的馬路，騎手們可以九人並排地穿越。忽必烈汗給他的中國王朝取名為「元」，這意味著「本原」（original）。

5　古城安提阿（Antioch）是古代塞琉西帝國的都城，位於土耳其南部的奧倫梯河 (Orontes River) 東岸，靠近敘利亞邊境。是前 4 世紀末由塞琉古一世建立的一個帝國首都城市。另一說法，是古代弗里幾亞的一座城市，弗里吉亞是中西部小亞細亞的一個古老的地區，南與比提尼亞接壤，在西元前 6 世紀被吸納入利底亞王國。

6　士麥那城（Smyrna）即現在土耳其的伊茲密爾，位於愛琴海伊茲密爾灣東南角，是土耳其西部港市，為地中海地區小亞細亞西部海岸最古老的城市和貿易中心之一，早期基督教教會所在地。早先曾為古希臘愛奧尼亞人的殖民城市，15 世紀中後期後被鄂圖曼土耳其帝國占領。

根據元朝文獻的記載，中國在蒙古人的統治下享受著非同尋常的繁榮，因為有一位強人保護他們土地的和平，使他們一直繁榮昌盛，貿易和工業蓬勃發展。他們的外來統治者抽取豐富的貢品，維持著一個華麗的宮廷，他們為在忽必烈統治下的輝煌和盛況而感到自豪滿滿。

忽必烈汗下令修築官道，並建立起驛遞服務系統，重修從杭州到天津，有一千里長的帝國大運河，至今仍是中國境內主要的內陸交通航道之一。

忽必烈汗統治著一片遠比歷史上任何其他統治者都要廣袤的土地。他一旦征服了某個地方，即用和平的手段進行治理。在這方面，他有著來自父親和祖父的經驗教訓。書生（casual students）傾向於稱呼他的祖父成吉思汗為「上帝之鞭」，[7] 卻沒有注意到，事實上，成吉思汗所給予世界這部睿智的法典是如此有用，至今仍舊是蒙古司法審判的基礎，使蒙古人彼此和平相處。

在蒙古人稱霸天下的時候，整個世界度過了一段和平的年代。伴隨著這些優秀戰士的征服，所有的小規模衝突漸漸結束。文明的模式改變了，很多人因此殞命消亡，但是那些存活下來的人們，活出了文藝復興時期。俄羅斯王公們的血海深仇，已從歷史的歲月中抹去。伊斯蘭教受到了遏制。西方的科學家和工匠們由蒙古的征

7 中世紀歐洲文人所稱上帝用以懲戒人間的災難，通常指：（1）率眾馳騁歐洲的古代匈人首領阿提拉；（2）席捲歐洲導致大量人口死亡的黑死病；（3）震撼世界的成吉思汗。

服者帶入遠東地區，遠東地區的文化和管理能力也滲透入西方世界。

中國第一次實現了大一統。中國學者們沐浴著和平舒適的空氣，創造出一種文學上的財富，使得這個世紀以元曲聞名天下。伊斯蘭學者的天地被入侵的征服者所摧毀，但是大自然在新生事物的增長方面擁有著無窮無盡的動力，玫瑰花很快會在廢墟上綻放盛開，枯枝敗葉落盡後，光明照進了智者們的心。

各國邊界先後瓦解，半個世界合併為一個治理完善的區塊，使得大範圍旅行首次在歷史上成為可能。蒙古人在他們統治的整個區域內保持著道路的暢通，沿著這些道路，身著盛裝的旅行者們絡繹不絕。基督徒安全出行，去拜謁耶穌的聖墓（Holy Sepulchre）。[8] 穆斯林平安地前往所羅門聖殿（Temple of Solomon）。[9] 來自緬甸的印度教僧侶和來自威尼斯的天主教神父進入了北亞地區。過去人們滿足於對自身文明以外任何文明的狹隘無知，現在對世界的興趣在人們的胸懷中激起。波斯的王子們、朝鮮的巫師們、土耳其的士紳們、俄羅斯的貴族們、威尼斯的商人們，與來自西藏的紅帽子喇嘛們、來自士麥那城的工匠們、來自安提阿的十字軍，大家都混合在一起，並和名叫耶律楚材的中國智者在蒙古可汗們的宮廷中相會。

8　位於以色列東耶路撒冷舊城。

9　所羅門神殿（又稱第一聖殿）是《聖經》記載的一個建築物。建成於西元前 957 年。西元前 587 年，新巴比倫國王尼布甲尼撒將猶太王國滅亡，並將其徹底摧毀。

儘管蒙古人在征服時代表現出無情的殘酷，但是在民間傳說和成文的紀錄中，仍有足夠的證據可以證明，蒙古君主們在政局穩定後的行政管理，對所有人施行了宗教自由的統治政策。有一個常對蒙古兒童說起的故事：「有一天（此時窩闊台已是大汗），某個尚未明瞭博愛的涵義，卻自稱是佛教教義的追隨者，走到窩闊台汗跟前說：『您父親成吉思汗的靈魂在昨夜降臨，他命我給您送來一則訊息。他叫您剿滅所有穆罕默德的信徒，因為他們是大地的爛瘡，把精神疾病傳染給其他人。』

大汗這樣回答：『我父親透過翻譯告訴你的嗎？』

『他的靈魂直接告訴我的。』

可汗笑道：『你知道蒙古人的講話方式嗎？』

這個人耷拉著腦袋，因為所有營地的人們都知道，他講著一種古怪的外國方言，必須透過一名翻譯才能和蒙古人交談。他說：『如您所知，偉大的可汗，我不會講蒙古語。』

『啊！』窩闊台語氣明顯放鬆地說：『那麼你誤解了靈魂的意思，我的父親只懂得蒙古語，別的都不懂。』英明的可汗繼續允許所有人按照他們自己的方式尋找神。」

忽必烈汗向他的各個屬地發出各種命令，其中之一是，所有的基督徒免於不平等的奴役和稅賦，擁有接受榮譽和尊敬的待遇。當成吉思汗的孫子旭烈兀代表他的哥哥忽必烈統治敘利亞的時候，發布一道詔書，大意是每個教派應當公開宣揚它的信仰，如果遭到其他宗教信徒的騷擾，政府將會出面保護。

蒙古人從不囤積居奇。我們通過現有文獻可以得出這樣一個結論，即那時的蒙古人仍像今天一樣，總是無心考慮物質財富。他們喜歡美麗的東西，尤其是珠寶和有著靚麗顏色的絲綢，但是除了大群大群的馬之外，他們並不渴望擁有任何東西。他們把豪華的禮物送給朋友，對於那些因不幸而沒有生活必需品的平民百姓也慷慨解囊。「如果一個鄰居沒有馬，而我卻有兩匹，此時唯一明智之舉，就是應該給他一匹。因為當一個人離開這個世界的時候，他什麼都帶不走。」這是我時常聽說的哲學理念。

成吉思汗對於被他征服的那些國家君主們所積累的財富嗤之以鼻。據史料記載，他輕蔑地用靴子踢了一袋金子，說道：「蠢貨！這對他們沒有任何好處。當我們殺了他們的時候，他們什麼都帶不走。」他和追隨者們毫不留情地毀壞了所征服土地上發現的所有物質財富，只將其中一小部分帶回蒙古高原。

蒙古大汗們喜歡給他們的帳篷、坐騎以及他們的手下帶上華麗多彩的裝飾品。直到今天，所有的蒙古人仍然如此，但是他們沒有把珠寶囤積在百寶箱中的傾向。我的一位朋友，她有七顆光芒四射的祖母綠，是早先作為戰利品流傳下來的。她把它們串起來，別在頭髮上，甚至在擠奶的時候也不摘下。

按照馬可・波羅和其他人的記載，忽必烈汗生活在一個富饒華麗的國家，但是他並不收藏什麼大祕寶。窩闊台也曾受到告誡，應該將奢華的禮物贈送給他所遇到的每個人，他曾經將一串珍珠送給一位乞討的婦人，並說：「我很快就會離開人世，那時我唯一能夠長存之處，就是在百姓的記憶當中。」美國詩人朗費羅（Longfellow）[10] 用優美的詩句講述了與 13 世紀旭烈兀心靈相會的故事，使這種哲學成為永恆。（旭烈兀是成吉思汗的孫子，巴格達的哈里發）

我對哈里發說您已老，
無需那麼多金銀財寶，
不應該把它們堆藏起來，
直到戰爭氣息火熱近挨。

蒙古人統治世界的瓦解，就像它建立時的速度那樣快。蒙古人吟唱著，他們的女人沒有一個會愚蠢到放棄只有在美麗草原上才可以享受到的，壯麗而自由的游牧生活。歌聲也述說著，儘管男人們在戰爭中獲取了好的鹽巴，可是征服世界的滋味在閒得無聊的安寧日子中卻是平淡無奇的，他們很快就厭倦了外地那種死氣沉沉的氛圍，再次回到家中。

1294 年，忽必烈汗去世，他的孫子鐵穆耳繼承了皇位，蒙古人說，他是「一個童年在中國度過，發育得過於軟弱的男人」。鐵穆耳的後續幾位繼承者也都是在中

10 朗費羅（Henry Wadsworth Longfellow, 1807-1882），是美國著名詩人和教育家，也是美國第一個翻譯但丁神曲的詩人，是五位爐邊詩人之一。

國長大的，但是到 1368 年，蒙古人回到了長城以北。

合贊汗繼旭烈兀之後管理著近東地區，但是他沒有給他的第二個堂兄弟鐵穆耳送去什麼報告，也沒有參加他的繼位儀式。他死在外地，由那些透過通婚而被吸納進這個遙遠國度，且又擁有一半蒙古血統的後代繼承了汗位。忽必烈死後，就後繼無人，能被派到遙遠的國度去執行律法。

1400 年，蒙古人最後的殘餘勢力，即朮赤（成吉思汗長子）兒子拔都的混血後裔，變得十分羸弱，最終將中亞南部和波斯地區輸給了突厥人帖木兒。

1555 年，俄羅斯的恐怖伊凡輕而易舉地動搖了蒙古在俄羅斯的專政統治。但是直到 18 世紀中葉，蒙古人才完全失去對於外部世界的控制，也就是在成吉思汗征服之後的六個世紀，他的繼承者把印度斯坦交由英國統治。但是在此之前，成千上萬流浪外地的蒙古人，業已回到他們的故鄉。

忽必烈的孫子鐵穆耳，[11] 生活在中國，是一個極端軟弱的男人，無力將蒙古人的家鄉統合為一。難以計數的遠比他強壯的男人，在不同的地區掛著帥印，獨當一面，使得政府統治被瓦解成幾個集團，就像是當年在蒙古高原，成吉思汗將高原上所有人民整合成一個不

11　原文稱忽必烈的孫子鐵穆耳，即元成宗。按作者在此處意圖，應指元朝末代皇帝妥懽貼睦爾（1320-1370），但並非忽必烈之孫。按照元朝皇帝世系，元順帝妥懽貼睦爾是元明宗和世㻋長子，元明宗為武宗海山長子，元武宗為世祖忽必烈的太子真金的孫子。後文原作者多次提到的鐵穆耳，皆為這位末代皇帝。

可戰勝的集團之前那樣。鐵穆耳[12]時代開始的這一分裂持續了將近一百年之久，直到1470年，一個足夠強壯的蒙古人橫空出世，重新統一了蒙古。他的名字叫達延汗，[13]他不關心蒙古高原邊界之外的任何領土。在他統治時期，蒙古人享受了一段黃金歲月。

達延汗是一個睿智的人，蒙古民間故事中有很多關於他的傳說。按其頌詞，達延汗活了一百年。中國的文獻則顯示，達延汗死於1544年。[14]他彌留之際，身邊有十一個兒子。這些子嗣在應該由其中哪一位繼承汗位的問題上，無法達成共識，所以蒙古高原只得分裂成十一個部分，每個部分由一位獨立的君主統治著。

在明朝統治中國期間，蒙古各部的頭領們非常頻繁地掠奪著中土，時常俯衝下來，越過長城以南襲擊。這種情況猶如自有文字記載的中國歷史開始以來，北方民族在好幾個世紀中一直做的那樣。一份文獻顯示，在15世紀中葉，一位中國軍隊的指揮，[15]勸誘皇帝明英宗御駕親征抵抗蒙古人，在其看來，皇帝的親臨會鼓舞軍隊的士氣。

結果這支軍隊幾乎全軍覆沒，將軍戰死，蒙古人將皇帝明英宗掠至蒙古，希望從明朝換得一份高額贖金。

---

12 元朝末代皇帝妥懽貼睦爾。

13 此處史實有誤，達延汗是1480年即位。

14 拉爾森關於達延汗1544年去世的說法，可能依據《黃史》或《蒙古源流》推算而得。據寶音德力根教授考證，達延汗卒年為1516年。寶音德力根，〈達延汗生卒年、即位年及本名考辨〉，《內蒙古大學學報（人文社會科學版）》，2001年第6期。

15 應指宦官王振。

這場戰役發生在土木堡附近，每次我騎馬從蒙古進入北京，都要路過這個城市。它的城牆仍舊傷痕累累，是由蒙古軍隊在這次戰役中用石砲造成的，這裡的人們仍舊在講述著那次土木堡圍城的民間故事。

這些襲擊不斷地進行著，直到 17 世紀初方告結束。達延汗兒子的繼承者們，就是漠南戈壁高原上的各部君主們，與滿洲韃靼部落結盟，在一個名叫努爾哈赤的王爺領導下，大規模地入侵中國。

努爾哈赤擁有一支四萬人的武裝力量，在 1618 年向明朝進軍。他在遼東第一次遇到明軍，並將其徹底擊潰。韃靼人一路攻至瀋陽，於 1625 年建都於此。努爾哈赤死於 1627 年，其汗位由其子太宗[16]繼承。

清太宗麾下的軍隊在此時已發展至十萬之眾，他率軍遠征進入關內，在離北京不遠的地方紮營。但清軍這一次未能攻克北京城，只得退回到長城後面。

不久，清太宗去世，他的一個小兒子成為皇位繼承人，由王爺多爾袞攝政。1644 年，多爾袞王爺率領清軍再次進入中國。與此同時，明朝因內戰而變得十分羸弱，清軍不費吹灰之力，便奪取了明朝皇位，同時宣布清廷小王爺、努爾哈赤之孫，順治，為中國的皇帝。

這一事件標誌著中國和蒙古之間和平時代的開始，就像元朝時曾經有過的安寧那樣。努爾哈赤及其繼承者們是叫做滿洲人的韃靼族人，但是與蒙古人一樣有著相

16　努爾哈赤死於 1626 年。清太宗即皇太極，1636 年改國號為清，故以下原文中的韃靼人軍隊皆改譯清軍。

同的原始族源。他們把自己的王朝叫做清，取「純潔」（pure）之意。

高原上的蒙古統治者與滿洲和明朝邊境接壤，在這次征服過程中幫了大忙。他們向新的王朝宣誓效忠，同時獲得了難以計數的特權，諸如在中國內地的某些稅關收取稅金的權力，直至滿洲在中國的統治結束為止。

蒙古統治者會不斷地將領土分割得越來越小，給自己的幾個兒子，這直到18世紀初才停下來。那時出現了一位名叫策零[17]的頭目，他再次將蒙古各部統一於一個主要政府之下。他和清廷維持著和平，但並不試圖干預在其統治下那些族長們在中國的世襲權力。他於1745年去世，由他的兒子達爾札[18]繼承汗位。

達爾札的表弟阿睦爾撒納覬覦達爾札的汗位，將其殺害。阿睦爾撒納自稱為全蒙古的統治者。但是達爾札的另一位表弟達瓦齊，曾經鼓動阿睦爾撒納殺掉達爾札，此時卻自私地貪圖起汗位。這兩人彼此爭吵起來，阿睦爾撒納投靠清朝宮廷效力，他在北京受到親切的歡迎。乾隆皇帝給了他武器彈藥和糧食供應，以及一支大規模的清軍。在這些條件的幫助下，阿睦爾撒納很快結

---

17 即噶爾丹策零（Galdan Tseren, 1695-1745），又稱噶爾丹策凌、噶勒丹策凌。清代厄魯特蒙古準噶爾部首領。策妄阿拉布坦長子。1727年，繼承父位。1729年，雍正分西、北兩路征討噶爾丹。1732年，噶爾丹策零親征外蒙古。土謝圖汗部首領額駙策棱，率軍三萬將其擊敗。1734年，清朝與準噶爾和談。1745年，準噶爾汗國爆發大瘟疫，五十歲的噶爾丹策零於同年9月在伊犁染病去世。

18 即喇嘛達爾箚。

束了其表弟達瓦齊的統治，自稱為所有蒙古人的首領。與此同時，他向中國皇帝，即他的滿洲親戚保證，自己願成為一個聽話的附庸。

但是，阿睦爾撒納一覺得自己在蒙古已經安全了，就毀棄曾向清朝皇帝發過的誓言，不斷向長城以南富庶的內地發起進攻。乾隆皇帝派出一支勁旅與之對抗，阿睦爾撒納逃至俄羅斯，不久他就死了。

在達瓦齊、阿睦爾撒納交惡之時，被稱為土爾扈特部（Turguts）的蒙古部族對這種鬥爭很是厭倦，遂接受了俄羅斯政府的邀請，進入伏爾加河（Volga）流域內富饒的草原並定居下來，他們在那裡待了半個世紀。但是蒙古人一旦離開自己的草原就會覺得不快樂、不健康。1771 年冬天，他們拆卸了蒙古包，開始了一段漫長而險象環生的歸鄉之路。德．昆西（De Quincey）在他的著作《韃靼部落的逃離》（*The Flight of a Tartar Tribe*）[19] 描述了這群多達十六萬男女老少蒙古人穿越俄羅斯長途跋涉的艱辛。俄羅斯試圖阻止他們離去，但是蒙古人和滿洲人前往接應。在長達八個月的艱難跋涉之後，超過半數的歸鄉者再次來到了他們所深愛的騰吉斯湖（Lake Tengis）岸邊。

蒙古各部從未接受阿睦爾撒納為他們的首領，即便是在他自稱君主，並向中國皇帝保證願意將蒙古作為清朝附庸的那個年代，他也沒有凌駕於整個蒙古之上的權力。在達爾札去世之後，蒙古分裂為不計其數的小政

19　此書出版於 1897 年。

權，每個政權都有一個統治者，但並沒有一個大家都願意效忠的中央政權出現。

陰險狡詐的阿睦爾撒納率領他的部下對中國進行輪番進攻，使得清廷有了這種擔憂，即如果所有的蒙古部族轉而反抗自己的話，滿洲實在很難具有掌握中國皇位的能力。所以，中國皇帝開始考慮增強邊疆地區的力量，在蒙古高原的邊界上親自指揮了長城防禦工事的修築，並派出一支遠征大軍，吞併了東土耳其斯坦，也建設熱河，也就是大清的夏都，從這裡他可以和蒙古首領們培養友誼。

從這時起，清朝統治者設法與高原上的蒙古人發展關係。他們鼓勵蒙古統治者和滿洲公主通婚，給蒙古人授予在中國的名號和特權。他們邀請蒙古人參加宮廷的所有節日活動，給予他們相對於漢人的優先權。經由他們的滿洲妻子，這些游牧部族的王子們受到鼓勵，在北京城打造並擁有了價值不菲的府邸。滿洲人促使蒙古人在宗教信仰上逐漸傾向喇嘛教，認為它會耗盡蒙古人的好戰氣概。

滿洲在華統治政策自始至終是懷柔性的。滿洲王爺多爾袞在清朝建立之初是年幼順治皇帝的攝政王，他恢復和採用了許多被明王朝忽略的古老中華風俗和規章。

滿洲皇帝按照神話歷史的早期中國皇帝禮儀，每年都會在露天圓形廣場[20]祭天。他們支持儒家學說，並透過科舉考試，從漢人臣民中選擇官員，協助他們管理政

20 即天壇。

府，而且還允許漢族農民進入滿洲地區。

1644 年，即從清朝入主中原開始，嚴禁漢人向北越過長城。很快，成千上萬的漢族農民蜂擁而出，直抵滿洲家鄉這片富饒的，先前只是讓游牧部族放牧畜群的處女地。

一旦漢人擴散到長城以北，若要禁止其踏入蒙古土地，便成為一件不那麼容易的事情。他們從高原上水草萋萋的景象即已判斷出土壤的肥沃程度，渴望在蒙古高原上擁有耕作的權利。

當滿洲貴族成為中國的統治者時，便丟掉了自己的游牧習慣，漸漸喜歡上了品種繁多、做工精細的食品，住進冬暖夏涼的木石結構房屋中，身體變得軟弱，因而對於自己蒙古表親的恐懼感與日俱增，所以他們盡其所能地弱化蒙古人。他們把內地漢商介紹給蒙古高原上友好的蒙古王爺們，引誘蒙古人去吃外地食物，引誘他們去渴求那些令人意志力消沉的各種奢侈品。他們說服夏都熱河這片土地周圍的蒙古統治者們，允許漢人「奴才們」為了各種御宴，辛苦地製作各種海外佳餚。他們對蒙古人說，這些漢人農民的移入，不會有什麼危害，因為即便是天底下最盲目的人也能看出漢人的懦夫特質。

所以，大批的漢人就像旅行商人一樣，進入到蒙古高原，作為土壤的耕作者在蒙古邊界上紮下根來。清廷用計向蒙古人建議說，他們會派出官員來使漢人在當地遵守秩序，以免他們狡猾篡權。

我的孩提時代是在瑞典鄉村度過的，那時我已對蒙古人產生了熱切的興趣。當我去英格蘭留學的時候，我盡我所能地找到每一本關於蒙古的書，並把這些書都添加到我的書架上。當我第一次踏上遠東的土地，駐足在華北的包頭時，便常常會就蒙古人的政府治理一事，向當地的清廷官員（此人成為了我的朋友）提出多不勝數的問題。

我的書籍和我的官員朋友教導我，蒙古是中國的藩屬國，[21] 他向我詳細地解釋了這一高原是如何分割為整齊的政治實體，這些政治實體緊湊而有序，每個部分都由北京派來的一位總督管理著。

那時候，我在一位鄂爾多斯蒙古王爺的贊助下生活，在三個月的相處期間，我曾經想過鄂爾多斯是否會發生叛變，也預料可能會遇到麻煩。但儘管這個王爺用一種霸道獨行的手段統治著他的旗，卻一點麻煩事也沒有發生。

從鄂爾多斯來到庫倫後，我遇到很多蒙古王爺。在接下來的那幾年中，我幾乎訪遍蒙古的每個蒙旗。我發現，各蒙旗的獨立完全依賴於該旗統治者的力量。

許多蒙古王爺都有滿洲妻子，但是當我訪問各個王爺宮殿的時候，我知道每旗旗主幾乎也都有一位蒙古妻子，住在宮殿外面不遠處的一座王室蒙古包內。這些蒙古包的女人們沿襲著蒙古社會幾個世紀以來的風俗習慣，養育著她們的孩子。

21 這一說法明顯錯誤，內外蒙古是清代民國時代的中國領土，與朝鮮、琉球等藩屬國不同。

滿洲妻子在蒙古高原上從未感到幸福，總是渴望帶著孩子回訪中國。蒙古妻子在她的丈夫和滿洲妻子去北京時，負責處理本旗事務，而她的孩子們早早地便掌控了本旗的政務管理。滿蒙聯姻的後代中，幾乎沒有人能在蒙古高原上嚴苛的條件下生存過來。如今的每個蒙旗，繼承父親王位的幾乎清一色都是在蒙古長大的兒子。蒙古妻子養育的這些兒子，並未被清廷生活軟化或腐蝕。這種生存環境使得一位堅強的男人能夠作為蒙古君主生存下來，因為當他的父親去世時，惟有這位堅強的男人，才能奪取並保住王位。

滿洲人在征服中國之初，是善於騎射、強韌有力的民族，但是在中國生活三個世紀之後，他們已經退化了。他們把自己的女人一併帶入中國，還以嚴禁滿漢通婚的法律來保持自身血脈的純正，但卻把自己家鄉滿洲毫無保留地交給漢族耕種。他們本來可以同蒙古人以元朝統治中國一樣，在那裡繼續培養強健的體魄。

雖然持有清廷的派令，但受命進入蒙古任職的滿洲官員，從不適應高原的生活。他們之中大多數人居住在邊界的小鎮裡，自我感覺良好。蒙古王爺們會邀請他們參加夏天舉行的各種節慶活動，但參加夏天的節慶活動只是例外，就我所知，除此之外，這些官員們不會加入蒙古高原上的生活。我從未在任何一次狼群圍獵活動或射箭比賽中，或者任何一次旨在檢驗忍耐力的遠征中，見過一名清廷官員。

想必這些官員忙著照料在蒙古的中國內地商人，但是，如果王爺命令這些商人澈底離開他所管轄的蒙旗，清朝官員實際上也很少做出干預。駐庫倫的中國總督[22]通常於每天午後坐在一輛有篷頂的馬車中驅馳草原。其餘時間，他會安靜地待在他的院牆之內。

蒙古人從未試圖駁斥，在他們身邊傳播著的有關被漢人征服的各種故事。我認為主要是這些故事，並不能引起他們的興趣。

萬事萬物一如常態地延續著，在蒙古高原上顯得相當平靜，一直到 1910 年。滿洲人和蒙古人彼此充分理解對方，滿洲人意識到了他們日益弱化的力量，渴望繼續與蒙古人保持著朋友關係；蒙古人則以一種既鄙視又憐憫的心情看待著業已羸弱的滿洲人，因為他們失去了從先祖那裡繼承下來的力量和血性。

1910 年，一位名叫三多的年輕滿清總督奉命來到庫倫。他是一位精力充沛卻不夠睿智的人，採用非常魯莽的政策，下令為一個清朝陸軍師的兵力建築營房。一批清朝軍官接著抵達庫倫，為加強對蒙古的紙上統治做準備。緊隨其後的，是一批漢族移民及其家小。

在庫倫有幾千名商人，活動範圍遍及蒙古高原的每個角落，但是他們並不能隨帶妻子，而且在許多蒙旗，他們的帳篷必須每隔二十四小時就遷移一次。蒙古人認為，這些漢族移民與那些從中國內地進入蒙古的商人相比，是有很大區別的。三多更進一步向蒙古王爺們發出命令，責備他們不應與俄羅斯保持友好的關係。

王爺們對三多沒有好感，尤其是杭達王爺，他覺得

22 即多次提到的庫倫辦事大臣三多。

三多應該返回到長城以南，那才是屬於他的地方。其他蒙古貴族們對此的看法，起初並不像杭達王爺那樣嚴重。杭達王爺對這種狀況頗為厭煩，於是離開首府庫倫，返回到自己的旗地。在那裡他聚集了本旗的士兵們，再回到庫倫，將滿清總督驅逐了出去。這是一場不流血的革命，所有的一切在天亮前的幾個小時內即宣告完成。在杭達王爺的率領下，蒙古士兵迅速解除了正在酣睡中的清兵武裝。在清晨時分，睡醒的蒙古人民，發現他們已經成為一群不被中國人干涉的自由人。

當時我正在庫倫。在日落後稍晚的時候，活佛和杭達多爾濟王爺給我捎來口信，告訴我說，如果在夜裡聽到任何風吹草動，不必擔心，只要待在床上即可。當晚我什麼都沒有聽到。第二天早晨，得知庫倫已不再有清朝士兵或官員，我大為驚訝。整個事情沒有流血犧牲，在庫倫漢族區沒有發生任何搶劫，使我對蒙古人產生非常高的評價。

滿清總督及其隨行官員們受到不錯，甚至可以說是非常尊敬的待遇。他們乘坐著自己的馬車，在蒙古士兵的護衛下，安全抵達俄羅斯邊界。從那裡，他們可以很輕易地搭火車和輪船，一路抵達北京。清軍士兵們被沿陸路送到張家口，每名士兵都配備有一頭上好的駱駝和一份通行證，以確保他沿路能獲得大量的食物。漢人獲准帶走自己全部的私有財產，包括他們騎乘的小馬駒。

早在我醒來之前，即有人給我送來關於革命的消息。我穿好衣服，立刻走進電報室，給我在中國境內的妻子發去一份電報，以免她可能聽到什麼報導而受著驚嚇。電報室的操作員是一個漢人，在我填好電報單交給他後，他說：「我可能發送不了『革命』這個詞，這是一個非常糟糕的詞，肯定非常糟糕。」

一位蒙古獵人碰巧聽到我們之間的對話，他嚴肅地看著這個電報員說：「可以發送」。

這位可憐的營業員哆嗦起來。

電報發出去了。

自從阿睦爾撒納背信棄義之後，蒙古不再有人將彼此獨立的各個部族合併為強大的一部。蒙古人覺得，雖然他們對分而自治的政府管理應對裕如，現在也需要建立起一條統一戰線來應對外面的世界。於是蒙古王爺們便匯聚一堂，討論這件事情。此時，在蒙古社會最受歡迎的人就是哲布尊丹巴活佛。他們一致決定請他出面擔任皇帝。在前幾章中我已經描述過他的加冕儀式。

大約就在同一時刻，清帝被迫退位，中華民國政府試圖保有所有邊疆地區的領土。但是 1912 年 1 月巴爾虎人（Barga）決定從中國脫離，成為蒙古帝國的一部分。同年，從烏里雅蘇台到科布多的廣大領土，也應召歸到活佛皇帝的麾下。1912 年 11 月 3 日，蒙古皇帝與俄羅斯交換了協議文書。在這一協定中，俄羅斯答應在蒙古有需要時給予援助，保護蒙古不受中國的拓殖，蒙古答應給予俄羅斯一系列貿易特權。此外，如果蒙古和某一列強簽訂條約，俄羅斯有權知情。

到此時為止，漢人實際上已全部離開漠北蒙古。但是在南部邊界上大量移民的出現，還是激怒了這些蒙古人。自從清廷允許他們越過長城進入蒙古人的領地以來，漢人即在一步一步地向前推進。

蒙古人對這種移民活動很反感，但是並沒有採取針對性的行動。隨著中國在推翻清朝帝制和建立民國迅速取得成功，借著這股勢頭，中國政府做出大膽的舉動，派出軍隊進入並征服了漠南蒙古，為她的農民占領了更大一片肥沃的領土。

1913 年，戰爭同時在烏蘭察布、察哈爾、錫林郭勒和昭烏達盟北部的邊界上發起。當民國軍隊進入蒙古之際，蒙古人隱蔽在山溝裡或懸崖下面，等待時機將其包圍。當民國軍隊全部走過去的時候，蒙古軍隊騎馬衝出，攻擊其側翼。這樣的戰役幾乎是剛一開始就結束了，幾乎每一顆蒙古軍人的子彈都會撂倒一個民國士兵，隨後很快就是民國騎兵的互相踩踏。

民國軍隊進入一個陌生的國度，他們得沿著商隊行進的路線，這樣他們才知道哪裡有水井可以安營紮寨，能給人和馬畜提供水源和食物。但蒙古人熟悉這片土地上的每一寸地方，他們今天在這裡，明天在那裡，飛馳來去，飄忽不定。對於民國政府的將軍們來說，即便想猜出他們對手的位置，也是難以企及的事情。

蒙古人最喜歡用的招數是靜靜地等著，直到民國軍隊在夜間宿營，安穩下來睡覺。午夜時分，蒙古人開始攪擾這片宿營地，時而在這裡撂倒一名守衛，時而在那裡又撂倒一個，時而將一顆子彈瞄準這個帳篷，時而又朝那個帳篷射出另一顆子彈，使得民國軍隊格外緊張，只好開動他們的機關槍和步槍迎戰。當蒙古人在早晨真正發動襲擊的時候，民國軍隊已人困馬乏，消耗了很多彈藥。

民國軍隊除了自身攜帶的彈藥以外，很難取得補充，因為運補需要強大的護送兵力。但即使有補給車隊，蒙古人通常也會設法捕獲。

我曾經問過蒙古的陸軍部部長，他怎麼敢派出蒙古人，只帶著自己所能帶的一點彈藥，越過戈壁灘，去邊界上攻擊民國軍人。他回答道：「這些小夥子中的每一個人，都應該有一支步槍和一條子彈帶，但是我們沒有足夠的槍彈分配給他們。儘管如此，我並不擔心，我知道每一個人會帶著比他出發時更多的步槍和彈藥凱旋歸來。」

這一預言得到了證實。在這場戰爭期間，我不斷遇到車隊從戰場駛了過來，裝載著從敵軍手中獲得的各種槍枝和彈藥。沒有一支步槍就走上戰場的蒙古人，會運用他們的聰明智慧盡可能快地取得槍枝。

喇嘛和平民百姓在驅除中國人方面同樣表現熱切。穆龍嘎（Muronga）[23] 是一名喇嘛，在 1913 年對抗民國的戰爭中英勇地為蒙古而戰。他在所有的外在形式方面，是一名非常虔誠的信徒，花費了人生多數的時間在他的蒙古包內誦讀經文，數著他的念珠。然而，他也在自己的蒙古包內，指引著士兵們的作戰，他們視其為自

23 此人在 1913 年 9 月至 1914 年初的《申報》、《大公報》中，曾譯作馬龍甲、馬聯甲。

身的領袖。他在自己周圍匯聚了一幫冷血無情、滿腔怒火的男人，這些人無論在戰鬥中間抑或平時的遭遇，在取人性命方面，眼睛都不眨一下。他們的座右銘就是公開宣稱仇恨中國人。

穆龍嘎一直懷揣著對於中國人的憎惡，殺死了一位名叫格蘭特[24]的英國人，並為此丟了性命。格蘭特先生是中國電報局（Chinese Telegraph Service）的雇員，正在從蒙古最南端的滂江（Pang King）電報站，護送幾個信賴他的中國人前往張家口。當時他們仍在蒙古高原上，遇到了三個騎馬的人，對方強迫他們離開馬路，進入他們的營地。穆龍嘎的司令部就設在這處營地。穆龍嘎對這個英國人說，他可以悄無聲息地前往張家口，因為對他一無所求，但是他必須把中國同伴留在蒙古營地。格蘭特一旦騎馬離開，這些人馬上就會被殺。

格蘭特回答，如果蒙古人要殺死這些中國人的話，就請先殺死格蘭特他本人，因為他曾經答應護送這些中國人安全回到張家口。

蒙古人把格蘭特的話當了真，他首先遭到槍殺，然後所有的中國人也接連被殺。在我的蒙古朋友的幫助下，我去拜見了穆龍嘎，從他那裡接收了格蘭特先生的遺物，並把這些遺物帶到了北京。[25]

24　格蘭特此前在大東電報公司任職，後轉入中國電報局辦理蒙古特別事務。〈特約路透電〉，《申報》，1913 年 7 月 2 日，第 2 版。

25　這一段史事，可從民初《政府公報》得到驗證。1913 年 7 月中，中華民國交通部呈文大總統袁世凱，「竊自蒙事發生，庫倫、恰克圖電局相繼被占，其叨林、烏得、滂江三局本在蒙疆，亦陷入於危地。每遇蒙匪南下，到局騷擾，勒索供應，毀壞機線，各局員生受其恫嚇虐待，屢有性命之虞，時思解散。當經派令洋員賴蒙古當局要求穆龍嘎前往庫倫，遭到穆龍嘎的拒絕。於是，一位來自漠北蒙古的將軍帶著幾名士兵來到了這裡，逮捕了穆龍嘎。按照從成吉思汗時代沿襲下來原創性規範之一的蒙古習慣法，不可以讓蒙古貴族或僧侶流血。所以穆龍嘎被縫在一個氈子裡，馱在一匹駱駝的背上。早在他抵達庫倫前，就在搖晃震動的駱駝背上死掉了。

在中國和蒙古的這場戰爭期間，我和家人在我那位於塔奔烏拉的牧場上度過了整個夏天。塔奔烏拉地處蒙古高原南部，南距張家口大約九十里。

當時中國的統治者是袁世凱，他從北京派來一名官員，請我在中國和蒙古之間斡旋謀和。我相信這場戰爭

佩克駐紮叨林局，格蘭脫分駐烏、滂兩局，以資彈壓。數月以來，蒙匪南竄，每到電局，經該洋員等剴切解釋，安然無事，線路賴以維持，交通照常無阻。查此線關係歐亞大陸，交通稍一阻礙，即起交涉，幸該洋員等經理有方，故外人尚無責言。旋因六月間三局糧食告罄，其時蒙邊戒嚴，道途梗阻，商旅裹足，運送維艱。據滂局請派格蘭脫回張護送，詎行至中途，猝爾被害。復據北京電局洋總管恒甯生前往調查，報告稱，該洋員確為紅鬍子謀害，等語。查蒙匪煽亂，瞬即兩周，滂局逼近戰鬥線區域，尤為蒙匪所蹂躪。該洋員於四月間到差，既無蚍蜉蟻子之支援，復履鶴唳風聲之危境，單身匹馬奔走於烏、滂兩局間，整頓線路，偵察蒙情，隨時報告，動中肯綮，其效忠民國，裨益大局，洵有足多者。此次因公遇難，死事之慘，耳不忍聞。且查該洋員家有老母無人養贍，尤堪憫惻，苟非優加撫恤，殊無以慰死者之志，而激勵華洋員辦事之心。擬請大總統俯念邊事未靖，需才正亟，特予該洋員恤銀一萬元，以彰優賚而慰遠人。至該電局在事華洋各員身處危地，勤奮從公，應俟蒙事平定，再行分別呈請獎勵。其隨同格洋員南下被害各華員，由部另行給恤。」袁世凱批示，「據呈已悉，應即照准，並交外交部查照。」〈交通部呈大總統請給電政洋員格蘭脫恤款文並批〉（1913 年 7 月 22 日），《政府公報》，1913 年 7 月 27 日，第 440 號。

對於兩個國家都是有害的，於是決定承擔下我所能做的事情。

我的蒙古朋友們沒有心情幫我一把。正在察哈爾邊界上對民國進行積極抵抗的蒙古人，是來自蒙古東北地區，這些軍事領袖中沒有我的朋友。我往庫倫去，試圖引導蒙古皇帝調停和談，但最終沒有獲得任何停戰令。我決定，我唯一要做的事情，即是前往蒙古軍隊司令部，因為正是這些司令官在帶頭惹著麻煩。我知道他們的司令部是建在一處蒙古寺廟裡。

當我距離這處寺廟還有一段路程的時候，我遇到兩名衛兵。一陣交談過後，他們答應護送我前往司令部。我進入廟中，還沒來得及下馬，就被三、四十個人包圍起來。他們來勢洶洶地站成一圈，手指緊扣著毛瑟手槍[26]的扳機。這一切讓我覺得很是有趣，我突然發自內心地大聲笑了出來。他們盯著我，似乎以為我發瘋了。我平息了一下心境，問他們是否考慮過，如果所有人同時向我開火射擊，可以確定每顆子彈都會穿透我的身體，殺死對面的某個同志，而絕不會卡嵌在我的骨骼上。我建議他們，如果都站在我的對面一邊，就能將我幹掉，而不會傷害他們自己半根汗毛。他們明白了我的意思，立刻將圓圈解散了。這一舉動給了我一點時間，請求他們之中的一些人帶我去見他們的領袖，討論重要的事情。

26　即通常所稱的駁殼槍，在中國又有盒子炮、自來得、匣子槍、快慢機等別稱。原產德國，正式名稱為「毛瑟軍用手槍」或「毛瑟M1896 手槍」，1939 年停止生產。

他們開始爭論我的事情是否著實重要這一話題，但最後，其中的兩個人走去稟告那王爺（Prince Na），[27] 而且很快就回來。他們現在對我很有禮貌，立刻帶領我來到寺廟中最好的屋子，這兒有那王爺的辦公室和臥室。那王爺向我表示歡迎，在普通而正式的寒暄之後，我告訴他說，我又餓又渴。熱情好客是蒙古社會的習俗，一定會給每個客人端上食物和飲品。

那王爺下令準備茶水和乳酪，下人們很快就帶了過來。會談結束後，茶水給了我與那王爺交流的時間。我告訴他說，我是帶著一個嚴肅的使命來的，但是傾向和他私下裡進行更多的交流。當時房子裡坐滿了人，他們緊緊地簇擁在我們身邊。

那王爺明白了我的意思，說道：「既然你已經來了，和我在一起，事情就沒那麼緊迫了。你首先得找時間休養一下。我專門讓人給你準備了一頓好飯，飯做好

27 即那遜阿爾畢吉呼。那遜阿爾畢吉呼（?-1918），內蒙古哲里木盟科爾沁左翼後旗輔國公，人稱「阿爾花公」。1911 年外蒙古獨立後，那遜阿爾畢吉呼當即從哲里木盟投向外蒙古庫倫，參加了第八世哲布尊丹巴呼圖克圖稱帝慶典，隨後出任蒙古國陸軍大臣達賴王棍布蘇倫的顧問，受封貝子。庫倫政權決定分兵進犯內蒙古，其中一路由那遜阿爾畢吉呼、達木丁蘇隆率外蒙古軍隊四千多人，沿張庫公路進攻內蒙古中部，各路軍隊內均有俄國軍事顧問指揮。1912 年底，外蒙古軍隊很快攻占了昭烏達盟北部及多倫、張家口以北，以及陰山北麓地區。1913 年夏，庫倫政府任命那遜阿爾畢吉呼為內蒙古南部及東部軍隊司令（按拉爾森給袁世凱政治顧問莫理循的情報，官至「庫倫陸軍部侍郎」）。6 月，北京政府軍隊、外蒙古軍隊在哲里木盟展開爭奪戰。9 月，那遜阿爾畢吉呼受拉爾森策反，率部向北京政府輸誠。袁世凱大為欣喜，晉封其為多羅郡王，任命其為口北宣撫使。1914 年 2 月，袁世凱召其入京，改任翊衛使。後，其福晉在北京病故，那遜阿爾畢吉呼扶柩回籍安葬，疲勞過度外加憂慮成疾，1918 年 7 月 14 日在哲里木盟病逝。

以前，你必須休息。」

他們為準備這頓飯花了一些時間。飯一端上來，我就知道沒問題了。一個下人撐開雙臂，托舉著一個巨大的黃銅盤，呈在我面前。盤子裡盛著煮好連帶著肥尾巴的綿羊後背。在蒙古，以這樣的風格贈給食物是一種象徵，即主人正在祥和地招待一位有頭有臉的客人。我在蒙古多年，早就知道這種有著很多肥肉的食物是很難下嚥的，但是現在，我已經學會從羊的脊骨上割下那些黑紅色細嫩的肉。

我吃的這頓羊肉，味道香甜可口，吃完飯時，感覺相當滿意。此時天色已很晚，那王爺說我們現在必須要睡覺了。他把我帶進自己的臥室，就在寺廟中，靠牆搭著一個寬大的石床。這是一處以中原風格建築的寺廟。

一進屋裡，那王爺吩咐兩個體格健壯的年輕人明確的指令，要他們在夜間守衛我們的門戶。隨後，那王爺從裡面鎖上門。他摘下左輪手槍，放在枕頭下面。他請我確認我的槍已上膛，可隨時使用，並放在我隨手可以搆到的地方。他又說道，他手下有許多人，一旦戰爭打起來，甚至連他也不能信任他們。

我們躺在中國式的石床上，緊緊地挨在一起，小聲地開始對話。我指出戰爭如果繼續打下去，將是愚蠢至極的事情。儘管中國應該為此次戰爭承擔些責任，但因為蒙古業已獨立，中國對於蒙古人而言沒有什麼用處。那王爺也同意我的看法，他認為，蒙古人和中國開戰並無法獲得什麼東西，除非蒙古人渴望再次統治中國。他說，真正地征服中國是毫無意義的事情，因為蒙古人並不希望生活在那樣既骯髒又不衛生的地方。我也鄭重地強調了這一點，提醒他說，我們都知道曾有眾多的蒙古人去了中國，要麼參加清朝宮廷的各種節日，要麼參加達賴喇嘛舉辦的活動，最終都客死他鄉。

我問他為什麼不停戰。他回答稱，戰爭一旦開啟，若要停止，是非常困難的事情。他說，他無法保證如果蒙古人停止戰爭，中國軍隊不會衝破蒙古門戶。

我告訴他說，中國的大總統袁世凱業已答應我，不管是什麼樣的和平條款，但凡我在和蒙古人的磋商中達成的，中國都會遵守。我向他保證說，中國軍隊會撤走，此後不再干預蒙古事務。我願意提供蒙古士兵返回家鄉的所有開銷，並給了那王爺五萬元，來補償中國軍隊在蒙古所造成的各種破壞。

我也告訴他，袁世凱渴望擁有一支強大的個人護衛隊，希望雇傭一支由我推薦，人數大約一個連兩百人的蒙古隊伍。

那王爺對於充任中國大總統的護衛這一想法表示非常願意。考慮到他要去保護自己正在與之作戰的政府首腦，這個想法搔動了他的幽默感。他說，如果我和他一道去北京的話，他會挑選兩百個人過來。我終於把話題拉到和平的問題上來。

午夜過去了一段時間，那王爺同意和其他蒙古王爺討論，並努力說服他們加入到和平倡議中來。然而他說，即便沒有其他人願意跟來，他也會接受北京的要求，獨自前往，哪怕那些人決定在沒有他的情況下繼續進行戰爭。

在早晨，他為我準備了早餐，並派了兩個人陪同我回到我塔奔烏拉的住地，這樣的話，如果我想要和他聯絡，就可以讓這兩人作為信使。他答應我，以後會讓我知道我在哪一天可以在塔奔烏拉歡迎他的到來。

幾天之後，那王爺派人捎來口信稱，參與戰爭的其他領袖們不同意和平條款，但是他已經下令自己的人停止了與中國的戰鬥。他準備派送所有的部下（除了二百人以外）回到蒙古東北部自己的旗地，自己則親率兩百精銳隊伍前往北京，為中國大總統擔任護衛。

我出去迎接那王爺及其部下，並在我的牧場北緣互致問候。他們和我一起來到家裡，我宰殺了許多隻羊，給他們擺設了一場盛大的蒙古宴席，用銅盤子給軍官們擺上了肥肥的綿羊尾巴，他們先前曾用同樣的肉食款待過我。

中國軍隊離這裡相當的近。我不想在我的地盤上，讓在當下位置如此切近的兩支軍隊之間有任何麻煩發生，所以我派一個僕人過去找到中國將軍，我此前覺得此人非常友善，所以請他過來參加，並將其引薦給那王爺。這位中國將軍十分緊張，但他還是來到塔奔烏拉我的帳篷，我便招呼那王爺進來與他會面。將軍很高興，且驚奇地發現這位蒙古王爺說著流利的北京話，他們很快開始喝茶，十分友好地聊在一起，討論著北京的舊日時光。

與此同時，我不想讓蒙古人在整個晚上手持步槍，所以請蒙古士兵們捆紮好他們的步槍，放在我早先為此準備好的牛車上。我答應他們，這些牛車會有人看得很好，而且隔天早晨，在前往張家口的整個行程中，他們的步槍始終會真真切切地處在其視線之內。

在塔奔烏拉和張家口之間，駐紮有一支四千人的中國軍隊。我請與我要好的中國將軍從附近的營地走入這個地區的軍隊指揮部，並告訴他們，我們不會騎馬穿過他們的營地，但是那些想與蒙古王爺會面的任何人，都可以在我們途經的某一個地方會面。這一次，中國軍隊處理得非常好，當我們穿過大路時，他們在距離自己營地最近的地方，為我們準備了友好而簡潔的接待。

他們搭了一個大大的帳篷，提供舒爽的陰涼處。中國軍隊的指揮官帶著幾個護衛，已提前抵達那裡，以中國式的禮儀迎接，給我們端來茶水和上好的中國點心。在進行交談，用過點心之後，我們再次踏上行軍旅程。

我在通向張家口沿途的路上，分批放了兩百隻綿羊，所以每天晚上，我都能夠給這些蒙古人帶來一頓上好的羊肉盛宴。在我們抵達張家口之前，中國偵察兵們前來告訴我，對於那王爺及其士兵們進入張家口城，當地的漢人已感到相當的緊張。我以個人名義向他們做出擔保，不會有任何危險，蒙古人只是作為和平的朋友進城，不會惹任何麻煩，就將偵察兵打發回去。張家口都統[28]在城門外接見了我們，用中國式的禮儀向我們致意問候，邀請我們騎馬到他的住處與他一起喝茶。我們去那裡休息了一會兒，然後向火車站行進，中國政府已經

28 應指察哈爾都統何宗蓮。

為我、蒙古人及其馬匹們準備了專用車輛。我們剛一上車，火車即向北京進發。在北京火車站，我們受到袁世凱代表的接見，他們駕駛著足量的汽車，載著我和那王爺及其所有部下，進入遜清皇宮。袁世凱政府事先把這個地方準備妥當，作為這些蒙古人的起居之所。

中國政府完完全全按照我的安排與那王爺進行交涉，那王爺及其部下作為大總統的護衛，盡忠職守許多年。他們是北京生活的顯著特徵：身材高大、太陽曬成的古銅色皮膚、堅毅果敢，無論袁世凱在中國老百姓中的人氣指數正如日當中還是業已日薄西山，他們始終陪在袁世凱身旁。

那王爺過去一直是中蒙邊界戰爭的領袖，但是他的退出並未使戰爭澈底結束。一些處於瘋狂狀態的蒙古年輕貴族繼續堅持戰鬥，而因為我帶走了他們的領袖，作為一種報復，他們劫掠走我大約四百匹馬並抓走了我的牧馬人。我立刻向蒙古的活佛皇帝發去電報，他把電報轉發至那支蒙古軍隊，責令他們必須立刻將這些馬匹歸還給我。如果我的任何一匹馬從馬群中走失，他們就要用兩匹上好的馬來賠。結果是在三天後，我那些失蹤的牧馬人和馬群，安然無恙地回來了。

蒙古的活佛皇帝，渴望在友好條件的基礎上，與中、俄兩國來往，只要這些國家的人民不會干預蒙古的獨立就好。蒙古政府順利運轉著。自從它成立以來，時令一直都不錯，六畜興旺，生活必需品供大於求，十分富足，可以和鄰近國家的產品以物易物。活佛喜歡過各種節日，享受歡樂氣氛，這一點與廣大蒙古人相似得很，所以在蒙古高原，到處經常有弓箭、摔跤、馬術競賽，以及各種野炊活動。

在活佛當政的第二年，我被邀請前往北京，作為蒙古政府的代表，同時作為年輕的中華民國，大總統袁世凱的蒙古事務顧問，聘期五年。我最終接受了邀請，但是我很快就發現，作為一名顧問，卻無真正用武之地，即便我所建言的內容是被批准了，那些中國人也從不執行。

1913 年 11 月 5 日，俄羅斯和中國雙方簽訂了一個協約。[29] 在該協約中，俄羅斯否認了她向蒙古皇帝做出關於支持蒙古獨立的承諾，並同意中國在蒙古繼續行使權力、享有宗主權，並在此前提下給予外蒙古自治。此時，俄羅斯和中國都邀請蒙古在恰克圖參加一次三方會談。最終，活佛在他人的勸說下表示，他會派出代表團參加這次會議，也邀請我出席。

由於中、俄兩國業已做出決定，即我不應包含在蒙古代表團中，我便辭退了北京的職位，回到我在蒙古高原上的牧馬人生活。我不用再呼吸城市中那些骯髒的空氣，並能夠在開闊地帶中享受著潔淨空氣所帶來的生活，從人來人往的社會轉入隨處有馬的社會，我倍感欣慰。

中國政府以極高的禮節與合宜的外交方式，回饋於我，不僅全額付給我待在北京這兩年的薪水，在我離職

---

29 即「中俄聲明文件」，又稱「中俄協約」。

當天，還授予我一枚裝飾講究的榮譽獎章，和一張價值三萬六千兩白銀的支票。這張支票就是我應該在剩下三年任期（原定任職五年）中應得薪水的準確數額。

1914 年 9 月 9 日，蒙古人通過他們的代言人，身為蒙古皇帝的活佛，同意在恰克圖三方會談中與俄羅斯、中國會晤。1915 年 6 月 6 日，《中俄蒙協約》簽訂。這份三方簽字的條約，任何歷史研究者都可以想見，是兩個擁有複雜文明國家的祕密協定，對待一個不習慣使用書面文字的國家，自然產生的結果。

幾乎沒有幾個蒙古王爺能完整地讀懂這份條約。條約簽字之後，蒙古高原上的生活一如既往地延續著，更增添信心，認為中、俄兩國現在已經「和蒙古交換了表示友誼的鼻煙壺」。蒙古人基於善意，提供一位中國高官和保鑣住處。蒙古人覺得這只不過是提供住處而已，沒有人擔心，也沒有人對這名保鑣有過更多的想法。他們只是注意到，中華民國代表們衣著相當破舊且單調至極。

俄羅斯並沒有能注意自己在條約中明確獲得的那些權力，因為她首先受到了歐洲戰場以及當時俄國革命的困擾。中國則忙於應付國內事務，也沒能顧上要求她所成功在條約上獲得的東西。袁世凱集團沒有成功讓袁世凱稱帝，然後他就死掉了。隨著這位強人離開北京政壇，中國開始戰火紛飛。

1919 年春天，蒙古內閣總理大臣（President of Mongol Council of Ministers）賽音諾顏汗突然去世，在蒙古的中國人試圖散布賽音諾顏汗被喇嘛毒死的謠言，策動平民百姓與喇嘛的彼此對抗，來達到削弱蒙古的目的。不久之後，一位名叫阿特蒙・謝苗諾夫（Attmen Semenoff）的俄羅斯人，率領一群粗魯士兵出身的冒險者，試圖進入蒙古政府尋求雇傭。蒙古人不想讓此人及其隨從進入本國，因而予以斷然回絕。喇嘛和王公們開會討論謝苗諾夫的問題時，王公們表達了對喇嘛們享有免稅特權的不滿，但皇帝駁回了王公們要求平等待遇的訴求。這樣的交鋒，留給了大家不好的預感。

中國政府抓住這一時機，派出徐樹錚將軍抵達庫倫。當年秋天，他集結了他的全部軍隊，於是便著手使他自己成為蒙古的主人。

徐樹錚的奪權異常突然，以致蒙古人毫無準備就全被逮了個正著。他以武力手段控制了作為客人來到他住處的王公們，還逮捕了活佛和總理大臣巴達瑪多爾濟（Badma Dardji），派士兵進入外務大臣車林多爾濟的辦公室。為了避免異常血腥的大屠殺，蒙古人在徐樹錚要求的文書上簽字。另外一些蒙古人騎馬橫穿蒙古高原，聚集勤王力量，同時請求俄羅斯兌現她作為盟友的承諾。

蒙古人並不知道此時的俄羅斯已經分裂為紅、白兩個陣營。一些王公遇到了由恩琴男爵率領的俄軍，他帶著這些王公們返回，幫助蒙古人懲罰了徐樹錚。

十八個月過後，向莫斯科尋求的幫助才得以到來，這些俄羅斯人對先前到來的白俄發起了殘酷的戰爭，這著實讓蒙古人大吃一驚。紅軍殘酷地結束了白軍在蒙古的統治，其殘忍程度決不亞於此前這些白軍在懲罰了徐樹錚之後，對庫倫猶太人的謀殺。

這場發生在俄羅斯人內部的戰爭結束後，蘇維埃努力爭取到了蒙古人的信任。他們保證支持蒙古獨立，並保留活佛的特權，同時在庫倫所有的蒙古官員面前表現出逢迎的態度。受到驚動的中國政府向莫斯科發出抗議，提醒俄羅斯曾經以友好身分做過的承諾，和彼此在蒙古共享利益的協定。

蘇維埃紅軍進入庫倫四個月後，庫倫政府的一位蒙古代表和俄羅斯人簽訂了條約。該條約給予俄羅斯在蒙古貿易的優先權。當年 12 月，中國商人被勒令離開庫倫。

俄羅斯人做為顧問，對蒙古人一邊吹捧一邊蒙蔽。蒙古人很容易從俄羅斯人手上借到大筆的金錢，並被鼓勵以幼稚的方式花掉，像是拿一筆巨額貸款用來購買金箔，讓一座建築的屋頂在太陽下熠熠生輝。

簇擁在活佛周圍的那些貴族們，絕大多數都回到他們自己的旗地。極少數的貴族出於對活佛的忠誠，繼續待在庫倫。我們看得出來，活佛染上了重病，即將不久於人世。由於活佛陷入半昏迷狀態，責任和權力已被那些精明強幹的俄羅斯人從他手上巧妙地拿走了。對這一現象表示過異議的那些蒙古朋友都突然死去，所有人都一樣。1924 年 5 月 20 日，活佛再也沒有醒來。他剛一去世，新議會的第一屆大會就召開了。他們仿照蘇維埃模式制定了憲法，宣布庫倫及其周圍的領土是一個獨立的共和國，只差沒有總統。

我在庫倫仍有保留住處，每年都在那裡生活一段日子，直到活佛去世為止。但其實在活佛去世以後，我所有的朋友也都去別的地方了。

許多蒙古王公，尤其是內蒙古的統治者們，仍然趾高氣昂，不需要什麼顧問作為倚賴。但由於俄羅斯人每年都會進入蒙古高原，這些蒙古王公業已感受到越來越強烈的壓迫。於是在 1929 年的現在，對於任何俄羅斯人來說，在許多蒙旗要辦事情，都是不安全的。但是在庫倫這塊土地上，俄羅斯人的影響自 1924 年以來即已變得十分強大，以致於他們成為蒙古事實上的獨裁者。幾個世紀以來，在蒙古，男人和女人們可以在高原上自由馳騁，走親訪友或辦事情，但是俄羅斯顧問們卻在他們擁有權力的地方周圍畫了一條紅線，實行嚴格的通行證檢查制度。在這一時期，外蒙古和世界其他地區的交流，除了經過蘇維埃管道以外，沒有其他途徑，俄羅斯人努力防止各種有關當地狀況的消息洩露出來。漠北蒙古的俄羅斯顧問們，在這一片曾經非常自由，沒有什麼複雜規定的土地上，推出了許多規章和禁令。如此一個強加給蒙古社會的複雜政府管理體系，會產生什麼樣的價值，只有未來才能告訴我們了。

起初，年輕的蒙古人對於俄羅斯人的奉承著實滿意，但是在過去的幾年中，有不斷的證據表明，這些友誼已不如先前那麼溫暖。當局鼓勵年輕的蒙古人去俄羅斯求學，一些人去了，但是近來有一群人拒絕留在莫斯科，自作主張地前往柏林。

一些經久不息的低沉流言在人群中傳播開來。年輕的蒙古人認為，在俄羅斯顧問治理下的繁榮，無法與他們父輩時代的繁榮相提並論。那時候，不需要花太多時間跟官方打交道，更多的是要進行畜群的管理。在幾個地方已有暴力形式的造反發生，不經意間顯示出俄羅斯人控制力過分嚴酷的一面。

非常令人好奇的是，一個名叫布里亞特（Buriats）的蒙古部族，在俄羅斯革命政權之前的時代，即生活在和平繁榮的環境中，如今正在騎馬返回蒙古高原。他們幾乎什麼都沒有說，只是說「我們不再覺得域外的生活有多麼舒服，所以我們要回家了。」數以千計的布里亞特人走了進來，受到每一個獨立蒙旗的接納，也為自己的畜群繳納了任何蒙古人要將住處從一個旗轉入另一個旗都要繳納的同等稅賦。

俄羅斯人繼續控制著漠北蒙古的首要位置，與此同時，中國的國民政府正在內蒙古的王公中尋求支持，並針對俄羅斯侵略蒙古一事，向莫斯科提出抗議。

蒙古雖然被這兩個大國所包圍，但蒙古仍舊是幾個世紀以來的蒙古，今天的她可能比她表現出來的樣子更為強大。

第九章　商業活動
（Business）

蒙古的商業活動對於這塊土地及人民的性情而言是特殊的事情。蒙古人並不是一個經商的族群，不能像那些自然而然進入商業且渴望經商的人們那樣，以相同的方式應對商業活動。大筆的生意在蒙古可以成功地交易，但是商人得要有外交手腕，能夠理解當地的狀況，以及和高原上的人們相類似的性格。蒙古人並不謀求商業交易，但是如果買賣能以正確的方式達成，他們也會很感興趣，樂於做買賣。一套完整的語言知識，和一個廣泛的蒙古友誼網絡，是商業活動成功的首要條件。

我在蒙古這三十五年中，許多外國公司投資了好幾百萬元，試圖開展商業貿易活動，但都賠本關門了。

俄羅斯人和中國人是最成功的。早期的俄羅斯茶葉商人生意做得特別好，他們發了大財。數百年來，經過蒙古的商路是通往歐洲大陸唯一的茶葉之路。拉駱駝的蒙古人是能夠穿過戈壁大漠成功運輸貨物的唯一人選，成千上萬的駱駝從張家口走到庫倫，馱載著茶葉，準備用大車轉運到西伯利亞地區。來自蒙古各地的駱駝和牛群都參與到這種貿易中，這是我剛來這個國家生活時，看到的紅紅火火生意。

俄羅斯茶商小心翼翼地與蒙古貴族打交道，以便穿越這些貴族的旗地。他們給王公們帶來禮物，雖然不是非常有價值，但仍是精心挑選的，且是蒙古王公想要從西方世界得到的。他們對這些為他們送貨的人非常用心且慷慨大方，在張家口、庫倫和商隊沿途的所有貿易站，都會給那些走進來的人們提供有大灶台和溫暖舒適的休息居所。在這些貿易站，蒙古人是俄羅斯人的客人，他們可以想待多久就待多久，也會供應他們吃得了的食物和飲品。

蒙古人通常會將需要食物和休息的旅行者迎入自己的蒙古包，他們理解這一禮節的重要意義，並不會隨意濫用。他們在貿易站行為得體，完全就像他們在途經任何一處蒙古營地時表現的那樣。

俄羅斯人不僅要踐守這一禮儀，同時要公平地支付貨物運輸費用，給人帶來好印象。蒙古人非常樂意做好運輸工作，也把帶來許多有價值禮物的俄羅斯茶葉代理商看作是真正的朋友。親切友好的氣氛是這種貿易的特徵，直到滿洲境內的西伯利亞大鐵路開通了一個更為快速、更為經濟的茶葉之路，取代了原有的茶葉之路。

俄羅斯的茶葉商人是人們的良好典範。這種貿易已是幾個世紀的傳統商業活動，父輩們將自己的經驗傳遞給子子孫孫，累積了許多的智慧。蒙古人相信前來的俄羅斯年輕人，因為他們已經瞭解他的父親和祖父，這個年輕人也知道怎樣和蒙古人打交道，因為他的父親也認識這些蒙古人的父輩們。

蒙古人喜歡茶葉，他們了解到因為俄羅斯並不產茶，所以俄羅斯人才需要從中國進口茶葉。跨越戈壁大漠進行茶葉運輸的工作，是任何友善的人都會給予他人的一種恩惠。駱駝和牛馱運包裹，或是管理穿越蒙古高原的商隊，都與蒙古人所終生從事的工作很相似。

並不是所有的俄羅斯商業活動都能那麼順利地取得成功。大約二十年前，華俄道勝銀行（Russian Asiatic Bank）派出一些人力，在漠北蒙古開設了許多辦事處。但是他們做不了生意，只好關門。蒙古人對於銀行並不感興趣，認為自己不需要銀行。在過去的歲月中，他們一直把金錢投入在購買馬匹上，而且一直經營得不錯。他們並不想要減少擁有的馬匹數量，替換成一個本子，上面記著他們每個人有那麼多的財富。對於蒙古人而言，財富是一種物質的、有形的東西。他在社群中的地位，與他擁有馬群的規模是成正比的，當他擁有一群鮮活的生命時，他就有一種自我滿足感。有人想將一套全新的價值觀帶入他們的生活，但蒙古人才不會相信這種努力有什麼成功的可能。這些銀行家是不請自來的客人，蒙古人才不理睬他們。

大約就在這個時候，莫斯科進出口公司（Moscow Export Company）派了一支探險隊進入漠北蒙古，希望發掘蒙古人的貿易需求。他們發現，幾乎歐洲人生活中每一件必需品，在蒙古人生活中都沒有。所以他們派出大量的銷售員帶著成噸的貨物進入蒙古，最終，這些銷售員及其貨物再次原封不動地返回了俄羅斯。

俄羅斯和法國的探礦者造訪漠北蒙古，找到豐富的黃金礦藏。在調查報告的強力支持下，擁有三百萬金盧布[1]資本的蒙古礦業公司（Mongol-Ore Mining Company）正式組建成立。格羅特男爵（Baron von Grote）[2]用一個可能價值五萬金盧布的小禮物，即從中國的慈禧太后那裡獲得了特許權。在1900年至1902年間，我正好在這個公司工作。

採礦機械，猶如在世界其他地方成功地運用於黃金採礦的那樣，以極高的成本從歐洲派送過來。我們希望疏濬泥沙，但當我向地表下鑽探了一點點的時候，我們發現得先解決大大小小的石頭，所以更多的機械需要從歐洲繼續運輸過來，花費更高的成本。由於工人們在使用機械的技術方面並不熟練，我們只能放棄，改用鶴嘴鋤和鏟子將黃金挖出地面，然後手工處理乾淨。

蒙古當地有大量的黃金。蒙古人頗有興致地看著這項工程，但是沒有參與合作。從地下挖出的大量黃金，也沒有吸引住蒙古人的眼球。讓蒙古人為這種賺錢的方式花上大把時間，對他們來說，沒有什麼吸引力。

因此採金的勞工必須從國外輸入。我們找了一些俄

1 金盧布即盧布硬幣。19世紀中期以後，隨著歐洲資本主義的迅速發展，工業和貿易資金周轉急劇擴大，黃金在貨幣流通中地位日趨重要，英、法、美等國相繼實行金本位制，而俄國一直是採用銀本位制。盧布的自身疲軟，使俄羅斯在對外貿易和信貸方面長期處於不利地位。隨著外資的大量引進，在接納貸款和償付借貸利息時就需要國際通用的價值尺度——黃金。整個經濟和財政發展的需要，促使財政大臣維特決心實施幣制改革，改行金本位制。1896年4月，維特在國務會議上正式提出採用金本位制的議案。1897年1月14日，提案終獲批准。1月15日，財政部向全國發布通令，從即日起實行貨幣金本位制，確定黃金與盧布自由兌換，將盧布的市場價格降低三分之一，鑄造面值五盧布的新金幣（又稱金盧布），規定一個紙盧布的含金量為0.774234克。

2 此人寫有一部回憶錄著作，即《格羅特男爵回憶錄》（*die Memoiren des Barons Grote*）。

羅斯人，但是工人絕大多數是來自中國山東的苦力。他們六、七個人結伴而行，兩個人一前一後，推著一輛獨輪手推車，車上裝著他們的食物和衣服。我們並不給外來的勞工提供資金，對於他們的各項費用和路上所花的時間，我們什麼也給不了。蒙古人也不願意熱情接待這些四處游走的中國人，他們得露宿在蒼穹之下、曠野之中，竭盡所能地自己準備食物，經常得在路上行走八到十個星期。

夏天稍縱即逝。全年中較大部分的時光裡，地面是冰凍的，對於採礦來說，即使沒有暴風雪天氣（而且漠北蒙古的暴風雪是非常可怕的），也凍得過於結實。勞工們只好在漫長的冬天中待在屋子裡，甚至有成百的苦力因為天寒地凍而死去。

大量的黃金被開採出來，但是採出的礦石仍舊有運輸的問題。多重的困難阻礙著交通運輸，最終蒙古礦業公司放棄了這項工程。

在蒙古其他地區，仍有豐富的黃金儲礦沒有採掘，還有豐富的銀、鋅、錫、鐵和銅礦。蒙古人對它們沒有興趣，也不贊成任何採礦活動，因為這些採礦活動會縮小牧場的面積。不過如果透過外交手段，關於採礦的一次性特許權還是可以安排的。但是採礦專案仍然需要一種不同於任何目前所採取的方式，來運作管理。

那些具有俄羅斯茶商性格的人曾經關注著蒙古的皮毛貿易，到俄國革命時代為止，已完成了一些不錯的買賣。蒙古人煙稀疏，氣候寒冷。在這裡生存的毛皮動物數量遠遠超過了蒙古人的需要。如果與這些蒙古人有恰當的接觸，他們相當願意著手一宗皮毛出口貿易。

蒙古旱獺，也就是土撥鼠，是一種生活在地表洞穴中的小動物，繁殖速度非常迅速，大量存在於漠北蒙古和蒙古的東北及西北地方。旱獺很容易逮著。蒙古獵手在高原上露營時，會搭起一座小帳篷。因為旱獺是一種很有好奇心的動物，一旦看到或聽到什麼稀奇古怪的東西，牠就會蹲著後腿，四下窺視。熟悉這一情形的蒙古獵手，帶著一塊紅布條，在空中揮舞著，同時匍匐著靠近這種旱獺，在距離夠近的時候將獵物殺死。

蒙古人也用狗來捕獲旱獺，一隻訓練有素的狗每天能帶回許多旱獺。狗會緊盯著，等到旱獺離開洞穴，隨即占得一個位置，蹲在旱獺和洞穴中間，堵上了旱獺返回的孔道。受困的旱獺用後腿站起來，與狗搏鬥，狗朝旱獺脖根處的脊梁骨猛咬一口，即要了牠的命。

蒙古獵手及其獵狗對這些戰利品進行均勻的細分：肉給狗吃，而皮毛則歸獵人。獵人只會粗糙地刮擦一下皮毛。蒙古人並不覺得旱獺皮有很高的價值，但國外市場卻有著大量的需求。自從我首次進入蒙古，旱獺皮毛的價格已增長了百分之一百。

蒙古每年有數百萬張旱獺皮出口，但是供應似乎並未減少。市面上的皮毛以秋季、春季的旱獺皮毛最為著名。在秋季，當旱獺進入牠的洞穴休息之前，身體肥胖，皮又厚又好；在春季，當旱獺走出洞穴之時，皮毛仍然夠好，可以給人們使用，但是不如剛進入地洞時的皮毛那麼有價值。

狐狸在整個蒙古是很常見的，狐狸皮毛的品質也非常不錯。紅狐是數量最多的，但是這裡也有大量的銀狐、黑狐和白狐。蒙古人最珍視的是銀狐。

狐狸有很多種捕捉方法。一種辦法是下毒。獵手通常是把毒藥抹在一小塊肥肉上，再將其塞入一塊新鮮的肉中，然後順著山坡扔下去。第二天，蒙古人騎馬經過灑下毒藥的地方，撿起那些吃了毒藥的傻狐狸。狗也用來捕獵狐狸。一隻好的獵狗每天會逮住兩三隻狐狸。獵人們騎著馬沿路追捕，獵狗則負責把狐狸殺了。有些時候，人們也用陷阱和獵槍來對付狐狸。

蒙古人用狐狸皮作外衣的襯裡和睡覺用的地毯，在出口方面也有對狐狸皮毛的大量需求。這裡的狐狸很多，到目前為止，尚無滅絕的危險。如果有人騎馬穿行蒙古高原，在一天內可以遇到許多狐狸。只要能找到一處崖邊，狐狸就會在這裡安家。如果沒有懸崖，狐狸會在地上挖個洞，作為棲身之所，養育後代。狐皮只在秋天和冬天的時候才比較好。在晚冬時節，因為狐狸老是蹲坐著，臀部的皮毛受到磨損，就不那麼值錢。而狐狸在春季換毛，所以夏季時毛皮很薄。

蒙古有很多狼，蒙古人常年發起獵狼行動。這裡的狼以家畜為食，吃得很好，也會吃年幼的羚羊、野兔，甚至連大小老鼠也不放過。狼有著厚厚的、健康的外皮。

蒙古人利用狼皮，但並不把狼皮的價值看得非常高，或許因為他們對於狼有強烈的反感。狼的皮毛很好，有大量的出口貿易的需求。自從我來到蒙古之後，狼皮的價格上漲了好幾倍。人們用套索、陷阱活捉，用毒藥毒殺，用弓箭或者用獵槍射殺。事實上，蒙古人能用想得到的任何方法去殺死狼。狼的皮毛只有在冬季時才是最好用的。

蒙古人有一種迷信，如果用挖掘或煙燻的辦法殺死一窩幼狼，狼爸爸、狼媽媽會跟蹤回到蒙古包，找到做了這件事情的人，殺死他的一個或幾個孩子，作為報復。

通常來說，一大幫一大幫的蒙古狼群是看不到的，它們只會兩三隻一起奔跑。在交配時節，則會有五、六隻在一起。我在漠北蒙古的冬季，曾兩次親眼見過二十多群狼。有一次，大約十隻的一群狼直著脖子追逐我的汽車。這件事發生在冬天，天氣很冷，幾乎沒有什麼雪，我想趕緊從張家口回到庫倫，所以我驅車前往。狼群雄赳赳地追在我的車後，我慢慢地減速，直到牠們離車很近時，迅速停下來，用左輪手槍殺死一隻，又打傷一隻。牠們儘可能快地奪命而逃，再也沒有露面。

松鼠很多，牠們的皮毛比較厚，品質也好。數以千計的松鼠皮每年出口境外，蒙古人自己使用的數量更是數百萬張，但是松鼠似乎仍如以往一樣大量地繼續繁殖著。人們也為了獲取大山貓、石貂、獾、野貓的毛皮而對其進行狩獵。這裡也有白貂和黑貂，牠們來自某種相似的黃鼠狼家族成員，生活在森林中，但都很難捕捉。白貂只有在冬天才是白色的，這是自然界的把戲，通過變成地面積雪的顏色來保護自己。蒙古黑貂皮質地柔軟，體態輕盈，且顏色豐富。白貂和黑貂都是蒙古人自己要的，很少出口。

革命前的俄羅斯皮毛商人，因為革命而淡出了商業領域，所以他們已經沒有在市場裡了。許多其他歐洲國家和美國的公司在蒙古派人四處打探，發現有大量的皮毛，便投身到這一貿易活動之中。在我的三十五年生涯中，這些公司因為缺乏對於蒙古人性情的理解，既不會使用這種語言，也不關注這裡的氣候和政治狀況，因此接二連三地失敗，被迫關停。

數不清的大大小小公司，曾經試圖在蒙古做買賣。兩個較大的資本投資是英國股東，即克福公司（Kaufmann and Company）與和記洋行（International Export Company）。前者幾年前在漠北蒙古做了巨大的投資，但是除了招惹了一些麻煩外，沒有從中得到什麼利潤，終因收支失衡而關停。和記洋行在中國投資期間，為了西方國家的消費，希望在肉、蛋和其他農產品加工方面有所成就，於是準備在漠南蒙古進行綿羊買賣。幾年之後，他們也不得不關張。

在與蒙古人以物易物和貿易中，中國商人是迄今所有族群中最為成功的。他們有著無限的耐心。從事大宗批發的商行經理派出一些貨郎進入蒙古，他們隨身帶著一包貨物和一頂藍布帳篷，靜待一兩年過後能從貨物中回收。貨郎在一個蒙古家庭的營地附近搭建起帳篷，這個家庭或者在一處喇嘛廟下面，或者在距離王爺的衙門不遠處。貨郎以一種彬彬有禮的方式，先和他帳篷附近的人們熟悉起來，且並不向他們推銷自己的貨物，而是很有外交手腕地讓那些蒙古人看見他有些有用的東西。這個貨郎帶著這些貨物到處叫賣兜售著，絲質或棉質的藍布、繡花線、珠子、食盆、配有藝術性煙桿的蒙古長煙斗，以吸引購買者。貨郎把填滿煙草的煙草袋作為精神上的撫慰舒緩，推薦給在馬鞍上辛苦了一天的人，此外他還賣小米和麵粉。貨郎研究了蒙古人的性格，只帶來那些他相當確信能打開一片市場的貨物。

旅蒙商人知道蒙古人沒有錢，他們對拿牲畜及其副產品來支付的方式相當滿意。蒙古人有許多牲畜，因而商人會用小東西，換得不錯的利潤。蒙古人不會對想買的東西價格討價還價，男人如此，女人也如此。對於有耐心的旅蒙商人來說，這裡就有不錯的商業利潤。如果他能使自己深得當地人喜歡，就會在每處營地都受到歡迎。諸如一個男人的性格好壞這類的消息，會在蒙古大地上迅速傳播開來，芝麻大的事情都會在這裡影響到他商業上的成功與否。商人們每隔一段時間就會把換來的貨物聚攏起來，通過駱駝商隊派送回去，或者將所得的畜群驅趕回中國內地的總行。

在現在的漠北蒙古，蘇維埃俄羅斯政府和年輕的蒙古人進行合作貿易。現在要預測他們是否會取得成功，為時尚早。他們壟斷羊毛，成立了一個運輸公司，並組織了一個與中國相似的行商體系。與蒙古人的合作已進入成功的開端。

圖 14　蒙古的鼻煙壺與食碗[3]

通訊和運輸是貿易中的重要因素。在 1900 年前的某個時間，一位名叫謝林（Sheirn）的丹麥工程師勘測了從張家口經由庫倫到恰克圖的最短線路，建成了一條連接中國和歐洲的電報線。經由這條線，人們可以向蒙古發送電報，但是蒙古人並不鼓勵電報支線的建設。

對於蒙古人而言，這條電報線是一個不朽的奇蹟。但蒙古人並不理解電報的重要性，認為他們根本不需要那麼快速地發送消息。要他們不要去動電報線的線桿，是件很難的事情。在過去，蒙古人常常使用這些線桿和電線，用作似乎對於他們來說遠比電報更為重要的事情。他們發現電線尤其的好，通常可以用來繞著繫緊水槽和固定一些東西，線桿非常容易劈開，用來生火。除去電報線之外，在蒙古只能透過騎著馬或駱駝的信使，而沒有其他辦法可以發送訊息。

因而在當下，外國企業的員工，於數小時內即可透

3　即第六章提到的銀碗（silver basin）。

過電纜或電報收到從國內辦公室傳來的訂單，訂購好幾百磅的駱駝毛。但是他必須認知到，這些訂單要花上幾天，或者幾個星期，甚或是幾個月的時間，才能走出蒙古。然後，在蒙古高原收到訂單以後，還需要考慮貨物運輸的問題。

在 1890 年代晚期，現在的美國總統赫伯特．胡佛（Herbert Hoover），當時還是年輕的工程師，他來到蒙古高原，在各地轉了轉，調查鐵路建設的可能性。他在這裡待了兩三個星期，針對用鐵路將蒙古邊界和中國首都聯繫起來的問題，進行了一次調查。中國政府並未給予胡佛先生的公司這一特許權，卻使用了他收集來的資料，自行建設了一條鐵路。

這條鐵路自建成以來，受到中國政治風潮影響，管理一直很糟糕，但收入卻很好。火車離開張家口時，客車車廂總是擁擠不堪，乘客們往往會為座位而發生可怕的爭搶，相當多的乘客，連站位都搶不到，只能等下一班火車。貨車車廂的狀況也是一樣的，大量的貨物囤積在車站等候運輸，總是比貨車車廂的容量要多兩三倍。

蒙古高原上完全沒有鐵路。1903 年，我離開蒙古礦業公司之後，加入了兩個瑞典工程師的行列，從上烏金斯克（Verkhne Udinsk）[4] 跨越戈壁大漠抵達中國的邊界，為俄羅斯政府進行一項鐵路調查。但是，俄羅斯人未能成功獲得建設這條鐵路的權利，因為蒙古人看不清

4　此城於 1934 年改稱為現在的烏蘭烏德，即俄羅斯聯邦布里亞特共和國的首都。

這條鐵路的必要性。

在活佛皇帝加冕之前，他在蒙古的影響力已經無人能出其右。他有著一顆前瞻性的心靈和對各種現代發明熱切的興趣，他很滿意我送給他的首輛福特汽車。隨後，他利用他的影響力，使外國人獲得了在蒙古使用汽車運輸的權利。在他作為皇帝的統治時期，蒙古政府並不對汽車徵收使用稅，也不允許有任何特殊的壟斷，每個人都能使用汽車。在蒙古高原上無需建設道路，汽車無處不達。

在那個時候，俄羅斯和中國都深陷國內政治事務之中，無暇多考慮蒙古問題。所有在外國企業做事的員工都可以使用汽車，便捷地將貨物發送到俄羅斯、中國、美國或者歐洲市場，所以生意相當興旺發達。但是在最近四、五年中，歷屆中國政府因為財政短絀，努力用各種可能的手段抽稅。民國歷屆政府都比較短命，在這種情況下，官員們一直在關心如何中飽私囊，對來自蒙古的所有貨物都施加以高昂的稅賦。除了那些受到歡迎的政府專賣車輛之外，中國政府決不允許任何汽車或卡車越過長城，或帶貨物回來。

短視的中國政策，阻止了飽受戰爭蹂躪的中國人急需的農產品從高原下來。那裡明明有豐富的供應，結果每年卻成了許多浪費。人們希望眼下在南京成立的政府會遵循一條更為穩健的經濟政策。蘇維埃俄羅斯則鼓勵與蒙古進行貿易，所以蒙古的畜產品正在向北轉往俄羅斯。

牛和駱駝幾個世紀來在蒙古一直是備用的交通工

具。十頭或十一頭駱駝，用寬鬆的繩子連接在一起，形成一組。駱駝商隊由這樣的幾組組合而成，前面有一名拉駱駝的人牽著。在一個商隊中，可能會有一千頭或更多的駱駝。

駱駝商隊的行進速度急不得，他們從容不迫。幾個世紀以來積累的經驗業已告訴蒙古人，一頭駱駝能夠成功地完成多少任務，所以不會讓駱駝們超出其自身的承受能力。駱駝商隊能滲透到蒙古的每一個邊遠角落，帶著有價值的畜產品出口。拉駱駝的蒙古人會引導著他的駝隊直接穿過蒙古高原，抵達每一處想要的目的地，打包起他的貨物，並精心照料著。通常是一年，或是兩年，或是三年，他才來帶走一次貨物。

曾經有一次，我的一支駝隊，在我預期的四年後，帶著我全部的出口貿易商品回來了，羊毛、皮毛等貨物全部井然有序，庫存數額與我簿記員的貨單完全吻合。在蒙古做買賣，資金的快速回籠是不可能的。

牛馱的商隊甚至比駱駝商隊還要緩慢。有些時候，用牛馱載畜產品的打包方式與用駱駝馱載的包裹方式完全一樣，但更常見的是，牛單獨套在沉重的木頭車上。這些大車是由原木加工而成，車輪固定在軸上，當車向前移動時，車軸隨著車輪每轉一圈而轉動著。商隊中的牛，每四十頭到一百頭用一根繩子牽引著，以單列的形式沿路向前行進著，有時候甚至達到一千頭牛。

在蒙古，商隊並不給牲畜馱運食料。即便是商隊中的牲畜，也必須自己覓食。所以每天必須給出一部分時間，把牲畜身上的包裹解鬆，讓牠們去覓食。

駱駝是一種快速進食的牲畜，而且不挑食，不管哪種綠色植物，只要剛好在身邊，就能快速吃起來。牛則是很挑食，不肯在艱苦的行進中吃草，非要找到細嫩、美味的草不可。駱駝商隊能直接穿過蒙古高原。牛商隊為了尋找好的草場，時常得繞些彎路。

行商及其所帶貨物，在蒙古都不會受到騷擾。蒙古習慣法在這方面的規定，深深地刻寫在蒙古人的心中。但是，一旦行商帶著貨物來到中俄邊界，蒙古習慣法就不再管用。這兩個國家的壞蛋們全埋伏在那裡等待著獵物。

有一次，我正在距離中國邊界九十里的地方放牧我的畜群，一群來自中國內地相貌粗野的強盜在距離我營地不到三里的地方紮下八十個帳篷。他們並沒有牲畜，所以我擔心他們居心不良。

在這些中國強盜過來的兩天之後，我坐在我的氈房前面，擦洗著槍枝，準備一次獵狼行動。這時，一支蒙古駱駝商隊朝我奔跑過來，在我的營地前面停下來，卸下他們的包裹。我詢問他們做什麼生意。他們說，他們的駱駝馱載的是銀圓，要從中國運到庫倫的華俄道勝銀行。他們告訴我說，順著這條路下來有條小徑，他們已經遇到兩個武裝分子，向其索要銀子。他們拒絕後，搶匪大聲笑道：「我們會招呼我們的哥兒們來，再從你這裡拿走銀子。」

很快，十二個相貌粗魯的中國強盜攜帶著新式步槍，騎馬靠近了這支駝隊。他們翻身下馬，大搖大擺地走向這些銀箱子。其中兩個人從地面上抬起一個箱子，他們都在猜這箱銀圓的價值。當他們檢驗這些銀箱子的時候，我拿起我的槍，悄悄地走進一處由厚重土牆圍成的馬廄。這時我派我的一位蒙古夥伴走出去，質問這些搶匪想在我的地盤上要什麼東西。那位中國頭領捎回口信說，他不打算過來騷擾我，只是想拿走蒙古人放在那裡的銀圓。我回答說，按照蒙古習慣法，這個地方是我安營紮寨和牧馬的場所，現在歸我所有，所以它是我應該保護的家園。我讓我的蒙古夥伴告訴那些人說，我不在乎他們是好人還是壞人，蒙古地域遼闊，我不會干預他們在其他地方的活動。

我和這些中國人來回爭論了一段時間，他們顯然做出了決定，反正蒙古商隊不會一直在我這個地方待下去，過不了幾天就會繼續前行，那時他們就可不受干擾地搶劫，所以便迅速地翻身上馬離開了。天色剛剛黑下來，我的蒙古朋友和我就帶著這支商隊越過一座山峰，穿過沒有道路的幾處祕密孔道，最終保全了這批銀圓。

還有一次，我和幾個蒙古朋友一道前往恰克圖，我們在森林中宿營過夜時，遇到了襲擊。我們把槍緊緊靠在身邊，進入了夢鄉。我很快就醒了，伸出手在黑暗中摸索起來，卻突然摸到一根槍管。我緊緊地扣住我的手指，把槍指向天空，手握槍管跳起身來。我發現一個相貌邪惡的傢伙正在槍的另一頭，但因為他沒有我這麼強壯，所以我能把他甩開。同行的蒙古人也在應付其他土匪。事後，我們翻身上馬，消失在夜色之中。因為我們斷定，在俄羅斯邊界附近無法安穩地入睡。

我能夠和無數的蒙古朋友，從我們的親身經歷出發，再補充這些發生在邊界上背信棄義的故事。

我們可以信賴蒙古人的忠誠，按照蒙古習慣法，如果蒙古人賒帳拿走東西，並在後來拖欠付款，他的親戚和鄰居們會彌補債主的虧損。除了邊界上的蒙古人，因為他們是混血兒，業已失去他們在遺傳方面的完整性。

蒙古人有足夠豐富的馬、牛、綿羊、羊毛、馬鬃、獸皮、毛皮，願意和商人們進行交易，但是他們對金錢不感興趣，寧願透過以物易物的方式，換得其他有形的東西。人們時常向我打聽那些革命前俄羅斯人帶進蒙古的厚厚絲綢，打聽我所使用的那種防水籃子，打聽我所仿製的美國牛仔式馬鞍，打聽諸如我所穿丹麥海軍藍色大衣的布料，以及其他各種數也數不清的東西。

若一年四季都在蒙古做買賣，得接收賒欠，因為蒙古人用來以物易物的那些畜產品，只有在春、秋兩季才能準備好。

有一個古老的蒙古習俗，禁止出售奶水。因為奶水是蒙古人擁有最珍貴的食物，必須免費送給饑餓的旅行者，所以蒙古的習慣法禁止買賣。沒有東西可以拿來以物易物購買奶水，奶水本身的價值高於一切。

身處蒙古各地的俄羅斯人和德國人，曾經試圖增加奶水的產量，因為他們對出口奶油和乳酪很感興趣。他們以外交辭令說服蒙古人，要給奶牛使用更好的牧地，這樣奶牛就會產出比蒙古人自己飲食所需更多的牛奶。

儘管有著這些不利因素，蒙古還是能做些不錯的生意。我曾經出口過二十萬匹馬，和與之成比例數量的羊毛和毛皮。不過俄羅斯人做得更好。中國人曾經做過一些大買賣，一旦條件允許他們能獲得與俄羅斯商人平等的貿易機會，他們會再來蒙古的。

南京政府立足已穩，似乎正在逐步掌握全國政權。這次政府由一群聰敏智慧的人士組成，他們肯定會取消在蒙古邊界上對同胞們的不平等限制，像是過分離譜的稅徵，或不公平的專賣車輛，可以使汽車隊由向北進入俄羅斯貿易，轉向南進入中國。如果在中國和蒙古之間展開免稅或低稅負的貿易，勢必會給華北各省帶來繁榮昌盛。

第十章　基督教佈道（Christian Missions）

在基督教教義的著作裡首次提到蒙古，是完成於12 世紀早期的歐洲神話故事，提及一位統治內亞的基督教皇帝，名叫祭司王約翰（Prester John 或 Presbyter Johannes）。但是關於此人及其統治下的宗教王國，流傳至今的只有神話故事而已。

馬可．波羅的著作講述了忽必烈汗請求天主教從羅馬派出神父指導蒙古人的事情，但在當時很難找到適合的人選。當兩位神父最終奉命出行時，他們最遠僅抵達波斯。1307 年，妥懽貼睦爾繼承皇位，方濟各會的若望．孟高維諾（John of Montecorvino）抵達蒙古人的首都汗八里。其後又有一些天主教神父在蒙古高原上走南闖北，接踵而來。

長期以來，始終沒有天主教佈道所在蒙古永久地建立起來。直到七十三年前，清廷的夏都熱河才出現了一個佈道所。六年後，綏遠出現一個佈道所。1868 年，在西灣子開始傳教工作。這三個佈道所位在由漢族農民耕種的土地上，神父們從這些漢人居住地出發，再到蒙古人中間佈道。

1817 年，倫敦傳道會（London Missionary Society）在名為布里亞特的蒙古部族中建立起一個佈道所，設在位於貝加爾湖東南的色楞金斯克（Seleginsk），靠近西伯利亞和蒙古的邊界。斯塔利布拉斯（E. Stallybrass）、斯旺（W. Swann）和尤爾（R. Yuille）三位牧師從英格蘭來到蒙古，開啟傳道工作，並在他們妻子的幫助下向前推進著。佈道所建立在俄羅斯領土上，俄羅斯皇帝分配給佈道所一塊土地，又給他們七千盧布作為佈道所的建築費用。以此為中心，傳教士們走出去，在布里亞特蒙古人中展開了長期巡迴佈道。

這些傳教士把《舊約全書》翻譯成蒙古文，經俄羅斯皇家許可，於 1840 年在西伯利亞印刷出版。但是在他們翻譯《新約全書》蒙譯本取得重大進展之際，來自聖彼德堡的一紙公文，責令他們離開這個國家，於是他們只好回到英格蘭，僅僅將尤爾牧師夫婦及其兩個孩子，以及斯塔利布拉斯牧師兩位妻子和一個孩子的墳塋留在了這裡，這些孤零零的墳塋至今仍在標示著這個佈道所的位置。當初建立這一佈道所仍然在世的成員，從英格蘭繼續和布里亞特朋友聯絡，他們完成了《新約全書》的蒙古文翻譯，並在英格蘭出版，為了使該書在蒙古人中傳播，也從英格蘭向蒙古運去了幾百冊之多。

我好幾次在蒙古高原各個地方的氈房中，看到這本由色楞金斯克傳教士所翻譯的《聖經》，就和宣傳藏傳佛教信仰的聖書一起，擺放在蒙古人家的佛龕之上。

1870 年，倫敦傳道會為了加快蒙古人的基督教化進程，派景雅各（James Gilmour）[1] 從北京進入蒙古。

1　景雅各（1843-1891），1870 年起在華生活傳教十二年之久，長期在蒙古傳教，出版有《在蒙古人中間》（*Among the Mongols*, 1883）等著作，還有日記、書信、報告等存世。

8 月 5 日，景雅各離開北京，在一名俄羅斯嚮導的指引下步行，於 9 月底抵達位於西伯利亞邊界上的恰克圖。他訪問了貝加爾湖附近那座廢棄的佈道所，然後向南再次進入張家口。從那裡，他也向東旅行了幾次。1871 年 11 月，即他離開後的第十五個月，他重返北京。在旅行期間，他一直和蒙古人待在一起，努力研究蒙古語言的聽說讀寫，準備自己的佈道和撰寫一些基督教小冊子。

1872 年 4 月，景雅各再一次旅行。這一次他旅行了一千里，穿過蒙古東北部地區。此後他敦促傳道會派給他一名同事，一起在蒙古工作。

那年冬天，他住在蒙古人訪問中國都城的聚集地——北京的黃寺。他繼續研讀蒙古語文，和杜德珍醫生（Dr. Dudgeon）共同承擔起基礎的疾病治療研究。第二年夏天，他再次徒步進入蒙古高原。

1874 年冬天，他娶了普蘭卡德小姐（Miss Prankard）為妻。在隨後的幾年夏天，他們夫妻二人一起在蒙古人中傳教。1882 年，普蘭卡德小姐身體虛弱，景雅各只好將其帶回英格蘭。在英格蘭時，他寫了一本題為《在蒙古人中間》的著作，在這份蒙古十年克己生涯的回憶中指出，到目前為止，尚無一個蒙古人進入基督教的信仰世界！

1884 年，景雅各回到蒙古高原，同年年底，一位名叫博爾金圖（Borjinto）的蒙古人接受了基督教信仰，而且受洗。第二年，景雅各的妻子去世了，孤身一人的景雅各全心熱情地投入他的工作，並繼續向家鄉的倫敦傳道會尋求幫助。倫敦傳道會先後派出兩批傳教士，然而這些人後來都去了別的地方，最終，伯克先生（Mr. Parker）被派了過來。景雅各不久即於 1891 年去世，伯克先生承繼了他的事業。

景雅各的作品引起許多不同國家人民的興趣，改變了許多傳教團體在使蒙古人基督教化問題上的想法。這項工作尤其引起斯堪地那維亞人的關注。在景雅各的著作《在蒙古人中間》出版了一段時間之後，居住在美國的斯堪地那維亞人建立起紐約宣道會（Christian Missionary Alliance Society of New York），他們派人到斯堪地那維亞尋求前往蒙古的志願者。我聽過瑞典的一位牧師談過蒙古，他表示是自願前往，同行的還有二十六名男女青年，一起離開瑞典，前往中國內地和蒙古，這是發生在 1893 年的事情。在前面的章節中，我業已解釋過我是如何進入蒙古並生活在鄂爾多斯地區，然後又是如何從鄂爾多斯進入庫倫的。

我決定穿過蒙古高原，從庫倫向張家口旅行。我設法在一輛駱駝大車中找到位置，一路走了六十天。我受到沿途所有蒙古人的盛情款待，度過了一段極為有趣的時光。

在張家口，我待在美國公理會（American Board Mission），遇到了紐約市奧爾巴尼城區的瑪麗・羅傑斯小姐（Miss Mary Rodgers），她來張家口避暑，是宣道會的一位年輕成員。我們兩年後成婚，在張家口建立起一個簡樸的小家庭，我的妻子繼續在當地中國人當中傳教，我則離開張家口，到蒙古人中間傳教。我們合作編撰了一部蒙古－瑞典－英文的三語辭典。許多人前來拜訪我們，包括赫伯特・胡佛、斯文・赫定和其他一些世界名流。

1899 年，甘伯樂先生（Mr. C. W. Campbell, C.M.G.）從駐北京英國公使館來到張家口，他和我商量好時間，決定隔年夏天一起到蒙古探險。1900 年早春，我把駱駝聚攏起來，準備遠行，一群蒙古朋友也從蒙古高原上下來，打算護送我們前往。

我的妻子和兩個女兒（瑪麗和六個月大的凱薩琳），打算在蒙古高原上的哈拉烏素（Hara-osa）度過夏天，我給她們安排了避暑別墅。但就在我期盼甘伯樂先生到來的幾天前，中國爆發了嚴重的排外情緒。

甘伯樂先生被迫滯留在北京，在北京圍城期間，他提供我非常精心的幫助。當綽號為「拳民」的中國人穿過張家口的大街小巷，開始高喊「滅洋」口號，我決定帶著妻子和孩子們離開這個地方。很幸運的是，這時我有此前按照和甘伯樂先生旅行計畫所備妥的，現成的駱駝隊及各種補給品。

另外三個傳教士家庭和我們一起出發。我們走到哈拉烏素，並在當地宿營，等待著其他在華北的傳教士加入我們。

我帶領了一個由十七名成年人、六個孩子組成的團隊，越過蒙古高原抵達庫倫。此前，還有三個被攻擊受傷的傳教士在哈拉烏素加入我們的隊伍，我們盡可能給予他們舒適的照顧。我們的駝隊是一個稀奇古怪的隊伍：三輛中國牛車，牛車頂上搭著墊子，遮擋著炎炎烈日；一輛駱駝車，是我盡我所能為妻子和兩個小寶貝準備的；我們這些男人們則騎著馬和駱駝。

沿路的蒙古人彷若執行一項規則似的，對我們很友好。但這是一條既漫長而又乏味的跋涉之路，在三十六天之後，我們抵達庫倫。我聽說，佈道所中與我有關的所有財產都已毀棄無餘，我們夫妻二人付出數年辛勞才編撰出的著作和辭典，也同樣被燒為灰燼。

我們團隊中的其他人經由西伯利亞回到他們的家鄉。我因為缺少錢用而遇到了麻煩，但既然所有的佈道所財產已遭破壞，我又不想向我的傳道會伸手要錢，所以我加入先前解釋過的蒙古礦業公司。

蒙古礦業公司只提供簡陋的生活所需，我的家庭因此過得很艱困。所以當我掙到足夠多的錢，能夠做些事情的時候，便將妻子和兩個孩子送回我妻子在美國的家中。然後我返回公司，調查修築跨越蒙古鐵路一事。

在這以後，我派人去接我的家人，並加入聖經公會。我在張家口重建家庭，度過了冬天那幾個月，為她們在塔奔烏拉我的馬場上建起一座避暑房舍。我多次來回橫穿蒙古，為聖經公會向各方散發《聖經》。我的駝隊有十頭馱運著《聖經》的駱駝，還有五匹小馬駒，作為我和助手們騎乘之用。我過著蒙古百姓那樣的生活。我參加他們的體育競技活動，從這一旗地進入那一旗地，也入境隨俗地參與他們的事務。我喜歡這些人，他們也喜歡我。活佛對我格外地友好，也對我帶來的書很感興趣。當我停駐在一處營地的時候，蒙古百姓大老遠地前來看我。我與阿爾姆布拉德（Anton Almblad）[2]合作，將《聖經》譯成容易理解的文字。當我向蒙古人宣讀《聖經》的時候，男女老少專心致志地聆聽著。他們也買了上萬冊《聖經》，留給自己閱讀，或者留下來給那些過路的旅行者誦讀（如果這些旅行者能讀懂）。

許多年就這樣過去。到了1913年，我已結交無數的朋友，並送給他們《聖經》。然後我辭職了，同時向聖經公會建議，阿爾姆布拉德先生應該接替我的位置，現在他仍住在張家口從事這一工作。

在1900年前不久，芝加哥的協同會（Scandinavian Mission）開始在包頭以西的蒙古人中間傳教。傳教士們剛能用蒙古語進行佈道時，幾乎所有人即遭拳民殺害。只有費安河（N. J. Friedstrom）倖免於難，被迫出逃。一年以後，他在位於黃河北岸的扒子補隆開始佈道，還有一些傳教士也加入到他的隊伍中，廣泛地工作。這一福音站建立伊始，即依賴它用黃河水灌溉的農場自給自足，不論是土壤的耕作，還是牛的餵養，都是用現代科學方法進行，給蒙古人和漢人做了示範。福音站同時也為漢人和蒙古人開設了學校。

1900年後不久，瑞蒙宣道會（Swedish-Mongolian Mission）開始在張家口北部的蒙古人中間進行傳教，現在他們在內蒙古已有三個佈道所和九名宣教士。艾里克森醫生（Dr. Erickson）[3]住在哈達廟（Hat-um-sum），在

2　Anton Felix Almblad (?-1945)，是一位說瑞典語的芬蘭人，1913年到1945年在張家口為聖經公會服事。

3　Erik Joel Eriksson (1890-1987)，先在英格蘭學習基礎醫療，後於

其周圍區域實行大量的醫療救助工作。他的佈道所總是被四面八方趕來尋求醫療救治的蒙古人，搭建起來的一簇簇帳篷包圍著。四子部落王爺聘請艾里克森醫生為自己的專門醫務人員，艾里克森醫生也經常應召前往蘇尼特王爺的王府。奧倫醫生（Dr. Ollén）[4] 住在噶爾恰干（Gulltjagan），也為當地做了同樣多的工作。兩位醫生都有福特汽車。不幸的是，這些汽車因為使用了很多年，現在已處於破舊不堪的狀態，所以他們不得不把很多時間挪來修車。這兩台舊車應該由那些對傳教士醫療工作感興趣的人，為他們換成新車，因為這裡的醫療工作遠遠不是這兩個人所能勝任的，他們應該從諸如修理破舊汽車之類的所有不必要勞務中解脫。

在西方行醫的醫生們，對這兩位醫生每天救治患者工作量之巨大，幾乎無法想像。他們是蒙古僅有的外國醫生，從治療發燒和相關的疾病，到動大型手術等所有的事情，都得做。他們兩人的聲譽在蒙古傳遍四面八方。他們的工作將數百名蒙古人吸引到他們的傳教使命上來，這些蒙古人在身體康復之後，對基督宗教信仰產生了興趣。

除了他們的醫療工作之外，瑞蒙宣道會的三個佈道所都創辦學校，開設教堂，對整個蒙古廣泛地傳福音。

神召會（Pentecostal Mission）在張北設有總堂。這

1913 年被瑞蒙會派往張家口。他的兒子 Paul Eriksson 也繼承父志，在 1947 年到蒙古宣教。

4 Gerda Ollén (1885-1961)，1912 年到張家口，是一位致力於將《聖經》翻譯為蒙古文的女性。

幾年中，張北的總堂在蒙古也開展了不少工作。

除了在本章中業已提到的這些宣教會組織外，蒙古還有一些傳教工作中心。這些機構中最成功的，是由一位年輕的瑞典女子胡爾達・維克倫德小姐（Miss Hulda Wiklund）[5] 在幾年前創辦的佈道所。她首次來到蒙古高原後，無論是蒙古貴族還是普通百姓都十分喜歡她。她是一位馬術高超的騎手，這一點吸引了蒙古人的目光。她擁有無所畏懼的率真，也贏得了蒙古人的高度讚賞。

1926 年，維克倫德小姐在納門烏拉（Na-men-ol）建起自己的家，一群蒙古人繞著她的房子紮起帳篷。她的治療非常成功，妙手回春的故事傳播甚廣，所以人們會從大老遠的地方把病人帶過來。

她給蒙古孩子建起一所學校，教育方法是列舉自己日常生活中的例子，由她七年前來到蒙古高原就開始培訓的蒙古老師來執教。由於她的基督教服務隊人數太多，原有的一座蒙古包或她自己的起居室已無法容納，於是她近來又建起一所教堂。

儘管所有的宣道會組織在蒙古高原上已經做了這些工作，但因為蒙古人並不願輕易放棄他們遵循了幾個世紀的生活方式，所以很少有皈依基督教的人。

5　Hulda Elisabeth Wiklund (1888-1963)，原先是一位教師，後來在美國宣教士的協助下，在蒙古開啟宣教工作，直到 1942 年返回瑞典為止。

第十一章　探險考察（Expeditions）

我在蒙古生活的那些年中，有幸被許多來到蒙古高原的學者視作朋友，陪伴他們去探險考察，深入研究這塊土地以往的歷史。

1899 年，甘伯樂先生和我在察哈爾度過了一個月。我們計畫在 1900 年夏天去蒙古東部地區探險考察，但被義和團運動所阻止，直到 1902 年方得成行。在那年春天，騾車把甘伯樂的行李從北京運到張家口，沿著蒙古高原的邊緣，抵達哈拉烏素的一處蒙古營地，我則帶著一支馱著大包小包的駱駝隊和騎行的馬，在那裡等著他的到來。

甘伯樂由一位名叫查布辛格（Chabeh Singh）的測量員陪同過來，查布辛格是從印度情報部門借得經費支持後，才來此地考察的。我們首先對察哈爾最大的一片水域安固里淖（Angul Nor）進行調查，測量了這個心形水域，其最寬處為七里，平均水深四點五英呎。這片湖水嚐起來有濃重的蘇打味，我們發現湖裡沒有魚，但是這個地區的牛馬卻在它的滋養下茁壯成長，駱駝也喜歡這片湖水。

我們商隊的動物喝了湖裡的水，結果沒有生病。但是當我們將取樣的湖水送到上海，交給負責衛生的官員後，檢驗報告顯示，這「是一種劇毒飲料，對於動物和大多數蔬菜的生命有破壞性」。

我們接下來又訪問了哈拉巴勒嘎（Khara-balgar）和查干巴勒嘎（Chagan-balgar）這兩座留有古城牆的城市遺址，後者應該是馬可．波羅書中提到的查干淖（Chagan Nor）。然後我們去了一座名叫庫達巴勒嘎（Kurta-balgar）的廢城址，也有城牆。6 月 24 日，我們在這裡宿營，從該處又去了匯宗寺（意為「同一宗族聚會的寺院」）。張誠[1]繪製過這個地方的地圖。他是一位歷史見證者，親身經歷喀爾喀（Khalha）王爺們和清朝皇帝康熙的會晤以及 1691 年條約的締結。從那裡我們去了善因寺（意為「好因果的寺院」），是由康熙皇帝的兒子捐出十萬盎司白銀而建成的。

在此之後，我們長途跋涉抵達查干浩特（Chagan-hota）的遺址，當地民眾以忽必烈汗的一處皇家住宅作為這個地方的名字。這些城牆圍成了一個三百五十平方碼的院子。西北面的牆體保存完整，有二十英呎高。牆體外面是兩塊石板，中間用砂漿與泥土混雜築成，基座有十五英呎寬，向上逐漸變得尖細，到頂部時只有五英呎寬。依據遺址證據可知，當時有三個大門廊和兩個開放的樓閣。

我們在達里湖（Dalai Nor）的岸邊宿營兩天，小心翼翼地走過張誠在他著名旅行記中所描述的那片土地。當時他和徐日昇神父（Father Pereira）[2]以及中國的一

---

1 張誠（Jean-Francois Gerbillon, 1654-1707），法國耶穌會士，1687 年來到中國，1689 年擔任《尼布楚條約》簽訂時的翻譯。

2 徐日昇（Tomás Pereira, 1645-1708），葡萄牙耶穌會士，經南懷

些使臣們（Chinese ambassadors）一起旅行，他們奉命於 1689 年抵達尼布楚，締結中俄兩國的第一個條約。他提到的皇家遺跡，在普爾熱瓦爾斯基（Prjevalski）1871 年環繞達里湖行進的時候，並沒有提到。我們猜想，經過幾個世紀，氣候的影響已經將這些遺跡抹去，所以我們並沒真正期望找到它們的任何形跡。因此，當從與共同紮營的蒙古人那裡，得知幾里外有一個巴勒嘎（balgar）[3] 時，我們倍感驚喜。

我們找到一處長方形的院牆，南北九百碼，東西八百碼。部分牆體有二十英呎高，基座有三十英呎寬。牆是用砂壤土築成的，它們現在是一個接一個地縱向成堆。在遺跡北半部的中間位置，我們查探到一處八十平方英呎的大廳，後面是一處長方形的房間，五十五英呎長、四十五英呎寬，有十五塊用白色大理石雕刻的地基，已經損壞不少，它上面的那些柱子還可以倚靠。

我們從這些遺跡前面向南走，找到兩尊黑色的石獅子，再向南走，找到兩隻巨大的石龜，在其附近有白色大理石紀念碑遺存，上面刻寫著元代（這是蒙古人統治中國時的朝代名）的碑文。我們在這裡找到一些寶藍色瓷磚殘片，與那些在庫達巴勒嘎找到的相同。

一部名為《蒙古游牧記》（意即「蒙古人的紀錄」）的漢文著作內有一段文字，清楚地指向這個地方。[4] 這

仁推薦在宮廷工作，1689 年擔任《尼布楚條約》簽訂時的翻譯。

3 意為古堡、廢墟或遺址。

4 按照張穆《蒙古游牧記》卷三〈克什克騰〉載，這個地方應指應昌古城，位於克什克騰旗西北捕魚兒海旁。「《元史．特薛禪

本書記載，忽必烈汗下令於1271年修建這處宅院，妥懽貼睦爾離開中國內地之後，來到這裡生活，並於1368年死在這裡。

當在達里湖岸邊宿營時，我們對這個湖做了臨時性的調查，從東北向西南有十六里，而從東向西有十里。湖水呈綠色，很清澈，有股蘇打味，水裡有大量的魚。在南岸的蘆葦蕩中有許多水鳥，包括鵝、麻鴨、水鴨、鴴、麥雞、赤足鷸、田鷸、海鷗和燕鷗，還有幾種不同的鴨子，以及一些不知名的小水鳥。整個地區成為各種鳥類的築巢處，有雲雀、岩燕、燕子、麻雀、喜鵲、鸚、鵴、遊隼、渡鴉、鳶、鵟、魚鷹。

我們的駝隊沿著湖的西岸向前移動，又向北轉至旖旎的厚厚草原上，上面灑著洋紅色的苜蓿草和黃花豌豆，這些花花草草溫柔地生長，呈現波浪式的起伏。甘伯樂對我們不斷經過的羚羊群感到驚奇，就像人們在穿越蒙古草原時總是遇到的那樣。他習慣站在一個地方，數著目光所及的羚羊，通常都可以數到五百隻以上。

我們向北旅行了大約四天，離開阿巴嘎（Abagha）地區進入浩齊特左翼旗（Jun Hochid），途經錫林河（Shilin Gol），這是一條清澈見底，二十碼寬的溪流，滋潤著這個地方的草原。我們走到一處臨近喇嘛廟（Lama Sume）的無名歷史遺址，然後穿過喇嘛廟谷地，野生

傳》，至元七年（1270），斡羅陳請於朝曰：『本藩所受農土，在上京東北三百里答兒海子，實本藩駐夏之地，可建城以居。帝從之。遂名其城為應昌府。二十三年，改為應昌路。至此二十七年，順帝北奔，駐應昌府。』」張穆，《蒙古游牧記》（臺北：南天書局，1987），頁73。

大黃和甘草在這裡比比皆是。我們又到了源頭在興安嶺的綽爾河（Churm Gol）。

我們在浩齊特左翼旗王爺的夏營休息了一個晚上。第二天，王爺派一名手下來做嚮導，帶領我們走上一條直接通往哈拉哈河（Khalha River）的道路。7 月 26 日早晨，我們來到一處名叫克雷烏拉（Krei Ul）的石灰岩斷崖，在旁邊的河岸宿營。

從這個斷崖處，我們能夠看到河流像銀線般在沙質河床上蜿蜒流向西北，沿岸生長著柳樹、山楂、榆樹和醋栗等灌木叢，樹叢兩邊則是延展開來的翠綠牧場。東邊的牧場延伸到山坡上，我們目測此山海拔應該在河床以上一千英呎。

我們沿著哈拉哈河南岸走了四天，然後在貝爾湖（Lake Bur）的河口過河。貝爾湖在河口處分出兩條河道，其中比較寬的那條河道有一百二十碼寬。兩條河道都不深，最深處估計有三英呎。貝爾湖從西到南延伸著，越伸越遠，看不到彼岸。強勁的風吹了過來，將湖水擊打起如雷般的浪。我們從一些蒙古漁民手裡買到大比目魚和一條八磅重的鯉魚，享用了一頓美味的魚餐。

隨後，我們進入巴爾虎的領地，又前進到烏蘭諾爾（Ulan Nor），這是一個狹長的潟湖，因其周邊的牧場而聞名遐邇。1698 年，張誠作為清朝高級使臣的隨從，在此度過一周的時間。這位高官主持了與喀爾喀王爺們的首次會議。這一地區被蒙古人稱為貝爾達里（Bur Dalai，意為「聯在一起的海」）。8 月 5 日，我們抵達克魯倫河附近，位於阿拉坦額莫勒（Altan Emul，意為「金色的馬鞍」）西南五里處，有在蒙古傳說故事中知名的一對棕褐色山丘，克魯倫河流經其間。

我們沿著克魯倫河一直走著，直至 8 月 20 日，抵達帕拉浩特（Para-hota）遺址。原有的土牆已成為雜草叢生的土堆，土牆呈長方形，一千六百碼長，一千四百碼寬。在土牆的外面，我們發現了一段似乎曾經是護城河的遺址。從中心至西牆，距離為三百碼，有一處高達四十英呎用磚砌成的錐體建築。從中心至南牆，距離為兩百碼，也有一處錐體建築。兩個錐體建築已搖搖欲墜，但是仍舊矗立在那裡。張誠 1698 年曾途經此地，卻將他們標識為分成兩半的遺址。在南牆附近有一處滿是建築瓦礫的大土堆，但是我們沒找到藍色瓦片。這一遺址應該是由妥懽貼睦爾在 14 世紀中葉建成的。

我們順著克魯倫河而下，先後停駐在一些蒙古王爺們的王府營地，這些王爺有桑貝子、巴圖札薩克（Batu Jassak）、阿克薩（Akhsa）、岱欽（Daichim）。我們也曾拜訪車臣汗（Tsetsen Khan）的宮殿，他是蒙古夙負盛名的種馬養育者。8 月 29 日，我們離開車臣汗，直奔庫倫。9 月 4 日，我們穿過土拉河河谷，次日抵達庫倫。

甘伯樂從庫倫多次出發做短途旅行，去了很多地方，包括前往肯特山（Mount Kentei）的橢圓形古墓。這個地方我以前去過，一些學者認為這是成吉思汗的陵寢所在地，一些學者則認為成吉思汗陵寢應該位於鄂爾多斯的東北角，另一些則認為是柏格達烏拉。

在我擔任中國大總統袁世凱的蒙古事務顧問時，斯德哥爾摩的安特生博士（J. S. Andersson）[5]是中國政府的礦政顧問。冬季，我倆都住在北京。有一年夏天，我邀請他與我一起去塔奔烏拉避暑。

他在塔奔烏拉度過了整個夏天，搜集著古老的青銅製品。他挖到了古代的錢幣、稀奇古怪的花紋銅鏡、銅簪、形制優美的銅質小刀、邊緣環繞著浮雕圖案的銅碗，還有許多其他遠古時代留下的遺物。我這個客人想要這類物品的消息在綠色草原上很快地流傳開來，所有蒙古人都知道了。不斷有眼睛黑汪汪的蒙古孩子們，猶如朝聖一樣來到我們的營地，手裡拿著他們撿來玩耍的銅製品。孩子們害羞地走過來，拿出他們氈房中成年人認為沒有價值的青銅小掛件，然後手裡拿著閃閃發光的銀幣，快樂地蹦蹦跳跳離開了。這些銀幣是安特生博士給的，用來換取那些平凡無奇的青銅飾品。

在擔任中國政府顧問期間，安特生博士把所有的假日都用來搜集這些瓷器和銅器，起初是在中國，然後就是在蒙古。他的顧問身分結束後，他將所有的時間都投入到這項工作，搜集來的各種各樣資料，填補了許多先前空白的古代蒙古史內容。

安特生博士在蒙古的南部和西部大範圍旅行，爬梳著這塊土地的地面，旨在搜集歷史遺留下來的各種青銅器和陶器文物。他搜集到的東西，都存放在斯德哥爾

5　原文為 J. S. Andersson，應為 Johan Gunnar Andersson (1874-1960)，瑞典考古學家、地質學家，1914 年應聘中國政府農商部礦政顧問。

摩，使所有的參觀者都可看到，這是在遙遠過去所使用過的各種工具，最有趣的集中展示。安特生博士仍舊忙碌於深入研究蒙古歷史之中，每年都要去更多的地方，希望努力完成青銅時代的蒙古歷史研究。

我第一次去庫倫時，曾遇到一批外國人，其中之一即是俄國探險家科茲洛夫（Koslov）。[6] 他在很年輕的時候就來到蒙古，與當時日漸老邁的俄國探險家普爾熱瓦爾斯基一起工作。自從普爾熱瓦爾斯基死後，科茲洛夫即獨自工作。無論是暴風雪的冬日還是豔陽高照的夏天，他從未停下步伐，調查著可以廓清較早期蒙古人生活的每一件事情。

科茲洛夫在妻子的得力協助下，對他找到的所有地質、考古和動物標本做了認真細緻的分類和標識。他手下有一些俄國和蒙古的成員，總是忙忙碌碌地工作著。他對工作的每一個細節都詳細計畫，以使他的手下不會因為等著事做而浪費點滴的時間。

科茲洛夫依靠騎駱駝旅行來進行他的考察性探險。駱駝雖然行走緩慢，但是他偏愛駱駝隊，因為慢速行進有助於澈澈底底的考察探究。他在蒙古幾乎待了半個世紀，在大片土地上辛勤工作過。他在古城哈拉浩特（Karahata）進行了非常有價值的研究，掘獲出許多關於古代蒙古都城有價值的文獻和新出土的史料。

我最後一次看見科茲洛夫是在大約兩年前，他仍像

6 Pyotr Kuzmich Kozlov (1863-1935)，1947 年在莫斯科出版《蒙古、安多與死城哈拉浩特》，該書 2002 年有蘭州大學出版社中譯本。

從前那樣生活在庫倫的一座蒙古包裡。他的生活非常節儉，以盡可能把錢省下來，用於他的研究工作。即便氣候異常寒冷，暴風雪漫天，蒙古高原到處覆蓋著厚厚的積雪，而無法去做任何田野工作，但是科茲洛夫及助手們仍忙著準備將在前一年天氣允許時所搜集到的各種標本，送到莫斯科博物館（Moscow Museum）。

無論是在俄羅斯還是在蒙古，革命從未打亂科茲洛夫的研究。他平心靜氣地進行著他的工作，似乎從不注意世界上發生的所有政治事件。他的心思完全沉浸在探究蒙古過往的工作之中，沒有受到任何政治變動的驚擾。他繼續沉著冷靜地將他在沙俄時代搜集到的各種標本，送到蘇維埃政權下的莫斯科博物館。他的態度是，歷史太久遠了，不應讓自己被有生之年發生的這些變動搞得心煩意亂。

我想一下，這一定是發生在 1918 年夏天，或者可能是在 1919 年。當時，我曾經見過最有魅力的男人之一，羅伊・查普曼・安得思，在我們一位共同朋友的帶領下來到我在庫倫的家中，他因為完成了美國自然歷史博物館（American Museum of Nature History）與眾不同的研究工作而為人熟知。我遇到他是在 1918 年，這時他已帶領過探險隊在阿拉斯加、緬甸、中國內地和西藏的邊境上進行活動。1918 年夏天，他們夫婦倆一起進入蒙古，繼續做歷史研究。他年輕漂亮的妻子也是探險過程中能幹的攝影師，在自然光狀態下拍攝場景，成功地利用玻璃底片洗印出照片，可謂精妙絕倫。

他們乘坐汽車從張家口出發，穿過蒙古高原，然後棄車騎馬工作，並有一支小駝隊攜帶著各種設備。

遇到像安得思先生這樣的科學家，是一件令人欣喜的事。他不僅十分細心地做好科學研究，而且對於這片我深深熱愛著的美麗土地，有一種藝術家般的鑑賞力。在見到他第一年的夏天，我為他表現出來的熱情所折服，他不僅對於藍鈴花、雛菊，以及在蒙古大片大片盛開綻放的黃玫瑰表現出極大的熱情，也對自己一直在尋找的古代生物骨骼化石情有獨鍾。

此時，安得思先生計畫要進行一次規模更大、範圍更為廣闊的探險考察，我答應陪他一同前往。這次探險被稱為「美國自然歷史博物館第三次亞洲探險」，我和探險隊一起度過了三個月。我的朋友加郎瑟喇嘛，時任蒙古總理，為我們這次探險提供了許多協助，使探險隊能在各處喇嘛寺廟以及喇嘛的各種節日拍照。以前，這些寺廟及其節日活動是從沒有被拍過照片的。安得思先生渴望在蒙古高原進行研究之處，加郎瑟喇嘛也給我們做了引介。

這次探險是從庫倫到阿爾泰山。在查干淖附近，安得思先生發現了引起全世界興趣的恐龍蛋，現展出於美國自然歷史博物館。

考慮到他要搜集植物、動物和地質的各種標本，安得思先生在這次探險，以及後來的所有旅途，都邀請各個領域的專家和他一起進行。他最為重要的探險工作即是古生物研究，發現許多不知名的巨大體型古生物化石，足以說服一個門外漢，即蒙古的史前氣候狀況一定是完全不同於今天的樣子。

1923年秋天，我參加完第三次亞洲探險之後，收到一封美國自然歷史博物館的來信，這著實讓我驚訝。內容如下：

> 我很榮幸地告訴您，在1923年11月12日舉行的美國自然歷史博物館董事會議上，一致通過如下決議：
>
> 茲決定，董事會對於弗朗茲·奧古斯特·拉爾森先生在執行第三次亞洲探險計畫過程中提供的無價服務，渴望表達他們深深的謝意。為了表彰他在探險工作中表現出來的興趣，很高興在此推選他為美國自然歷史博物館榮譽終生會員。

安得思先生隨後在內蒙古進行了幾次探險活動。在此期間，我有幸受邀與他度過了幾段短暫的時間。近幾年來，他開始運用汽車來載送探險隊的工作人員，用一支駱駝隊馱運汽油和其他補給，這給探險工作帶來巨大的便利。一旦聽說某個地方有裸露在外的生物化石，科學家們就可以迅速地抵達那裡，以大卡車便利地運輸化石，穿越戈壁大漠抵達鐵路。

安得思先生歷次的探險過程，已經寫成了一本書。我相當推薦那些對蒙古充滿興趣的人去讀這本書。去年，他在蒙古高原上待了五個月，發掘出比以往在蒙古發現的，都還要大的古生物化石。他打算今年夏天再去一次蒙古，並已為這次探險做好準備。

或許因為我不是作家，我發現自己很難恰當地描述斯文．赫定，因為我無法用言語形容出，從抵達蒙古高原的第一個小時開始，他就對游牧生活表現出精準的理解。我一而再再而三地聽到過蒙古人對此的評論，所以我知道並非只有我才有如此的感觸。

圖 15　斯文．赫定與作者合影

我第一次遇到斯文．赫定是在 1897 年，他剛從穿越塔克拉瑪干沙漠的一次艱辛長途跋涉中返回。他丟失了全部裝備，也差點丟了性命。他對這次經歷甚感愉悅，也很冷靜，絕對地無所畏懼，他決定要再次去征服這一沙漠。他相信，古代蒙古的祕密就隱藏在塔克拉瑪干下面。我們第一次見面就說好，有一天要一起去那裡探險。而二十九年後，我們成行了。

在 1897 年和 1926 年之間，我和斯文．赫定博士每次會面，我們都會討論先前說過的這個探險活動。有一次，我想大約應是在 1915 年，我們一起從張家口旅行至庫倫，但那時他是在前往探索漠北蒙古的道路上。1926 年，他來北京找我，並對我說：「你說你會參加我的一次探險，是認真的嗎？」

我馬上回答：「當然，我倍感榮幸，樂意隨你前往。」

他回答：「那就妥了，讓我們準備駝隊吧。」

我們花了幾個月的時間，才聚齊一支有三百峰駱駝的駝隊，並為六十五個人準備一年的食物補給，這是有史以來跨越蒙古最大規模的科學探險。工作人員包括蒙古人、中國人、瑞典人、德國人和丹麥人。我們經由古老的商隊路線，從歸化城走到塔克拉瑪干，穿過蒙古，一共走了十八個月。

我到達塔克拉瑪干後不久，就離開探險隊，因為我必須回到內蒙古。但科學家們仍在那裡工作，按計畫進行著這個將花上他們許多年的探險活動。

我們隨身帶著二十六頂藍布蒙古帳篷，每頂都可以由一個人在十分鐘內搭建起來，有一個中心棟樑，由兩個支柱支撐著，帳篷由幾片布組成，用木椿釘牢在地上，形成的幾個邊角朝向不同的方向。無論風吹得多麼猛烈，帳篷也不會颳倒。這種帳篷經歷了蒙古人幾個世紀的改進，是牧民們使用的帳篷，不會像外國帳篷那樣掀飛和飄擺起來。

人們可以在帳篷中燒起一堆火，將帳篷的一個角落捲起來，以便空氣流動並帶走所有的煙霧。我在帳篷中睡了整整十八個月，即便在最嚴酷的暴風雪天氣中，也沒有生過任何一堆火。

我們每次宿營時，都會搭起二十六頂帳篷，每天晚上都像在建造一座小城一般。然而，我們並不是一直都在一起旅行，因為不同的科學家需要去不同的地方，各自尋找具有特殊吸引力的標本，在沿途各地，做地質、氣象和考古等研究工作。領頭的駝隊馱著重物，行走在主幹道上，馱載著三、四頂帳篷的小駝隊有時則會分頭行進，最後再與我們會合。

在冬天，當我們大約走到前往塔克拉瑪干的中途時，強烈的暴風雪使旅行變得非常困難，一些駱駝已經因為過於疲累而倒斃。這發生在一片冬天時沒有蒙古人居住的開闊土地上，我們只好卸下貨物。除了兩個蒙古人（蒙克和色拉特）和我以外，所有的成員牽著沒有馱負的駱駝，走進了最近的營地。

我們三個人留下來看守貨物，如果將貨物留下來而沒人照顧，絕非明智之舉，可能會被暴風雪覆蓋，或者被路過的人撿走。我們把貨物箱子堆成四堵牆，用小房頂式的帳篷覆蓋著，用駱駝鞍子釘好底下，然後再在上面蓋好氈子，隨後在中間做了一個火爐，並在四周鋪上駝毛毯子。

我們在這個臨時營帳中吃飯，但睡在我們自己的藍布帳篷之中，三個人都裹著厚厚的黑熊皮毯子，夜晚時感覺很暖和。我們得在這裡待上三個星期，在這段時間裡，我們除了彼此外看不到任何其他人。除了融化的雪水外，我們根本沒有水喝。每天都有狼群、野驢、大角羊走近前來，看看我們是什麼樣的生物。

我非常喜歡這種經歷，但我更高興終於看到新的駱駝隊過來拯救我們。我們加入其他成員，一起前往塔克拉瑪干地區。

圖 16　作者隆冬中在無人之地待了三個星期

這是一次在身體上經歷真正磨難的旅行。蒙古人和我業已習慣了這種旅行生活，並已沉迷於其中。但是我們一致對於中國人和歐洲人在遭遇惡劣天氣時，仍能樂觀地表現出陽光精神，感到驚奇。

斯文・赫定先生對我們所有人來說都是奇蹟。在旅行結束前的最後一天，我們絕大多數人都很希望吃飯和睡覺，所以當營帳剛一搭建起來，我們便倒頭休息。但斯文・赫定即便是疲倦的時候也不表現出來，他每天晚上用他那支輕快的鉛筆邊寫邊畫，工作至深夜。

有一天，我們的蒙古隊員色拉特這樣評論斯文・赫定：「他一個人頂我們兩個人的活，因為他每天白天和我們幹一樣的活，而晚上不僅繪圖，還寫書。」

除此而外，斯文・赫定也計畫著這次探險工作的每個細節，同時還進行大量的科學研究，協調其他成員的工作。斯文・赫定對於這次的旅行已經做出如此完美的書寫，還像他所有其他著作一樣繪製精采絕倫的圖畫。因此，我在這裡只是略微提及，再多即是贅言。

斯文・赫定及其工作夥伴們完成了一些驚人的發現。中國政府也對這次探險非常感興趣，盡可能對他提供協助。他贏得了中國人的心，一如他贏得了蒙古人的心。

我希望我業已表達清楚，即這次探險是亞洲地區進行過最大規模的探險，也是斯文・赫定從青年時期就傾注畢生精力從事科學研究的直接延續。

第十二章　氣候與地理（Climate and Geography）

蒙古是一個有一百三十七萬平方里大的高原，中心地勢稍微下沉，從西南到東北漸漸抬升。北面與西伯利亞的托木斯克省（Tomsk）、葉尼塞斯克省（Yeniseisk）、伊爾庫茨克省（Irkutsk）和外貝加爾省（Transbaikalia）接壤，阿爾泰山與薩彥嶺一道從大草原上漸漸升起，東面與滿洲和大興安嶺為界，南面與中國本部交界，長城天然地將這兩個地區分隔開來，西面與新疆、準噶爾（Dzungaria）和天山為鄰。

蒙古一年四季都是在金色陽光的璀璨照耀下，即便是在仲冬時節的某日，也會猶如太陽照在瑞士那樣，溫暖著人們的後背。天空呈現出清晰柔和的藍色，宛如薊花冠毛般的雲朵在天空中飄過。無論是日落還是日出，都會顯現出輝煌的色彩。蒙古高原並不平坦，而是像一片巨浪翻滾的大海。從任何位置極目遠望，都可看到需要騎馬馳騁幾個星期才能走遍的大片土地。高原上總是有山，從附近牧場的綠色到昏暗遠處的深紫色，一山遠過一山。

這裡的空氣清新而乾冷，即便是仲夏時節，夜晚也是那麼的涼爽，以致人們需要裹著一塊氈子或厚毛毯才能睡著。儘管在日照時間有明媚的陽光，冬天仍是嚴酷的。但是這種冬天並不比蒙大拿的冬天更冷，或者也不會比瑞典的冬天、德國北部的冬天，抑或是蘇格蘭的冬天更冷。

蒙古並不適合熱帶地區人種生存，但對於來自北方氣候區的民族來說，這裡有著絕佳的氣候，所以我在蒙古總是生活得健健康康。

在西北部，蒙古高原達到了它的最高海拔，同時受到西伯利亞氣候的影響。冬天的氣候雖然是暴烈的，但夏天的到來則會使這片土地充滿歡歌笑語，綠草刷新了整個高原，各式各樣的花朵閃爍其間，碧浪翻滾的蒙古高原長滿了青青的草，點綴著幾個藍色的湖泊。湖裡有著豐富的魚，湖面由沼澤地帶環繞著。在這些沼澤地中，生活著許多帶有可愛羽毛和嚦嚦悅揚叫聲的鳥兒。

高原北部由一排排白雪覆蓋的山脈間隔開來。連續幾年的夏天經常下雨，使那裡並不缺少草場。有落葉松，有雲杉，還有茂盛的草地和大片大片的野花。含鹽的草場給羊群、馬群和駱駝們提供了豐富的牧草資源。此外，這裡也有一片相對貧瘠的草原地帶，漸漸延伸至高山草甸和一片岩石與積雪的世界。在夏天，牧羊人會在高地上這片生長富饒的草原放牧。

這部分蒙古地區有大約三十七萬平方里，主要山脈有西北部的俄羅斯阿爾泰山，東北部的薩彥嶺，西南部的依克塔阿爾泰山，這形成了一條面對著準噶爾盆地的邊界，還有西南部的肯特山，將蒙古東北部地勢較高的層層臺地和較低的戈壁區分開來。

蒙古的主要河流有札布汗河（Jabkan）、葉尼塞河

（Yenisei）、色楞格河（Selenga）、鄂爾渾河（Orkhon）、土拉河（Tola）和克魯倫河。這些河流除克魯倫河向東奔流而外，全都流向北方。

蒙古的主要湖泊有：面積達一千二百平方里的烏布薩泊（Ubsa）、科布多湖（Kobdo）和喀拉烏蘇湖（Kara-usu）。這個地方的常年降雨量大約九點五英吋，氣溫在1月分時最低，大約華氏零下二十度，到7月分最高，有華氏六十四度。

蒙古人並不建設在西方人或者中國人詞彙意義裡的城鎮。但是，庫倫、烏里雅蘇台和科布多是這個地區的中心城市，許多蒙古人在這些地方一起搭建起帳篷，每年都要住上一段時間。在每一個中心地帶，還有著相當數量的寺廟，以及俄羅斯和中國商人建築起來泥漿抹成的房子。

這一地區的南部即是戈壁地帶。這片地方大約只占整個蒙古地方的四分之一。但是因為這是非蒙古土著人群最為頻繁跨越的地段，它的特徵便被誤解為整個蒙古高原的特徵，而漸漸在境外訛傳開來。

從張家口到庫倫的汽車路線須穿越戈壁灘。人們幾次努力，試圖將汽車路線直接穿過更為肥沃的平原，但是到目前為止均受到挫敗。最近一次是去年，有人設計了一條道路，打算穿越蒙古某一王爺所轄蒙旗的肥沃草原。蒙古人在路線調查期間，並沒有發表什麼意見。而後一個汽車小旅館蓋起來，打算接待汽車公司的中國代表和往來旅客，蒙古人仍保持著沉默。再其後，當第一批汽車穿過這個蒙旗走到半路，在他們蓋起來的便利旅館中寄宿的時候，蒙古人繼續保持沉默。

然而，這座小旅館、這些汽車隊、旅客們以及汽車公司的代表都在當天晚上消失了。在早晨，只有這片剛剛鋪設平整的草地廣場顯示出，這塊草場曾經被外人弄出疤痕。雖然中國仍舊把內蒙古的王爺視作他的臣屬，但是這些汽車新路線只有嘗試那麼一次。

中國人稱戈壁地帶為「旱海」，意指「乾海」。這片乾旱沙漠地區的自然屬性，是蒙古高原的蕭條部分。在北部邊緣，平均海拔大約有三千五百英呎，有一層石頭形成的地表，上面長著雜草。在南面，海拔下降到二千四百英呎，這是海拔最低的地方，有大片的沙地。周圍區域攔截了這個地區的降雨，所以，這個地方降雨量很少，但即便是沙地區域，也並非純粹的不毛之地。這裡有很多精細而結實的草皮、蒜、灌木叢成簇地生長著。戈壁大漠是適宜飼養蒙古雙峰駱駝的地方，大約有四十八萬平方里，從東到西綿延約有一千里，從北到南則是四百五十到六百里不等。這裡沒有永久的河流。冬季的西北風在薩彥嶺的山坡上排放著濕氣，夏天的東南風在興安嶺之巔消耗著潮氣。

蒙古中部（或戈壁大漠）和蒙古南部幾乎沒有一棵樹，乾燥的風掠過這片高原地帶。但這裡仍然有一個令人稱奇的事實，在這片土地上，無論在哪裡，一個人只需挖到地表以下二、三十英呎，即可找到冰冷的水源。甚至在許多情況下，戈壁灘上的水源在沙質地表以下兩碼即可找到。這就表明，整個蒙古高原有豐富的水源供應，相對容易在這片土地上種植成片的森林，可以阻隔強風的襲擾，同時使得地面更為潮濕和肥沃。

儘管在夏天雨量稀少，但有時也有猛烈的傾盆大雨。我剛好正在訪問這部分的蒙古。今天是 7 月 7 日，兩天前我剛剛開始寫這一章。那天天氣很悶熱，我發現必須緊緊地關上我的白色蒙古包，才能保持涼爽舒適。這時，我拜訪的這個家族中，有三位長者來到我的蒙古包，打斷了我的寫作，拉我捲入他們的一場爭論之中，要我做調人。這場爭論是圍繞著是否應該將羊群帶到遠方牧場這一話題展開的，因為炎熱業已曬死了附近所有的草。

弟弟堅決反對將羊群帶離家鄉，叔父和哥哥則希望將羊群送出去。他們三個人的老婆也擠進我的氈房，支持弟弟的意見。當我們討論正酣的時候，一陣大風颳來，從乾燥的地面捲起厚厚的粉狀沙塵，漫天飛舞。然後大雨像從天空的大漏斗中傾瀉而下。

他們全家人喜迎這場暴風雨，歡欣地呼喊著。孩子們脫掉衣服，瘋了似地跑進大雨之中。叔父借了我的望遠鏡，走到拴馬處，騎上一匹備好鞍具的馬，一路小跑，跑上有鄂博矗立的那座高山。兄弟倆飛奔而出，把小羊羔們驅趕進女人們清掃乾淨的帳篷，我幫助他們把羊群關進去，然後也騎馬跑上山頂，與叔父會合。

我肯定是在鄂博山上待了大約半個小時，這時我看見在距離我們一兩里遠的地方有一大片塵土飛揚。這片塵土如滾球一樣，以一種可怕的速度朝我們襲來。它的行動如此迅速，以致人們根本看不清塵土後面跟隨的是什麼。這片塵土在我們營地下面距離三、四百碼處刮過。灰塵後面是一股洶湧的激流，一道強大的漩渦洪水，無情地捲走它遇到的所有東西。幸運的是，我們的帳篷恰好搭建在遠離水流的地方。

這道洪水激盪了幾個小時，最終大約在日暮黃昏時分消退。第二天，我們騎著馬，沿著這條神祕的河流向前行進。這條河道上散落著男女老少的屍體，以及數以千計的羊、牛和馬匹屍體。這些牲畜可能都被捆縛拴繫著，無法跑開。河道上還散落著帳篷、牛車和中國商人的屍體，一堆毛氈蒙古包爛成一團，卡在河道中，夾雜著顏色鮮亮的彩繪油布、鑲著花邊的鞋子和銀質的髮飾。

大自然如此殘酷無情地掠走人類及其財產，也帶來了鬱鬱蔥蔥的草場。草場上閃爍著嬌美秀麗的花朵，這些花花草草在幾個小時的日光照耀下爭相生長。洪水來得出奇，消失得也很出奇，因為它的源頭處沒有潰壩，只有一處天堂之門。今天，又有一次伴隨著塵土飛揚而來的洪水。在四十八小時之前，整個平原還是一片燒得通紅、荒無人煙的沙地，這次洪水形成一個圓圈，延展到遍野綠色的天際。羊群心滿意足地吃著草，奶牛也在當晚被帶了進去，擠了滿滿幾桶牛奶。孩子們在舒軟的草地上快樂地翻滾和嬉鬧著，因為又能喝到大量的牛奶而倍感愉悅。蒙古人高度依賴著大自然，他們從不築壩攔水以抵禦乾旱，但是如果進行灌溉，戈壁大漠會成為一處肥沃的花園，猶如美國已經被澆灌過的沙漠區那樣。蒙古人如果將這裡的一塊地方交給人煙稠密的日本，日本會讓這個地方在任何時候都鮮花綻放。

沿著戈壁灘的東邊向前行進，有一處大約一百里寬的地帶，這裡有良好的水質、茂密的森林和豐富的草場。興安嶺保護著這塊肥沃的土地，當冬日凜冽的寒風掠過戈壁灘之時，興安嶺使它免受寒風的侵擾，夏日來自太平洋的暖風颳過這片土地，使它得到溫順雨水的滋養。美麗的蒙古就坐落在滿洲的邊界上。

在中國的長城和這個戈壁大漠之間，有一處地方被中國人稱為「高草之地」（the land of high grass）。[1]這個地方的確名副其實，受到太平洋的影響，一年四季都可以放牧。積雪一般不那麼厚重，所以牲畜們用蹄子扒刨，就能吃到大量香甜可口、營養豐富的草料。

這裡幾乎沒有樹，但是如果我們在這裡種樹，樹也會長得枝繁葉茂。這裡沒有小溪，也沒有湧向地表的泉水，但是如果向地表以下深挖二十或三十英呎，水源隨處皆有。水井通常會給人們帶來波光粼粼的清泉，在最為酷熱難耐的夏日，給人以冰冷般的感受。但是在一些地區，水有著濃烈的鹹味或蘇打味，而無法飲用，哪怕是用來泡茶也不行。這裡有幾個地方是鹽礦所在。幾個世紀以來，蒙古人如果需要鹽，就從這裡汲取。

漢人向北擴展，越過長城，帶著簡陋的農具和少量的種籽，在長城北面邊緣擴展出一片幾近一百里寬的區域。他們每在這片「高草之地」破土開荒，即會取得豐富的收成。野亞麻在這裡茂盛地生長，流落此地的漢人用它紡出結實的布料來做衣服。

1　即內蒙古。

蒙古人雖然從長城向北遷回到蒙古，但是仍有大量的草場，雖然已被漢人農民揮鋤耕耘。

那部分蒙古地區叫作鄂爾多斯，由黃河將其與蒙古高原的其他地方分隔開來。黃河南岸這片起伏的高原，有四萬平方里，其乾旱程度僅次於戈壁大漠，但是一旦天降大雨，茂密的小草就會鑽出砂石土壤，競相生長，能使駱駝長胖的那種灌木叢，也會茁壯地生長起來。蒙古高原長滿了嬌嫩的粉紅色野薔薇花，結實的黃色毛茛，蔓生著藍色的牽牛花和紫色長穗的毛地黃，以及五瓣水仙銀蓮花。

拉爾森生平活動年表

1870 年／ 0 歲

4 月 2 日，出生於瑞典西曼蘭省蒂爾伯加（Tillberga）教區，父母是漢勒比（Hällby）莊園的貧苦佃農。

1873 年／ 3 歲

父親去世。

1879 年／ 9 歲

母親去世，他成為一位佃農的男僕。此後數年，他先後在花園、穀倉、馬廄做事。

1887 年／ 17 歲

由於姐姐埃德拉的勸阻，他放棄了去巴西的想法，在一家鐵匠鋪工作。

1889 年／ 19 歲

他到斯德哥爾摩投奔姐姐埃德拉，在總承包商姐夫的各建築工地做木工。在姐姐的影響下，他開始對傳教產生興趣，入埃斯基爾斯蒂納教會中學。此後，他接受了旨在中國和蒙古傳教的宣道會的聘請，在前往中國和蒙古之前，被送到英國接受了六個星期的訓練。

1893年／23歲

由居住在美國的斯堪地那維亞人建立的紐約宣道會派人到斯堪地那維亞地區招募前往蒙古的志願者，有二十餘名青年男女一同離開瑞典，前往中國和蒙古，拉爾森即是其中之一。他從中國天津出發，經北京，輾轉抵達包頭（多為步行）。經包頭一位漢人軍官的介紹，他成為鄂爾多斯達拉特旗王爺的客人，在王府待了三個月，主要學習蒙古語文和蒙古禮俗。在這裡他生活得舒適而愉快，蒙古語文也學習得頗有長進。

1894年／24歲

他經達拉特旗王爺的引薦，北上外蒙古庫倫，繼續學習蒙古語文，並且結識了不少外蒙古的要人。

1895年／25歲

他隨同某駱駝商隊從庫倫南下張家口，耗時六十天。在張家口，他待在美國公理會，結識了來自美國紐約州奧爾巴尼的宣道會成員，年長他一歲的瑪麗·羅傑斯小姐。

1897年／27歲

2月，剛完成穿越塔克拉瑪干沙漠壯舉的瑞典學者斯文·赫定博士來到張家口，住在拉爾森家中。[1] 他們

1 斯文·赫定著，李述禮譯，《亞洲腹地旅行記》（上海：上海書店，1984），頁256。

一見如故，成為摯交好友，相約以後要一同去塔克拉瑪干探險。

他與瑪麗．羅傑斯結婚，在張家口建立家庭。瑪麗繼續在當地漢人中傳教，拉爾森則離開張家口，到蒙古人中傳教。夫妻倆開始合作編撰一部蒙古－瑞典－英語的三語詞典。

1898 年／ 28 歲

長女瑪麗誕生。

1899 年／ 29 歲

7 月，英國駐北京公使館副領事甘伯樂先生來到張家口，拉爾森陪同他到察哈爾參加那達慕大會，使其成為察哈爾蒙古上層家中的座上客。[2] 甘伯樂與拉爾森商定明年夏天一起到蒙古東部地區探險考察。

1900 年／ 30 歲

早春，拉爾森按照和甘伯樂的約定，選購駝、馬等，做出發準備。他的一些蒙古朋友也從蒙古高原南下，將護送他們前行。夏季，中國爆發義和團運動，甘伯樂被困在北京，張家口也日見騷動。

6 月 11 日晨，[3] 拉爾森被迫拋下在張家口的大部分

2　C. W. Campbell, *Travels in Mongolia, 1902* (London: The Stationery Office, 2002), pp. 30-31.

3　鄭曦原編，《帝國的回憶：〈紐約時報〉晚清觀察記》（北京：當代中國出版社，2007），頁 69。

財產，利用本來為探險準備的駝、馬，帶著妻子和兩個女兒（小女兒凱薩琳僅數月大）及另外三個傳教士家庭逃出張家口，來到哈拉烏蘇（Qalayun usu），[4] 在那裡等待其他在華北的傳教士們，結果有三位遭攻擊受傷的傳教士到來。幾天後，在當地清廷官吏的敦促下，這支二十餘人的逃亡隊伍跋涉月餘才抵達庫倫，多數人經由西伯利亞返回家鄉。在義和團事件中，拉爾森損失了所有的財產，夫妻倆勞苦數年才編撰出的著作和辭典也都化為灰燼。拉爾森因缺少錢財，遂到在恰克圖附近開採金礦的蒙古礦業公司工作，以掙錢來安置家人，日子過得很艱辛。

拉爾森一家搭乘火車和輪船，經西伯利亞、芬蘭、瑞典而到美國。12 月 30 日，他們乘紐約號汽輪抵達紐約港，與在紐約州奧爾巴尼市的岳父一家團聚。甫一登岸，作為帶領眾人僥倖脫逃義和團兵刃的傳奇英雄，拉爾森夫婦接受了《紐約時報》記者的採訪，訪談內容刊登在第二天的《紐約時報》上。[5]

1901 年／ 31 歲

他返回蒙古礦業公司。

---

4 哈拉烏蘇，拉爾森誤作 “Hara-osa”，意為「清水」。據色．斯欽畢力格，〈清末民國察哈爾瑞典蒙古傳教團〉一文考證，即今烏蘭察布盟化德縣朝陽鄉新圍子村的哈拉烏蘇地方。

5 鄭曦原編，《帝國的回憶：〈紐約時報〉晚清觀察記》，頁 68-70。

1902年／32歲

春，甘伯樂和拉爾森一同出行考察，歷經安固里淖、多倫、克什克騰旗的達賴諾爾、阿巴嘎旗、浩齊特左翼旗、綽爾河、哈拉哈河、呼倫貝爾的貝爾湖河口、外蒙古境內的克魯倫河，9月4日抵庫倫。

是年，他離開蒙古礦業公司，與兩名瑞典鐵路工程師威廉・奧里維斯若納和卡爾・拉格霍爾姆，為俄羅斯政府進行一項「從上烏金斯克跨越戈壁到中國邊界」的鐵路調查，擔任嚮導和翻譯。但這條鐵路最終未能動工。其後，他再次定居張家口，成為聖經公會在蒙古的代表，帶著一支由五匹馬、四名蒙古助手、十頭駱駝組成的商隊，馱載著蒙古文《聖經》，往來於蒙古地方，向蒙古人散發《聖經》。這工作他做了十二年。

1903年／33歲

是年，美國公理會的詹姆斯・赫德森・羅伯茨（James Hudson Roberts）的著作面世，他在憶及1900年隨拉爾森逃亡的經歷時，稱讚說：「命中註定，拉爾生先生天然地成為我們的領隊，是十足的勝任之人。他能講一口流利的蒙古語，還是優秀的騎手和神槍手，這對於我們穿越戈壁和草原意義非凡。他贏得了蒙古人的友誼，所以幾個蒙古人護送我們，多次化險為夷。此前拉爾生先生曾經兩次穿越戈壁，瞭解這次旅行該準備什麼裝備，在戈壁會遇到什麼情況。更為重要的是，他是個勇敢的男人。」[6] 拉爾森在蒙古的活動，引起了日本的高度關注。「聞蒙古內地，沙漠之間，法、美等國的傳教士，次第興建學校。又聞美國人拉爾遜能用流暢的蒙古語演說。被中國人視為『惡魔』的人，居然這樣熱心於教育事業。」[7]

1904 年／ 34 歲

他派人去接家人，在張家口重建家庭，還在自家在塔奔烏拉的牧場上建起一座避暑的房舍。

1908 年／ 38 歲

他應邀陪同外蒙古杭達多爾濟親王從庫倫到北京，然後從天津乘船赴上海遊歷。

1911 年／ 41 歲

11 月 28 日，外蒙古庫倫發生事變，以哲布尊丹巴呼圖克圖為首的蒙古上層迫使清朝駐庫倫辦事大臣三多盡速離境。12 月 1 日，哲布尊丹巴呼圖克圖宣告蒙古獨立。拉爾森此時正在庫倫，目睹了政權的平靜轉換。

---

6 James Hudson Roberts, *A Flight for Life and An Inside View of Mongolia* (Boston & Chicago: The Pilgrim Press, 1903), p. 100。轉引自特木勒，〈蒙古公爵拉爾生：他在國家、族群和文化邊界的生涯〉，《邊疆地區近代化過程中的中西文化交流——基督宗教的傳入與塞北歷史縱橫談會議論文集》（2009）。

7 〈清韓の教育と日本宗教家〉，《太陽》，第 9 卷第 1 號（1903.1），「時事評論」欄。轉引自：實藤惠秀，《中國人留學日本史》（北京：三聯書店，1983），頁 77。

1912年／42歲

夏，在塔奔烏拉牧場。

12月間，拉爾森收到電令，「暫駐庫倫坐探」。[8] 他先後於11月20日、12月12日寫回兩份祕密報告。[9]

1913年／43歲

因中國和蒙古方面的衝突與戰爭，他經民國大總統袁世凱的政治顧問莫理循推薦，被袁世凱聘請為蒙藏事務局的蒙古事務顧問，聘期五年，經常以私人名義奔走於中蒙之間。3月初，在北京見莫理循。經莫理循舉薦，「蒙藏事務局近已聘定喇森君為蒙事顧問，合同訂期五年。查喇森君係瑞士國籍，新由外蒙到京，以故外蒙情形，極為熟悉。在蒙時，與彼中王公素有聯絡，知交頗多。現聞喇森君已將庫逆內容及其種種之置布，已詳細具狀報告該局矣。」[10] 3月14日，奉命返回蒙地去見從庫倫返回的內蒙古王公，「隨帶張紹曾、沈文炳、沈維先三員，藉資佐業。」同日，莫理循在致函友人布拉姆函中，談及蒙古問題，將拉爾森之前的兩份報告附入，稱這兩份報告「是事變的可靠見證人、當時住在庫倫的拉森先生寫的」，這個瑞典人「比誰都熟悉蒙古。他沒有受過多少教育，但精明可靠，擔任過英國

8 呂秋文，《中俄外蒙交涉始末》（臺北：成文出版社，1984，再版），頁32-33。

9 駱惠敏編，劉桂梁等譯，《清末民初政情內幕》，下冊（北京：知識出版社，1986），頁104。

10 〈蒙藏風雲匯志　蒙藏局之新顧問〉，《民主報》，1913年3月10日，7版；《字林西報》，1913年3月4日，7版。

和外國聖經會在此地的代理人。我認為，他會為中國政府做出些名堂來。最近中國政府已委派他在蒙藏事務局任事。」[11]

大約在 4 月，拉爾森從西蘇尼特旗境內的滂江給莫理循去信，告知從歸化城派去守衛電報站的二百名中國官兵紀律渙散，全無鬥志，一遇蒙古軍隊極易潰逃。大約三個月後，拉爾森的提醒成為事實。當歸降的內蒙古王公那遜阿爾畢吉呼約二百人眾抵達滂江時，這兩百名中國兵聞風而逃，未放一槍。[12]

此間，拉爾森時有書信，將張家口及以北的戰況彙報莫理循。5 月 27 日，莫理循致函蔡廷幹，「我收到來自蒙古的報告，提及張家口以外的中國軍隊，也提到他們在遇到蒙古紅鬍子的時候逃跑的情形。這確是嚴重問題。這些軍隊似乎軍心渙散，潰不成軍。你想必記得，我曾把拉森先生的一封信寄給你看過。他提到駐紮滂江的二百名中國士兵。這些人聽到蒙古人快來了，就迫不及待燒掉他們的軍裝物資，放棄一切來不及燒的東西，全部逃跑了。當然，蒙古人由於熟知地勢，能夠迅速行動占了大便宜。他們不但騎著好馬，而且據拉森先生估計，那股迫近滂江的二百名紅鬍子所帶好馬竟達二千匹之多。頭天他們在滂江以北七十（華）里，第二天就跑到滂江以南七十（華）里，一夜奔馳了一百四十

11 駱惠敏編，劉桂梁等譯，《清末民初政情內幕》，下冊，頁104。呂秋文，《中俄外蒙交涉始末》，頁 32。

12 駱惠敏編，劉桂梁等譯，《清末民初政情內幕》，下冊，頁 214。

（華）里。」[13]

7 月 2 日，拉爾森為營救格蘭特，從北京專程抵達張家口，[14] 並與外蒙古在前方的軍事將領那遜阿爾畢吉呼（原內蒙古科爾沁左翼後旗輔國公）商討如何保全格蘭特一事。按《順天時報》所載張家口電訊，「中華政府蒙事顧問官拉爾遜君，昨日由北京前來張家口。該顧問與一蒙人晤談格藍君被擒之事，後似有惶恐格藍君之生命難於保全之勢・北京電報局總管赫那森君同行者計四人，擬於明日早由張家口啟程，前往尋覓格藍君，或探明所遇詳細情由。據調查云，蒙古政府因俄人及英美烟公司孟君等所請，已電達滂江相近之蒙古司令官，著將格藍君與其同行華人一體釋放。現中華軍隊占據滂江及該處蒙王宮院云。」[15]

7 月 23 日，蒙藏事務局總裁姚錫光等致函國務院，「擬將藍理訓薪公月需銀仍請按月照支，其三代表隨員等薪金均截至七月一律停發，以節經費而保信約。」[16]

此間，拉爾森又有書信寄給莫理循。7 月 25 日，莫理循致函蔡廷幹，談及拉爾森在前方斡旋的一些細節。「你想必記得一些時候以前，曾有蒙古傳信人來到北京，提出關於把某些官吏和他們的隨從送回中國的建

---

13 駱惠敏編，劉桂梁等譯，《清末民初政情內幕》，下冊，頁 160。

14 〈專電〉，《申報》，1913 年 7 月 3 日，2 版；〈中華蒙事顧問拉爾遜君往張家口〉，《順天時報》，1913 年 7 月 3 日，2 版；〈漢甯森先生的救援力量：拉爾森先生擬率強大隊伍進入蒙古〉，《大陸報》，1913 年 7 月 15 日，1 版。

15 〈中華蒙事顧問拉爾遜君往張家口〉，《順天時報》，1913 年 7 月 3 日，2 版。

16 〈國務院二十三號紀事〉，《大公報》，1913 年 7 月 25 日，5 版。

議。他們提出的簡單條件中，有一款是要由拉森先生和我作為雙方協議的見證人。你諒必也記得我曾經說過，我很願意當證人。」[17]「有兩位蒙古傳信人來見我。兩個都是蒙古人，都能說流利的中國話，剛從庫倫回來。他們同那彥圖王爺、喀喇沁王爺、李廷玉將軍以及其他一些人有密切聯繫。他們兩個都是拉森先生熟悉的人，被拉森先生認為是靠得住的。如果蒙古人本身達成協議，特別是庫倫的蒙古權貴，並同目前控制著正在歸化城、張家口、多倫諾爾活動馬隊的蒙古人達成協議，對政府好處之大，是無須多說的。……我認為毫無疑問可以達成這種協定。」[18]「大約三個月前，一支約有兩百人的中國軍隊，從歸化城派去守衛電報站。他們沒有經過好好挑選。拉森先生當時正住在滂江。他寫信告訴我，這批人不肯工作，不服從長官，沒有紀律。拉森提醒我，這些人軍心渙散，全無鬥志，一出現蒙古人全都會拔腿就跑。」「這些蒙古傳信人共有三位。按照原先商妥的辦法，應當得到他們的薪金和開銷。他們的薪金是每人每月二百元。已經為了辦這件事撥出不少錢，存在拉森先生在張家口的銀行帳戶上。由於李廷玉將軍走了，我已經關照拉森先生，照付這幾個蒙古人以他們應得的錢並取得收據。」[19]

17 駱惠敏編，劉桂梁等譯，《清末民初政情內幕》，下冊，頁 212。

18 駱惠敏編，劉桂梁等譯，《清末民初政情內幕》，下冊，頁 212-214。

19 駱惠敏編，劉桂梁等譯，《清末民初政情內幕》，下冊，頁 214-215。

夏，拉爾森全家在塔奔烏拉牧場度過。

秋，北京政府請拉爾森與庫倫政府間斡旋謀和。拉爾森在庫倫調停和談的努力沒有成功，轉而通過那遜阿爾畢吉呼去說服其他在內蒙古境內作戰的各軍事首領停戰。停戰雖未實現，但他成功地使那遜阿爾畢吉呼將自己的軍隊遣回本旗，率親信侍從歸降民國政府。拉爾森在塔奔烏拉自家牧場招待那遜阿爾畢吉呼等人，並一路陪同那遜阿爾畢吉呼經張家口到北京晉見。

9 月 24 日，已經歸附北京政府的那爾遜阿爾畢吉呼拜訪莫理循，介紹其受拉爾森策動來歸的原委經過。26 日，莫理循致函蔡廷幹，「前天那貝勒來我處訪問，他實際上是庫倫現政府的陸軍部侍郎。你知道，大體上是由於拉森先生的勸告，他帶著他的部分追隨者一道返回中國的。」[20] 那遜阿爾畢吉呼的叛降，極大地動搖了外蒙古軍隊的軍心和士氣，引起了很多上層的動搖。

10 月 15 日，那遜阿爾畢吉呼即因「傾心內向，遠道歸誠，實屬深明大義」，被大總統袁世凱免究既往情事，「並晉封郡王」。[21]

10 月 21 日，莫理循致函國務總理熊希齡，介紹拉爾森在策動蒙古方面歸附的貢獻：「我為了一件有關蒙古的事冒昧向您寫信。我深信您定會看到這是一件高度重要的事情。」「不久以前拉森先生，一位對於蒙古情況比誰都清楚的瑞典人，曾經簽訂一份為中國服務若干

---

20 駱惠敏編，劉桂梁等譯，《清末民初政情內幕》，下冊，頁 229。
21 〈大總統令〉，《政府公報》，1913 年 10 月 16 日，第 521 號。

年的合同。他是同李廷玉將軍簽定的。李將軍在這份合同的補充規定內，指示拉森先生設法把外蒙古的高級人物撤回中國，人數越多越好。拉森先生應當盡力勸說蒙古人保持同中國的和睦關係。他應為一切有關蒙古的事情提供意見。在這一方案之下，已有很多蒙古高級官員由於拉森先生的努力回到中國。例如阿布蓋達王爺業已回到離多倫諾爾三百里處的故鄉，並且晉升了爵秩。那貝勒，如閣下所知，新近返回中國，受到總統的接見，晉封為郡王。蘇公也回來了。可是庫倫方面還有許多權貴想回到中國。這些人中最親近中國的是海山公。我正是為了他而寫這封信。他現滯留庫倫，想回中國。他的兒子目前正在北京。此人能說一口流利的漢語。他在半小時內能夠當面向您陳述的事情，勝似寫許多封信。我能懇請你接見海山公的兒子和拉森先生嗎？如果你惠予接見，他們將會向你彙報許多有關外蒙古的局勢，我想這對於澄清事態真相必大有裨益。前此您曾約見拉森先生，但由於某種誤會未能踐約。」「海山公的兒子於 9 月 23 日回到北京。他是個可靠而聰明的人。閣下如能抽出時間接見他和拉森先生，我想您定能聽到許多關於蒙古局勢非常有意思的實情。我可以通知他們，在對您最方便的時間內趨前晉謁。」[22] 26 日，北京政府國務總理熊希齡接見拉爾森和海山公的長子，聽取他們對外蒙古局勢的陳述。[23]

---

22 駱惠敏編，劉桂梁等譯，《清末民初政情內幕》，下冊，頁 242-243。

23 駱惠敏編，劉桂梁等譯，《清末民初政情內幕》，下冊，頁

《中俄協約》簽訂後，拉爾森拜訪莫理循，希望出面前往庫倫，促進北疆和平穩定。11 月 29 日，莫理循致函蔡廷幹，「蒙古事務顧問拉森先生目前正在北京。他亟願協助導致和平。他對於蒙古的情況，如你所知，有比其他任何人更為廣泛的知識。二十多年來，他一直居住在蒙古，並從蒙古這一端漫遊到那一端，走遍了蒙古全境。內外蒙古的每個蒙古官員都認識他，或者知道他的名聲。前些時正時這位拉森先生親自到邊境上的蘇尼特地方，把那貝勒（現在是那王爺）接回北京。」「今天早晨拉森先生收到他的一位住在張家口以北二百五十里，拉森先生自己也曾住過的塔布爾地方的可靠朋友來信。[24] 寫信人說他在星期一，從一位來訪的蒙古軍隊司令官口中得悉業已宣告和平。蒙古人將不再在漢人所開墾的土地上作戰，但仍將抗拒進入蒙古草地的中國軍隊。」「我為此建議給予拉森先生這位最適合擔任這樣一種使命的人以指示，令他作為居間人前往蒙古，同蒙古領袖人物商談什麼是蒙古人情願放下武器的條件。他已經做好準備，立刻前往張家口以北二百五十里，他家所在的地方。他擬從那裡發信給蒙古領導人物，邀請他們前來開會，聽取他們怎麼說。這樣一種使命只能帶來好處。有絕對的必要指示拉森先生前往。他自己不能擔起責任辦這件事。如果他那樣做，必致像前次的經驗一樣，受到某些中國官吏的屈辱。他們公然

242、244。

24　即正文提到的塔奔烏拉。

稱他為『洋鬼子』，並且暗示他不守本分是在多管閒事。」「拉森先生的蒙古話說得很流利，可是漢語不怎樣好。為他配合一個可靠的漢語翻譯是有好處的。最適宜擔任這一職務的是薩繆爾沈先生（沈壽芝），他現在中國電報局工作，熊希齡先生知道此人的姓名。他從前曾同拉森先生去過蒙古，熟悉那裡的情形，英語也說得很好。拉森先生也要隨身帶去以一個那王爺手下的人。如果絕對派遣拉森先生去蒙古，就必須向駐防張家口一帶的中國軍隊將領發出命令，以使拉森先生能受到適當的待遇。」「我希望這一建議能有成果，也希望辦理時盡可能不耽誤時機。拉森先生已做好在接到通知後幾個小時內便離開北京的準備。」[25]

12 月 3 日，莫理循致函艦長曹嘉祥，移送一份備忘錄，「其中提出幾種有關蒙古的政策，並把蒙古事務顧問拉森先生提出的意見也包含在內。拉森先生，如我在文內所說，是現今活著的關於蒙古的最大權威。」[26] 拉爾森在這份經由莫理循交給北京政府的建議裡指出：希望允許他作居間人，在張家口北自家的塔奔烏拉牧場發信邀請蒙古王公前來開會，設法恢復和平。前提是必須向駐防張家口一帶的中國軍隊將領發出命令，使他能受到適當的待遇，得以不受阻礙地行事。[27]

---

25 駱惠敏編，劉桂梁等譯，《清末民初政情內幕》，下冊，頁 279-280。

26 駱惠敏編，劉桂梁等譯，《清末民初政情內幕》，下冊，頁 281。

27 駱惠敏編，劉桂梁等譯，《清末民初政情內幕》，下冊，頁 279-280、287。

是年，他辭退了聖經公會的工作，交由阿爾姆布拉德先生接手。

1914年／44歲

年初，他「奔走於中蒙之間，圖謀折衝」，[28] 中蒙雙方都邀請他參加將在恰克圖召開的中俄蒙三方談判。拉爾森在中蒙之間的活動引起俄國政府的不滿，甚至成為中俄談判《中俄聲明文件》時俄方拒絕中方主張的藉口。[29]

3月22日，俄羅斯駐北京公使庫朋斯基為此特向中國政府面遞節略，表示抗議。其文曰：「大俄國駐京大臣，向中國政府迭次指明，近有無責任之人，藉中國政府之名義，有與蒙古會議之情事，函請杜絕此項奸謀為要。……接聖彼德堡訓條，應行聲明，中國如此辦理，則本國政府視為將對俄國所負擔者，顯然違背也。」[30] 在俄方的壓力下，中國政府只得放棄對拉爾森的參會邀請。

9月4日《字林報》電訊，拉爾森辭去蒙藏院顧問一職，返回張家口外自己的牧場。「中政府所聘蒙古顧問拉遜氏本訂立合同（自民國二年二月起）五年，今已辭職，其五年內之俸悉照付。因中政府以為，關於蒙古事件，皆須在恰克圖會議（定九月九日開議）議決，無須再用顧問。拉遜氏之聘為顧問，在中政府之本意，欲

28 呂秋文，《中俄外蒙交涉始末》，頁88。
29 呂秋文，《中俄外蒙交涉始末》，頁75。
30 呂秋文，《中俄外蒙交涉始末》，頁88。

使之運動蒙人依附民國，今觀蒙古情狀，似不能再為民國領土所有。關於蒙古之事，當在此次會議決定。」9 月 7 日，正式解約。[31]

1915 年／45 歲

他和斯文・赫定一起從張家口旅行至庫倫。

北京政府為表達對他兩年來工作的肯定，除全額支付薪俸外，還頒給一枚榮譽獎章。據《申報》北京電訊，「瑞典人藍理訓向奉烏里雅蘇台將軍那彥圖箚委，赴庫偵察活佛情形，並招撫那遜阿爾畢吉呼後，該洋員有功民國，充蒙藏院顧問，現該洋員索酬銀五萬兩，以償前勞，貢總裁為優待外賓起見，將銀五萬兩照給。」[32]

1916 年／46 歲

4 月 17 日下午，他在庫倫都護使署面見都護使、駐庫倫辦事大員陳籙。此前他曾在北京政府顧問莫理循處與陳籙有一面之緣。此次來外蒙古，專為採辦馬匹。[33]

1917 年／47 歲

他成為丹麥－美國商務公司安德森－馬易爾的股東。

31 〈譯電〉，《時報》，1914 年 9 月 6 日，6 版。〈國內要事專電〉，《時報》，1914 年 9 月 8 日，6 版。

32 〈專電〉，《申報》，1915 年 4 月 20 日，2 版。

33 陳籙，《止室筆記》（上海：商務印書館，1917），頁 124。

1918年 ／ 48歲

6月初，拉爾森及其家人打算到直隸、山西、內蒙古和陝西等地遊歷，特托請瑞典駐華總領事向中國外交機構予以協助。瑞典總領事致函外交部江蘇交涉署，6月10日，江蘇交涉署為此又致函直隸省公署知照。6月24日消息，直隸省長公署通令各縣知事遵照，「俟該遊歷人抵境，即便驗明護照，按照約章，一體妥為保護。」[34]

1919年／ 49歲

夏，正在蒙古探險的著名探險家、博物學家安得思造訪拉爾森在庫倫的住所，兩人成為朋友。拉爾森承諾參加安得思領導的美國自然歷史博物館第三次亞洲探險。

1920年／ 50歲

春，他陪同美國駐張家口領事艾伯哈特到庫倫瞭解外蒙古情況，並在那裡會見了準備前往北京向民國大總統問安的外蒙古代表團成員和其他一些上層人士。外蒙古官員向美方人士表達了希望美國支持恢復外蒙古自治的願望，並由札勒罕札呼圖克圖向他們轉交了由他本人和迪魯瓦活佛等人連夜趕寫，並加蓋有哲布尊丹巴活佛印璽的求援信。[35]

---

34 〈關於遊歷之訓令〉，《大公報》，1918年6月24日，10版。

35 斯林格，〈神秘的活佛——迪魯瓦呼圖克圖〉，《蒙古學資訊》，2004年第4期。

夏，以札勒罕札呼圖克圖、迪魯瓦呼圖克圖為首的外蒙古代表團在北京會見美國駐中國公使和武官時，拉爾森擔任翻譯。哲布尊丹巴呼圖克圖關於商談從外蒙古撤出中國軍隊的指示函也經由拉爾森轉來後，交給蒙藏院總裁貢桑諾爾布。[36]

1922 年／52 歲

2 月初，擔任慎昌洋行滿洲張家口分行負責人。為拓展業務，一度旅居上海。[37]

不久，他在張家口創辦了自己的商業公司「藍金」（Lang-chin），主要在蒙古與內地之間做馬匹貿易。公司除在庫倫和張家口外，還在天津辦事機構，稱「藍金行」（Lang-chin-hong），用美國道奇卡車在兩地間運送貨物。

1923 年／53 歲

夏，他參加安得思探險隊的美國自然歷史博物館第三次亞洲探險，從庫倫到阿爾泰山，在戈壁荒漠中尋找恐龍等古生物化石，共歷時三個月。

11 月 12 日，美國自然歷史博物館董事會因為拉爾森在執行第三次亞洲探險計畫的過程中「提供的無價的服務」，推選他為美國自然歷史博物館的終生榮譽會員。

36 斯林格，〈神秘的活佛——迪魯瓦呼圖克圖〉。

37 《字林西報》，1922 年 2 月 11 日，14 版；《大陸報》，1922 年 2 月 12 日，4 版。

11 月 20 日，拉爾森同斯文・赫定乘坐汽車，從張家口抵達庫倫。五天後，斯文・赫定離開庫倫，經上烏金斯克、莫斯科回斯德哥爾摩。[38]這大概是拉爾森最後一次到外蒙古，此後，他再也沒能回到這裡。

1926 年／56 歲

夏天，張家口「藍金」的馬匹交易取得明顯進展。「據《香港日報》消息，香港馬術小馬經營商，今年將改變此前從上海的俄羅斯商人買馬的做法，從張家口的拉爾森先生手中購買大量種馬。成交價預計是大約三二五美元，也不再是 1925 年時的六百美元。」[39]

與斯文・赫定在北京見面，約定將一同出發到塔克拉瑪干探險。

1927 年／57 歲

他成為斯文・赫定領導的中瑞西北科學考查團的重要成員，負責六十五人、二十六頂帳篷、三百峰駱駝和足夠使用一年的各種用品的後勤工作。

5 月 26 日，拉爾森用槍獵殺距其五百二十公尺的一隻狼。因射術精湛，被考查隊成員們譽稱為「狼拉爾森」。[40]

---

38 馬・伊・戈爾曼著，陳弘法譯，《西方的蒙古史研究》，頁 214。

39 《大陸報》，1926 年 7 月 1 日，13 版。

40 斯文・赫定著，王嗚野譯，《從紫禁城到樓蘭》（長春：吉林出版集團有限責任公司，2009），頁 22-23。

1928年／58歲

4月22日，他從塔爾巴哈臺啟行赴新西伯利亞乘西伯利亞鐵路火車，經哈爾濱、瀋陽、天津等地，約於5月下旬[41]返回內蒙古錫林郭勒盟和察哈爾蒙旗一帶購馬。

此後，陪同斯文·赫定前往包括西南蒙古在內的內陸探險。斯文·赫定評價說：「什麼都逃不開他的眼睛，他簡直無處不在，他洞悉在營地發生的一切。他是一份活報紙，向我報告當天所有的新聞。」「他總是受我歡迎的左右手，我事無巨細都要和他商量。」「如果沒有他我該如何是好？他管理著駱駝和蒙古人，沒有他們我們哪裡也別想去。」[42]

8月3日，在為期幾周的探險旅行之後，拉爾森返抵天津，帶回許多寶馬良駒。他打算在歸化城以西一百里的地方舉辦一場馬術比賽。這一設想很是大膽，好多年來，其他販馬的商人不敢涉足。[43]

1929年／59歲

年初隆冬，他從天津抵達北平，做短暫逗留。其間，應友人之托，拜訪了新疆土爾扈特親王帕勒塔的妹妹。經三個月左右的行程，他回到瑞典。[44]

他建議瑞典大實業家「火柴大王」埃法爾克魯格在

---

41 〈新疆探險隊之歸客談〉，《大公報》，1928年5月16日，3版。

42 斯文·赫定著，王鳴野譯，《從紫禁城到樓蘭》，頁30。

43 《字林西報》，1928年8月17日，10版。

44 《字林西報》，1929年1月30日，12版。

中國投資。得到某種承諾後，他返回中國，開始規劃一個以埃法爾克魯格提供融資，換取其安全火柴在華北和華中地區的市場壟斷為條件，將南京、新疆烏魯木齊與俄羅斯新西伯利亞連接起來的巨大的鐵路項目。據說，此項目後來得到中國政府的批准，但恰逢埃法爾克魯格去世（1932 年 3 月 12 日），最終胎死腹中。

同年，拉爾森再次返回中國。

8 月，匈牙利學者李蓋提．拉約什（Ligeti Lajos）來張家口，拜訪了拉爾森。他以前在北京就聽說過拉爾森是「瑞典新教傳教士團的領導人」，還因做生意，被人謔稱為「張家口的傳教士和馬販子」，如今又瞭解到「拉爾森經營馬生意只賺不賠，用利潤在張家口建造了一座華麗的小別墅，有自己的汽車，孩子在瑞典和美國讀書。他屬於中國北方最富有的外國人之列。」[45]

10 月 20 日，斯文．赫定赴新疆之探險隊，由歸化出發，「該隊啟行，得張口西商拉森氏助力頗多。」[46]

10 月至 11 月，為購買寺廟事，拉爾森陪同斯文．赫定乘汽車訪查綏遠省境內的達爾罕旗、四子部落旗，察哈爾省錫林郭勒盟及察哈爾游牧各旗，還與蒙傑爾到熱河省訪查，12 月上旬，方返回張家口的家中。[47]

---

45 李蓋提．拉約什著，劉思嶽譯，《黃色的神祇　黃色的人民》（北京：國家圖書館出版社，2015），頁 58-59。

46 〈斯文赫定探險隊出發　正向西北沙漠中奮鬥〉，《大公報》，1929 年 10 月 23 日，4 版。

47 斯文．赫定著，徐十周等譯，《亞洲腹地探險八年》（烏魯木齊：新疆人民出版社，1992）頁第 313、315、317、319-335、338、343。

12 月 12 日，拉爾森和西北科學考查團成員偕同抵北平，美國領事館員馬賢設宴款待，待斯文·赫定由歸綏返回北平後，再商定新考察路程。[48]

本年，拉爾森撰成《蒙古公爵拉爾森》（*Larson, Duke of Mongolia*）書稿，其中第一章寫成於東蘇尼特王府，第十二章寫於是年 7 月。

1930 年／60 歲

2 月，他的著作《蒙古公爵拉爾森》由小布朗公司在美國波士頓出版，其中〈蒙古貴族及其婚姻〉一章在《大西洋月刊》（*The Atlantic Monthly*）發表。同月，察哈爾高爾察罕瑞典傳教站的斯卡爾斯焦和奧倫博士死於傷寒病，拉爾森聞訊從張家口趕到那裡，接走了斯卡爾斯焦的妻子和三個孩子。

3 月 20 日，拉爾森在中瑞西北科學考查團的工作結束。[49]

12 月中，拉爾森旅居北平。[50]

1933 年／63 歲

10 月上旬，他陪同美國路透社奧利佛夫婦和哈瓦斯通訊社塞拉特，抵達綏遠省達爾罕旗百靈廟。奧利佛等人此行的目的是採訪蒙古地方自治政務委員會與國民

48 〈西北科學考察團抵平〉，《申報》，1929 年 12 月 15 日。

49 斯文·赫定著，徐十周等譯，《亞洲腹地探險八年》，頁 338、343。

50 《字林西報》，1930 年 12 月 14 日，12 版。

政府內政部部長黃紹竑關於內蒙古自治的談判。[51]「參加百靈廟內蒙自治會議美國牧師之藍理訓，十四〔日〕由滂江來察」，向記者介紹了蒙政會上包括德王在內的諸位蒙古王公的反應。[52]

1934年／64歲

3月中，拉爾森夫婦從菲律賓馬尼拉回到中國上海，3月12日，接受《上海泰晤士報》記者的採訪，13日回到北平。該報以〈內蒙古的未來，難說確定〉為題，發表了這篇採訪。全文如下：

> 蒙古註定會在遠東地區的戰爭中承擔某種角色，但又無法預測內蒙古會受到何種影響。目前，各位蒙古王爺渴望獨立與和平。蒙古公爵佛朗斯·奧古斯特·拉爾森如是說，一位藍眼睛的、精明能幹的瑞典人，已在蒙古這個神秘的國度待了四十一年，密切關注著這個國家的政治抱負。正是經由他的努力，安德思和斯文·赫定的探險活動才極大地成為可能。他是一位深受信賴的中間人，他的多番斡旋更好地推動了中蒙關係發展，留下了時代印記。他是一位顧問，他的理念仍舊受到內蒙古各位現任旗主的重視。
>
> 他剛剛和夫人從馬尼拉回到上海，昨日即有人在上海旅社見到了他。他們經常到馬尼拉旅行。他和藹可親

51 斯文·赫定著，江紅、李佩娟譯，《絲綢之路》（烏魯木齊：新疆人民出版社，1996），頁28。

52 〈偽騎抵古北口〉，《申報》，1933年10月17日，7版。

地扼要論述了蒙古的過去和現在，描述了他們的家園，在大漠戈壁邊緣的一處寺廟。該處房舍此前由庫倫活佛擁有，1921 年賜予拉爾森公爵稱號。

「我們夫婦倆喜歡待在那裡，我們在那裡餵養牛羊，並將皮毛運到天津。我們在這個國家待了很長一段時間，感覺不錯。十分寂靜，沒有電話、報紙，三個星期內才可能收到一次郵件，或者也可能收不到。」

自從 1893 年首次踏足這片廣袤的沙漠以來，拉爾森經歷了很多事件。作為一名年僅二十三歲的傳教士，他學會了蒙古語，和那些勇猛強壯的人成為好友，在住在蒙古人家中（整個國家至今依然沒有旅店）的日子裡，他漸漸理解了他們。在 1911 年，拉爾森引導了一場發生在蒙古王公和北京派來的統治者之間的和平過渡。在北京，袁世凱總統結成了一種新的聯盟。

此後，他還曾擔任庫倫活佛及其他領導人的顧問。正是拉爾森公爵，將安得思介紹給外蒙古政府當局，並引導探險隊進入這個滿是化石的國家。在這裡取得了令科學界歎為觀止的成就。他組織斯文赫定的首次探險活動，帶領著包括德國人、瑞典人、蒙古人和漢人在內的六十五人的隊伍進入中國的新疆地區。

幾乎沒有改變

二十四年來所經受的沙漠的風暴和凜冽的寒冬，對拉爾森公爵來說已不算什麼。他的優良的髮質逐漸變得灰白，但是他的眼睛亮藍亮藍，皮膚曬得如皮革一般。對於那些所有關於過往的陳腐的各種問題，他的回答有著驚人的不同。

「不」，他說，「自從我第一次走出蒙古，那裡沒有任何改變。那是一個到處是牛和沙漠的國家，不會改變成什麼。我聽說現在的庫倫有一些俄國種馬，有人嘗試將這些馬帶上街頭，但我離開那裡已有五年了，不太瞭解。」

「蘇聯勢力對於外蒙古的占領，也和這種沉寂有些關係。當他們進來的時候，他們消除了舊的秩序，實際上關閉了通往內蒙古的邊界。所有有價值的皮毛都留在這個國家之內，因為當局對於南運的各種畜產品徵收天價的稅收。」

「蒙古人對所有陌生人仍舊是那麼友好——甚至是外國人。他們並非外人所臆想的那麼愚昧無知，他們的中大多數人正在某定程度上學習著他們自己的語言，但是他們對洗澡不怎麼上心——你知道，那個國家沒有多少水。」

不確定的未來

當被問及蒙古這個國家的政治趨勢的時候，拉爾森先生概述了幾種可能性，但也指出沒有什麼確定性的東西。日本對於熱河的影響越來越大，但是從那時起他們就再無接觸。蘇聯軍隊對於內蒙古的占領，在戰爭前夕來說是一種不太可能的例外。蒙古會承擔一種決定性的作用，利益屬於勝利者。

「此時此刻」，他繼續說，「蒙古人傾向於自治，長期以來，他們和漢人友好相處，卻帶來唯一的結果，即是外蒙古被蘇俄控制，內蒙古的一部分被日本占據。他們渴望和平，他們現已意識到，他們可以通過保持獨立來實現國家完整。」

有人告訴他，班禪喇嘛有意前往上海南京一行，拉爾森先生沒有表示出什麼興趣。如他所說，他對班禪喇嘛的大本營西藏幾無所知。他解釋說，在西藏，宗教領袖擁有政治權力，在內蒙古卻並非如此——大約有十五或二十位王爺統治著。

拉爾森夫婦今日前往北平，經北平回到他們的寺廟家中，此時處於蒙古諸王爺中最為強大的德王的統治之下。他們會首先到訪自己在張家口的宅院，然後繼續向戈壁大漠行進，在那裡躲過幾個月的隆冬嚴寒。

「有空時就來拜訪我們」，他們邀請道，彷彿這種旅行只不過是一次可以預見到的短程旅行，「就提前給我們寄來一個便條，我們會恭候。」[53]

1935年／65歲

他依然是各地旅行家進入蒙古的重要引導者。《大陸報》記者曾為此特別報導：

如往常一樣，許許多多的北平人和從南方城市走出的旅行者，對於蒙古公爵拉爾森表現出極大的尊敬，拉爾森的根據地在張家口後面。在過去的三十年中，蒙古地區個性最為獨特的人之一，曾經是一位傳教士，現在

53 《上海泰晤士報》，1934年3月13日，4版。

則是一位著名的馬匹商人和蒙古通。他的寺廟已變為一種供人遊覽的農場，對於那種希望感受一番蒙古生活的度假者來說。因農場位於察哈爾，自從 Gareth Jones 被殺以來，來訪的客人再無多少興致，與那場謀殺伴隨而來的就是該地區的普遍的不安，由於中日衝突引起的司法管轄權問題。八月以後，幾位旅行者從北方返回來，報導了發生於張家口到拉爾森家沿線的一些小規模衝突，這些衝突是當地蒙古部民和中國政府軍隊之間的糾紛，因此，一些外國人就把張家口作為他們的旅行目的地。幾個星期以來，沿路沒有旅行者，拉爾森的牧場也就成為孤島。[54]

12 月底，因生存環境惡化，拉爾森闌尾炎發作。因身體狀況不佳，只得進入張家口醫院進行手術治療。[55]

1938 年／68 歲

年底，他因為國民政府刺探日軍情報而受到日本特務的追殺，被迫離開中國。[56]

1939 年／69 歲

由於局勢的壓迫，他被迫逃離中國，失去大部分財

54 〈外國遊客炫耀其冒險訪問蒙古的經歷〉，《大陸報》，1935 年 9 月 10 日，1 版。

55 《上海泰晤士報》，1935 年 12 月 28 日，4 版；《字林西報》，1935 年 12 月 28 日，10 版。

56 特木勒，〈蒙古公爵拉爾生：他在國家、族群和文化邊界的生涯〉。

產。在美國加利福尼亞與妻兒團聚後，他又回到瑞典，與親戚合辦水貂農場。後因第二次世界大戰爆發，燃料等物資短缺，導致農場虧本，他只好乘船回到美國，到阿拉巴馬州投奔他的一個兄弟。為了生活，他又買下一處農場，開始養雞。

是年 11 月，拉爾森的回憶錄《蒙古公爵拉爾森》被日本學者高山洋吉翻譯成日文（書名《蒙古風俗志》），在日本東京出版。譯者認為：拉爾森以其在蒙古生活長達三十五年的觀察為基礎，系統地記述了蒙古的國土和國民。因此，它既非浮光掠影般的旅行日記，亦非陳腐的、觀念性的蒙古研究著作，可以說是最為風趣的蒙古風土記。著者在以往半個世紀的亞洲變局中，雖然只是個小而特殊的人物，卻扮演過有趣的角色。[57]

1942 年／ 72 歲

因妻子想念她在加利福尼亞的親戚，拉爾森又把養雞場遷到加利福尼亞。

1945 年／ 75 歲

他厭倦了忙碌的養雞生活，開始重操年輕時的舊業，承建單戶住宅。這種生意比養雞費時少還獲利高。

1950 年／ 80 歲

因妻子去世，他再次有了旅行的衝動，遂賣掉房

---

57 高山洋吉譯，〈譯序〉，《蒙古風俗志》（東京：改造社，1939）。

產，回到瑞典，度過了一年的旅行生活。

1951 年／ 81 歲

他回到北美，在加拿大的溫哥華島上住了八個月，幫助一對新移民的瑞典夫婦開始新的生活。秋天，他回到南加州和自己的女兒一同生活。

1957 年／ 87 歲

去世，享年八十七歲，葬於加利福尼亞州的阿爾塔迪納公墓。

譯後記

眾所周知，外蒙古自民初起即與中國政府分分合合，並在 1920 年代後期脫離中國政府的實際控制，但直至 1945 年，蒙古政權當局才在蘇聯史達林的支持下，經過「全民公投」正式獨立，國民政府承認了蒙古人民共和國政權。拉爾森是一位瑞典籍的傳教士，固然能夠客觀中立地看待清末民初的蒙古社會，但因與當時很多蒙古上層貴族交往頗多，其政治觀點難免受到這些貴族勢力的影響。雖然拉爾森時代的蒙古並未成為一個獨立的國家，他仍把蒙古看做一個獨立的區域，因此在原著中多次稱蒙古為一個「國家」。客觀來講，這並非是拉爾森具有明確的政治指向，更多是一種他的主觀認識。

作為一名不懂蒙古語卻時時想學的漢族研究者，在全書翻譯過程中，最犯愁的是遇到諸如蒙古傳統社會生活場景的還原問題，對於百年前草原上的生活，邊翻譯，邊瞭解。特別要值得提到的是，內蒙古圖書館的忒莫勒先生既是本譯本的推薦者，也是本書的第一個讀者，不厭其煩地先後兩次逐字逐句通讀我蹩腳的漢文譯本，提出了許多修改建議，為我隨時答疑解惑，並撥冗作序，為本書增色不少。本書的翻譯兩度寒暑，甘苦自知。但譯稿中可能還有一些硬傷，都是我的過失。

在翻譯過程中，譯者在最大程度上還原了拉爾森原著的本來面貌。原書並無注釋，譯者在若干處酌加注釋說明，目的是為讀者閱讀提供方便，或糾正原文的一些瑕疵，或增加內容的可靠性。

本書的翻譯過程中，還得到不少前輩和友人的幫助，他們是內蒙古大學出版社前社長王凱先生、編審張昱先生、內蒙古大學周太平教授、復旦大學陳曉偉教授、內蒙古師範大學的海阿虎博士與謝詠梅教授、美國德拉瓦大學王元崇教授、中正大學蔡偉傑教授，以及本書稿各位審讀專家和出版社各位編輯同仁，在此一併表示感謝。

衷心感謝民國歷史文化學社對本書的認可和接納。俗話說，醜媳婦終究是要見公婆的。希望本書的讀者不吝賜教。

說史敘事 009

蒙古公爵拉爾森（藍理訓）：
一位瑞典傳教士的回憶

Larson, Duke of Mongolia

作　　者　拉爾森（藍理訓）
　　　　　（Frans August Larson）
譯　　者　張建軍
總 編 輯　陳新林、呂芳上
執行編輯　林弘毅
封面設計　溫心忻
排　　版　溫心忻
助理編輯　汪弘毅、林熊毅

出　　版　開源書局出版有限公司
　　　　　香港金鐘夏慤道 18 號海富中心
　　　　　1 座 26 樓 06 室
　　　　　TEL：+852-35860995

　　　　　民國歷史文化學社有限公司
　　　　　10646 台北市大安區羅斯福路三段
　　　　　　　37 號 7 樓之 1
　　　　　TEL：+886-2-2369-6912
　　　　　FAX：+886-2-2369-6990

http://www.rchcs.com.tw

初版一刷　2023 年 12 月 31 日
定　　價　新台幣 450 元
　　　　　港　幣 116 元
　　　　　美　元　17 元
I S B N　978-626-7370-44-5
印　　刷　長達印刷有限公司
　　　　　台北市西園路二段 50 巷 4 弄 21 號
　　　　　TEL：+886-2-2304-0488

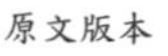

原文版本
Boston: Little, Brown, and Company, 1930

封底圖說：鄂博（敖包），吉林師範大學
　　　　　歷史文化學院許富翔副教授提供

國家圖書館出版品預行編目 (CIP) 資料
蒙古公爵拉爾森 (藍理訓) : 一位瑞典傳教士的回憶 / 拉爾森 (藍理訓)(Frans August Larson) 著 ; 張建軍譯 . -- 初版 . -- 臺北市 : 民國歷史文化學社有限公司 , 2023.12

　面；　公分 . -- (說史敘事 ; 9)
譯自 : Larson, Duke of Mongolia

ISBN 978-626-7370-44-5　(平裝)

1.CST: 拉爾森 (Larson, Frans August, 1870-1957)
2.CST: 神職人員 3.CST: 回憶錄 4.CST: 蒙古

249.9475　　　　112021342